金诚同达30周年——创始合伙人寄语

乘风奋楫，笃志超越！——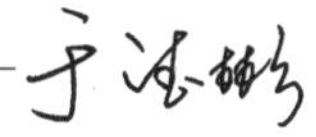

1992年邓小平南方谈话开启了“春天的故事”，那年我们创办律所。30年，须臾之间，我们也将成为律所发展史中的过客。然而，留下的“金诚同达”（JT&N）律所名称、制度、文化，将伴随律所“做久、做强、做大、做出品牌”，直到永远……

——

我一直坚信，人有双手，可取亦可予。从孤独前行到浩浩荡荡，从筚路蓝缕到广大海内，30载朝乾夕惕，半甲子参赞化育，成就了今天的金诚同达。我们在这里奋斗、奉献，也在这里收获、成长。愿以我们这30年的梯山航海，化作一代代金诚同达人英特迈往的灯火航标。最后我想对金诚同达说：浮世三千，吾爱有三，日月与卿，日为朝，月为暮，卿为朝朝暮暮……

——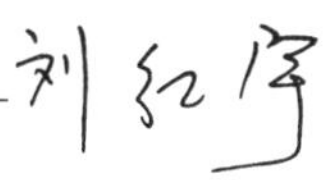

祝贺文集出版！感谢改革开放，给了法律人凭心做事、实现自我并且服务社会的机会。30年，很开心与各位金诚同达人相伴同行。祝福金诚同达！

——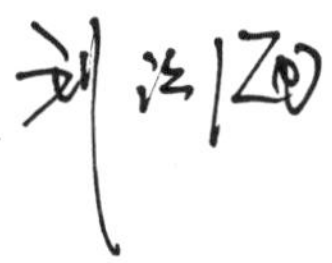

祝贺金诚同达30年！百尺竿头更进一步！——

11位创始合伙人30年不离不弃的坚守，铸就了金诚同达今日的辉煌，也成就了律师业界一段传奇佳话。感恩30年风雨同舟的同仁，感恩改革开放的伟大时代，感恩30年一路同行、共同成长的“衣食父母”！祝愿金诚同达明天会更好！

——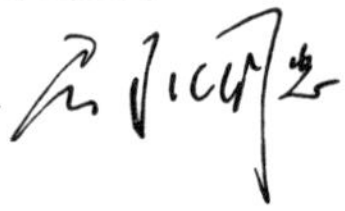

30年前，11位创始合伙人中的大部分人是大学老师；在邓小平南方谈话精神的鼓舞下，大家认为法律的更大价值在于实施，中国未来不缺大学教授，缺的是优秀律师，从而投身于律师行业。30年来，身为法律人，我们一只手擎着客户的信任委托，为维护客户权益和增进客户利益殚精竭虑，另一只手托着宪法法律，为法治中国建设不遗余力。未来日子里，希望金诚同达人仍然保持谦逊谨慎、不骄不躁的优良传统，尊崇“进取、合作、诚信、包容、创新”的核心价值观，永远有担当，永远去争先，永远都靠谱！

——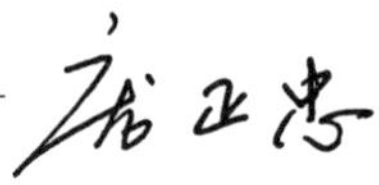

30年前，我们顺应时代召唤，放弃“铁饭碗”投身律师行业，以钻木取火之心寻安身立命之处。30年弹指一挥间，得益于众同仁拾柴添薪，得益于志同道合，当年的星星之火已呈燎原之势。希冀30年后，金诚同达能成为更多法律人愿意“以身相许”，共同砥砺前行的一座永不熄灭的灯塔。

——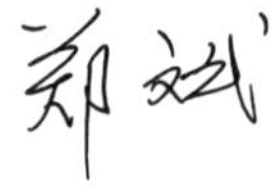

30年恍如瞬间，但它是我们最好的青春创业的30年。有赖于不离不弃的11位创始合伙人和诸位同仁戮力工作，金诚同达持续发展壮大；看到年轻同仁的专业著述、重大案例不断涌现，倍感欣慰。祝愿金诚同达行稳致远！

——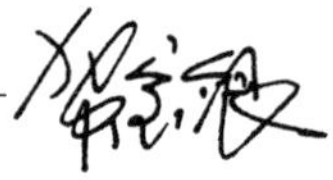

三十年过往，如歌，未忘……
卅年后启程，既往，奋扬！

——梁明

JT&N is not only 30 years old, we are also 30 years stronger, better!
We will be even better and stronger in the next 30 years! ——Lan Lan

JT&N 金诚同达

金诚同达30周年文集

诉说合同审查

——诉讼案例视角辨析合同漏洞

白昊律师团队◎著

CONTRACT REVIEW
ANALYSIS ON CONTRACT LOOPHOLES FROM
THE PERSPECTIVE OF LITIGATION

法律出版社 LAW PRESS · CHINA | 北京

图书在版编目(CIP)数据

诉说合同审查:诉讼案例视角辨析合同漏洞 / 白昊律师团队著. -- 北京:法律出版社,2023
ISBN 978-7-5197-8475-1

Ⅰ.①诉… Ⅱ.①白… Ⅲ.①合同法-研究-中国
Ⅳ.①D923.64

中国国家版本馆 CIP 数据核字(2023)第 206107 号

诉说合同审查
——诉讼案例视角辨析合同漏洞
SUSHUO HETONG SHENCHA
—SUSONG ANLI SHIJIAO BIANXI HETONG LOUDONG

白昊律师团队 著

策划编辑 周 洁 林 蕊
责任编辑 周 洁 林 蕊
装帧设计 汪奇峰

出版发行 法律出版社
编辑统筹 司法实务出版分社
责任校对 张翼羽
责任印制 胡晓雅
经　　销 新华书店

开本 710 毫米×1000 毫米 1/16
印张 22.75 **字数** 335 千
版本 2023 年 11 月第 1 版
印次 2023 年 11 月第 1 次印刷
印刷 三河市兴达印务有限公司

地址:北京市丰台区莲花池西里 7 号(100073)
网址:www.lawpress.com.cn
投稿邮箱:info@lawpress.com.cn
举报盗版邮箱:jbwq@lawpress.com.cn

销售电话:010-83938349
客服电话:010-83938350
咨询电话:010-63939796

书号:ISBN 978-7-5197-8475-1
定价:88.00 元

凡购买本社图书,如有印装错误,我社负责退换。电话:010-83938349

撰稿人

白 昊 吴丽华 黄 贺 张圆圆 李 婷

作者简介

白昊，北京金诚同达律师事务所高级合伙人。白律师曾在北京法院系统工作8年，主审各类民商事案件上千件，曾在大型金融集团总部任职5年并担任资产保全部门负责人。源于以上工作经历，白律师拥有均衡的诉讼/非诉讼法律专业经验，律师业务领域定位于商事诉讼/仲裁与保全/执行、投融资项目投后管理与风险处置、企业常年法律顾问服务等，客户类型主要为金融投资机构、房地产/建工企业和其他综合性集团企业。在解决客户需求时，白律师倡导以实现商业诉求为导向，综合运用诉讼/非诉的多重手段和最高效的路径，为客户寻求最佳问题解决方案。

团队公众号：诉讼故事汇

联系方式：15010183067（微信同号）

1992-2022
JT&N 30th ANNIVERSARY

制度为舟，文化扬帆

——30周年文集代序

2022年，金诚同达成立30周年！

金诚同达过往30年的发展可分三个阶段来概括：第一个10年谋生存，第二个10年求发展，第三个10年上台阶。这三个阶段也是中国社会经济发展脉络的真实写照。1992年，邓小平南方谈话，迎着改革大潮，金诚同达正式创立。进入21世纪，中国加入世界贸易组织，成功举办奥运会，社会经济进入高速发展期，包括金诚同达在内的诸多中国律所也进入快速发展轨道，在和世界的接触与碰撞中，不断突破自我。进入第三个10年，我国继续强化国内法治与涉外法治建设，中国律师行业亦加速变革以适应社会变化带来的机遇和挑战。在这10年间，金诚同达脚步坚实，锐意进取，不仅迈入千人大所行列，也不断夯实律所制度与文化建设，取得越来越多的成绩。

在这30年里，未曾改变的是，金诚同达一直在坚持不懈地修炼内功，其中最关键的有两件事情——一是建设完善我们的制度，二是总结弘扬我们的文化。

金诚同达的制度体系有“四梁八柱”，涵盖了合伙人会议以及管理机构批准通过的100多项规章制度。我们在制度建设和完善的过程中，始终把制度执行放在一个非常重要的位置，也就是一切以制度为准绳，没有人和事可以超越制度。

制度是硬件，文化是软件，两者相辅相成，主要调整和丰富三方面的关系：一是合伙人之间的关系；二是合伙人和律师、职能人员的关系；三是律所和社会的关系。

金诚同达最值得骄傲的事情之一，就是建所 30 周年了，11 名创始合伙人都还在所里，没有一人离开。据我了解，这在有 30 年历史的综合性中国律所中，可能是唯一的一例。“人和”是合伙文化的基础，深深根植在我们的基因里。“人和”的文化也是靠制度保障的，我们有一套合理的退休制度，其中 3 名创始合伙人已经在事务所正式退休了。

我们在 2019 年做管理体制改革时，制度上明确了合伙人参与事务所管理和决策的权力主要通过合伙人会议行使，在律所日常运营中，合伙人也是律所的全职员工，要服从律所的管理，所以合伙人个体与员工个体之间不是老板和雇员的关系，合伙人、律师和职能人员，都是律所的平等一员。基于这个理念，我们倡导并特别注重建设律所平等的工作氛围，并有计划地促进员工之间的互动交流。比如，我们打造一个品牌活动——“文化周”，新冠肺炎疫情暴发前已经举办了两届。在“文化周”期间，我们会密集组织全国同仁进行专业探讨，也会举办多场文体和公益活动，得到了很多员工以及家属的热烈欢迎。我们的培训活动也是全方位、多层次的，针对初、中、高不同年级的律师，有“金石计划”“金鹰计划”“金牌律师计划”，此外还有专门针对合伙人和职能部门的培训。金诚同达研究院在近 5 年时间里，举办了 200 多场培训，还有很多线上课程。更重要的是，我们的培训会从拓展活动开始，然后再进行专业领域的互动交流，大家都非常喜欢。

作为一家在社会颇有影响力的品牌律所，我们也很注重加强律所和社会的互动交流，这也是我们文化建设的重要组成部分。比如，我们和上海辅读学校进行结对共建后，律所宣传画用了很多辅读学校孩子们的画。我们还把他们的画在律所相关活动中进行义卖，使孩子们能够感受到自己作品的价值。今年我们还和中国非物质文化遗产保护协会、敦煌研究院签署了公益法律服务合作协议，作为我们 30 周年庆祝活动的重要组成部分，所以今年律所的宣传画、节日海报等均以非遗文化作品作为背景进行创作。金诚同达参与的其他公益活动还有许多，我们希望金诚同达发展到30周年之际，除了在律所内部继续完善制度、弘扬文化之外，还能够更多地与社会形成互动，更多地展现一家30年律师事务所的社会责任和担当。

物有甘苦，尝之者识；道有夷险，履之者知。当前全球化与逆全球化激烈交锋、国际局势变幻莫测，中国正面临百年未有之大变局。“坚持统筹推进国内法治和涉外法治”是习近平法治思想“十一个坚持”的重要组成部分。中国在向世界展示深化改革开放、积极参与全球多边经贸治理、构建更高水平的制度型开放体系的信心和决心，中国律师行业也正加速改革以适应变化带来的机遇和挑战，沿着专业化、品牌化、规模化、国际化的方向快速推进。

历史长河中，30年转瞬即逝，生命岁月的30年也是骐骥过隙，但对于一家全国领先的综合性律所而言，三十而立，风华正茂，在磨砺中闪耀，在奋斗中升华。

金诚同达将继续遵循“进取、合作、诚信、包容、创新”的核心价值观，加快业务布局、加大人才引进，为持续高质量发展积聚能量，力求“做久、做强、做大、做出品牌”。

金诚同达也将继续坚持“行稳致远”的发展理念，以制度为舟，文化扬帆，乘风奋楫，笃志超越！

金诚同达律师事务所主任 

二〇二二年八月十五日

金诚同达30周年文集序言

一元复始，万象更新，凡是过往，皆为序章。

守望三十载，诗文会今朝
玉筵鸿鹄至，仙音凤凰调
乘风蹈墨海，奋楫动文潮
长歌九万里，月引和青霄

2022年，金诚同达成立30周年。历史长河的30年转瞬即逝，生命岁月的30年也是骐骥过隙。金诚同达，三十而立，经历了中国合伙制律师事务所求生存、谋发展、上台阶的整个历程，从蹒跚学步到意气风发，凝聚着一代人的奋斗与担当。在过去的30年里，金诚同达铸就了自己的文化和底蕴；在未来，文化和底蕴将滋养和成就金诚同达。

金诚同达律师素来重视专业研究和业务探讨，不少律师出版过专著、案例集、文集。为了三十周年所庆，所内专门征集了一批近期完成的新作，统一出版，作为律所知识管理的重头戏——金诚同达30周年文集。

金诚同达在业内有一个故事：创所初期的11位创始合伙人，自1992年至今没有一位离开，其中除了3位已经从所内退休，其他8位还在业务一线。这样一代一代的言传身教，潜移默化地吸引、影响金诚同达人。“进取、合作、诚信、包容、创新”的核心价值观，在金诚同达的文化和制度的相互支持与促进中，得到坚守、传承。

“争做法律服务行业的领航者。”这是金诚同达人的使命。在“守信金诚，励志同达”理念的坚持下，金诚同达必定会在法律服务市场上不断突破创新、稳健向前。

30 周年，是金诚同达的全新开始。

金诚同达三十周年筹备委员会

2022 年 7 月 6 日

序　言

这本书的作者——白昊，是中国青年政治学院98级法律系本科学生。他将这本书的初稿发给我，他说很庆幸，因为跟我学习了合同法课程，所以喜欢上了合同法。合同法是他从事法律职业20年中接触最多也是最重要的部门法，是他的“看家本领”，所以很期待我能为他这本书作序。

学生时代的白昊就对合同法课程有浓厚的兴趣，课下经常与我沟通、讨论，且善于思考。他工作以后，我们也经常联系交流。白昊在法院做过法官、在公司做过法务、现在做律师，无论从事什么职业，始终坚持对合同法的理论与实务的关注和研究。二十多年来的坚持不懈，伴随合同法的发展，形成了自己独特的研究特点。

任何民商事行为都离不开合同，特别是当企业作为商事交易主体时，一份内容完善、细节到位的合同可以促进履行、避免争议，一份约定不明、指向不清的合同则会阻碍交易、产生纠纷。而制定合同最重要的就是实用。合同本质上是民事主体之间设立、变更、终止民事法律关系的协议，无论它的用词如何考究、形式表述如何全面，如果不能预见后续履行中可能发生的，如果纠纷产生时不能起到维护本方权益的目的，那都是一份失败的合同。

我在2004年就曾出版过《现代企业实用合同法》一书，其主旨也是从案例角度为企业管理人员和业务人员剖析合同法律问题，提供系统解决合同问题的法律技术和运用方式。二十年光阴荏苒，如今的经济社会关系复杂多样，一个复杂的法律行为，需要具有多重法律属性、分属多个类型的合同组合才能实现。合同法发展迅速，对法律人的要求也是前所未有的。我学生的同类著作也将出版问世，不禁感慨这就是法律人的传承吧。

通读这本书，我的感受是，本书作者是从诉讼实战案例角度去反推合同缺陷和陷阱，相比详细讲解每一个条款的作用与审查要点的合同类其他著作，这种写作手法较为独特，也是本书的最大特点。

白昊在做律师前曾在法院和公司都工作过。他在法院培养了审判思维，又在公司继续形成了法务思维，这些既往经历对于他目前从事的律师职业而言，无疑增加了他在分析、解决法律问题时的全面性，特别是针对合同的起草与审核，他善于从争议解决角度去防患于未然，而这也是本书的实用性所在。

我注意到，本书采用的案例基本是近几年的最新案例，相关争点也大多是前沿的合同法律问题，这对于读者朋友们了解当前最新的合同纠纷司法审判观点非常有益，同时有助于将本书所学内容与日常工作中的现实问题相结合，进一步增加了实用和可读性。

本书的另一大特点是对裁判文书的摘录非常精准。一方面，作者尽可能保留了原告、被告的诉辩意见，甚至对于一些关键的案件背景信息进行了描述，这样做的目的是充分展现合同签署—发生争议—审判结果的完整过程，有助于读者了解案件全貌，读者的体会自然更为深刻；另一方面，作者对较为冗长、枯燥的裁判文书进行了精简，砍掉一些细枝末节的事实，对法院主要裁判观点进行了提炼，不至于令读者感到乏味和找不到重点。

本书以每一个诉讼故事为框架，在案例基础上进行“析法”和“复盘”，由作者对案例背后的法律问题进行详细解析，再回溯本书的主题——审查合同时应当如何查漏补缺，展现了作者的法律功底和解决问题的能力。相信无论是从事专职法律工作的法务、律师，还是企业中参与合同起草的其他人员，都能从中有所收获。

最后，期待白昊继续坚持对合同法的研究与探讨，在法律职业道路上越走越好。

2023 年 9 月 16 日

前　言

我曾看过一篇讲述合同作用的文章，大意是：如果一份合同履行过程中并没有遇到障碍，那就不会有人关心合同具体内容；只有当双方发生纠纷时，才会翻出合同仔细端详，而这时合同中的漏洞和缺陷才会浮现出来。

对此我深表赞同，总结为一句话：诉讼是检验合同的唯一标准。

我的律师主业是商事争议解决，所以我通常是站在诉讼立场上重新审视前人已经拟订好的合同。我发现，一些法务和律师由于缺乏诉讼经验，他们只会从实现商业诉求角度设计合同条款，这类合同不发生争议还好，一旦发生争议，潜藏风险就会暴露出来，对诉讼进程或者结果产生很大影响，甚至直接导致本方败诉。同时，由于合同双方到了争议阶段很难再协商，即便发现了合同中的问题，也难以进行修补。

于是，受该文章启发，我萌生了写作此书的想法——不去纠结某一合同条款的起草技巧，而是从深层次探讨合同条款的作用和潜在风险，即通过对一个个真实诉讼案例进行总结和提炼，力求从后端“诉讼”反推和复盘前端“合同审查”中踩中的“坑”。我对本书做了两个定位，一是生动、可读性强，二是真实、实战性强。

为此，我在选取案例时力争兼顾故事性、典型性和新颖性，一部分源于我们团队近年来承办过的真实案例，另一部分则通过大范围检索裁判文书网上最高法院和各地方法院的合同纠纷类案件，从中挑选因为合同条款设置不当引发的纠纷。在案情描述时：一方面，保留合同争议条款、纠纷产生原因、诉辩意见和法院裁判观点与结果等内容，使读者能够了解案件全貌；另一方面，砍掉与争议焦点关联性不大的枝枝叉叉，避免案例部分太过冗长影响阅读体验。

写作格式上，每篇争点文章都采用了案例—分析—复盘的基本模式。在以真实案例为依托的同时，重在分析其中的法律问题，并回溯合同审查阶段给出相应建议，使读者能够读懂案例背后的法律争点，从而了解设置交易结构或者某一合同条款的真正作用和意义。

比如，争点3“一人公司股权结构存在的现实隐患”中，某公司为了实现债转股而收购了一家一人公司，如果单看每个合同条款可能并不存在问题，可恰恰因为相关法律、司法解释规定了一人公司股东需自证其不存在与子公司之间的财产混同，导致该公司被拖入诉讼泥潭。书中法律分析部分，我们对《公司法》及其最高人民法院执行规定的相关条款进行解读，同时对财产独立性的证明路径及标准等相关法律问题做了扩展性分析，最后在选择交易对手和搭建股权结构等方面给出相应建议，使读者能够将真实案例、法学理论与工作实际联系起来。

再如，争点27“从一则判例看格式条款规则的演进与变化”中，“格式条款”本是每个法律人耳熟能详的法律概念，但是具体到司法实践中如何认定、对制定“格式条款”一方有何实质影响，以及《民法典》颁布后相关认定规则有何变化，是本书分析的重点。法律随着社会发展也在不断更新、完善，特别是我国经济高速发展的大环境下，法律的不断革新尤为凸显，所以我们在选取案例时更加注重其新颖性，能够体现最新的法律规定和司法裁判规则。

最后要说的是，法海无涯，学无止境，尽管自认为已经倾尽全力，但我深知本书还有很多不足，真诚期待读者朋友们批评指正。我们创建了微信公众号“诉讼故事汇”，相关文章也在公众号上同步刊发，后续还将推出其他《“诉”说×××》系列文章，目的就是以文会友，和法律同人进一步交流互动，共同成长。

我们有故事，也有酒，还有新老朋友，您期待和我们相识、相约吗？

目　录

·第一部分　合同主体与交易对手·

·第二部分　合同的成立、生效、无效·

·第三部分　合同主要条款·

·第四部分　合同其他条款·

·第五部分　从合同·

第一部分

合同主体与交易对手

导言

在金融学领域，“交易”一词是指机构单位之间根据签订的协议让渡所有权或使用权形成新的资产或负债产生的金融流量。而在法学领域，“交易”则表现为财产关系中动态的财产流转关系，具体体现为财产从一个民事主体到达另一个民事主体的合法转移过程。合同作为当事人处分财产或获得财产的重要法律手段，充分反映了流通领域内的财产运动状态。随着市场交易的发达，财产的交换越来越频繁，对交易进行保护和规范的呼声越来越高，合同法作为规范交易关系的基本法律，确立了基本的交易规则。

在进行合同审查时，首先映入眼帘的是合同主体，合同主体即合同关系的主体，是在合同法律关系中独立享有民事权利和承担民事义务的人，包括自然人、法人和其他组织。合同主体的确定与后续合同能否正常履行是息息相关的，合同主体出现差错可能会带来一系列的法律风险，本部分将从表见代理、有限合伙人派生诉讼、一人公司股权结构、法人人格混同等方面探讨对合同主体与交易对手进行审查时应当注意的风险点。

争点1："认人不认章"裁判观点对表见代理规则的影响

【本集提要】

"萝卜章"和表见代理，一个是低劣的违法犯罪手段，另一个是高大上的法律专有名词，但二者却经常被联系在一起，引发一个个"你死我活"的诉讼故事。本集以一则引发社会广泛关注的案例为引，着重探讨表见代理的基本概念和类型、"认人不认章"裁判思路的演变、表见代理的认定标准、表见代理的举证责任分配、表见代理的法律后果、表见代理新规等相关法律问题。

【基本案情】

2014年10月，**许某以民生证券长风街营业部负责人的身份向那某推介虚构的民生证券公司新三板基金理财产品**，谎称民生证券公司对该理财产品保证本息，民生证券长风街营业部总经理助理常某也参与其中。那某将款项汇入许某账户后，许某给那某出具了盖有民生证券公司假公章的《基金委托理财协议》《承诺函》及盖有民生证券公司假财务章的《民生证券股份有限公司新三板基金缴款确认单》。2014年10月至2015年，许某将支付完本息的《基金委托理财协议》收回，剩余理财协议及所涉本息尚未收回。

2015年8月、9月，许某、常某先后被刑事羁押，后因诈骗罪获刑。

2018年，那某对民生证券公司、民生证券长风街营业部提起诉讼，**诉讼请求为**：(1) 判令二被告赔偿本金损失11,800万元；(2) 判令二被告按银行贷款利率赔偿利息损失；(3) 二被告承担本案诉讼费。

【审理与裁判】

山西省高级人民法院一审认定如下。

1. 关于签订协议时许某的身份问题

原告作为普通群众，无法通过肉眼识别盖章真伪，且部分协议系在被告营业场所签订，并有人拍照，形式完备。原告有理由相信许某所称业务的真实性和其提供的盖有民生证券公司公章的协议的真实性，并有理由相信许某的行为系职务行为。

2. 关于二被告应否对许某诈骗原告的本金及利息承担赔偿责任的问题

（许某骗取原告款项的）一系列行为是在其担任民生证券长风街营业部总经理期间实施的，原告有合理理由相信许某是在履行职务行为，也正是因为许某具备履行职务的条件，使其在实施犯罪过程中能够轻易地获得原告信任。而民生证券长风街营业部在许某长达几年的犯罪过程中，并未引起警觉，直至许某被太原市公安机关抓获。**说明二被告内部管理存在疏漏，缺乏预防、制止单位负责人许某犯罪行为发生的内部监督、防范机制，具有管理上的明显过错**，由于二被告管理上的过错使得许某、常某有机可乘，以被告民生证券长风街营业部名义进行合同诈骗，造成原告巨额损失。**二被告应对原告9792.75万元的损失承担**85%，即8323.8375万元的赔偿责任，二被告赔偿后可向许某等相关犯罪人追偿。原告在保本高息的诱惑下，放松警惕，将投资款汇入许某指定的个人账户而非公司账户中，有违日常生活经验法则，原告未尽充分的审慎注意义务，对其财产损失亦存有过错，**原告应对9792.75万元的损失承担**15%，即1468.9125万元的责任，至于原告主张的利息，因双方均有过错，不予支持。

一审判决后，双方均提起上诉。**最高人民法院终审判决：驳回双方上诉，维持原判**。

【白律师析法】

近年来，金融机构“萝卜章”引发的刑民交叉案件屡有发生，其典型特征为：行为人伪造金融机构公章，假借法人名义从事民事活动，订立合同或从事其他交易。

从本案案情可见，投资者对金融机构提起的民事诉讼是以侵权责任纠纷作为起诉路径的，而此类案件也有另一种诉讼路径，即在合同纠纷中以“表见代理”为由要求确认合同对金融机构发生效力，并据此追究金融机构的合同责任。

例如，中信银行长沙阳光支行因资金周转困难，向李某借款800万元，借条加盖了“中信银行长沙分行阳光支行”的公章，并有时任行长蒋某的签字。但借款到期后中信银行称：李某持有的借条上加盖的印章系伪造，故不予归还借款。最终，法院判决中信银行长沙阳光支行归还800万元，理由如下：（1）蒋某作为时任中信银行长沙阳光支行的负责人，有权代表该行进行民事行为。（2）蒋某出具借条的场所是其办公场所，也符合履行职务的特征。（3）借条的内容也表明是该行向李某借款，而非蒋某个人向李某借款。双方对借条上加盖之公章的真伪各执一词，但对借条上蒋某的签名并无异议，其依职权从事的民事行为依原《民法通则》第43条的规定，对中信银行产生法律效力。

再如，2016年，广东惠州侨兴集团下属公司发行的私募债到期无法兑付，之后多家金融机构持广发银行惠州分行兜底保函向后者主张债权。该案暴露出广发银行惠州分行员工与侨兴集团人员内外勾结、私刻公章、违规担保等问题，因此原银监会对涉案金融机构开出了天价罚单。尽管监管处罚层面已经尘埃落定，但相关金融机构与广发银行惠州分行之间的民事纠纷并未了结。据（2017）**最高法民辖终**315**号**裁定书显示，上海信托对广发银行惠州分行等被告提起的诉讼已移送广东省高级人民法院管辖。尽管未搜索到该案判决结果，但笔者认为，相关金融机构亦可借助表见代理制度要求确认兜底保函有效。

因此，本书将从表见代理的基本概念和类型、“认人不认章”裁判思路的演变、表见代理的认定标准、表见代理的举证责任分配、表见代理的法律后果等几个方面进行分析。

1. 表见代理的概念及基本类型

表见代理是指：代理人之代理行为，虽无代理权，而有可使第三人信其有代理权之事由，因而使本人对于相对人负授权人责任之无权代理。[①] 从实质上来看，**表见代理本属于无权代理，但为了保护善意第三人的信赖利益与交易安全，法律强制被代理人承担其法律后果**。

表见代理主要有以下三种类型。

（1）授权表示型

授权表示型表见代理，是指被代理人并未授予代理权，但被代理人以自己的行为明示或不作反对表示默示，造成第三人误以为行为人有代理权。例如，被代理人将相关印章、盖有印章的空白合同书等交给行为人，使相对人善意无过失地相信代理人为有权代理，而与之签订合同。

（2）权限逾越型

权限逾越型表见代理即超越代理权的表见代理。行为人的代理权被限制，但这一限制不为相对人所知，使其信赖行为人权限未被限缩的外观而引发表见代理，这种对代理权的内部限制不得对抗善意相对人。

（3）权限延续型

被代理人与行为人曾具有代理关系，在代理权撤回或终止后，行为人未及时对外公示或采取必要撤权措施，相对人并不知情，而使相对人相信代理权依然存续。

2. 表见代理“认人不认章”裁判思路的演变

历史上，我国法院在审理案件时主要关注的是“合同是否加盖公章”以及“公章的真实性”问题，主流裁判观点将加盖公章的行为作为公司的真实意思表示。例如，**（2018）最高法民申 5722 号**再审裁定书中，法院认为：“金昌达公司在《还款协议书》上加盖公章的行为表明，该协议书系金昌达公司的真实意思表示，对金昌达公司具有法律拘束力……《还款协议书》上金昌达公司法定代表人的签字和手印是否系伪造，不影响金昌达公司根据该

---

① 参见史尚宽：《民法总论》，中国政法大学出版社 2000 年版，第 490 页。

《还款协议书》对外承担责任。”

但《全国法院民商事审判工作会议纪要》（以下简称《九民纪要》）第41条规定：“司法实践中，有些公司有意刻制两套甚至多套公章，有的法定代表人或者代理人甚至私刻公章，订立合同时恶意加盖非备案的公章或者假公章，发生纠纷后法人以加盖的是假公章为由否定合同效力的情形并不鲜见。人民法院在审理案件时，应当主要审查签约人于盖章之时有无代表权或者代理权，从而根据代表或者代理的相关规则来确定合同的效力……代理人以被代理人名义签订合同，要取得合法授权。代理人取得合法授权后，以被代理人名义签订的合同，应当由被代理人承担责任。被代理人以代理人事后已无代理权、加盖的是假章、所盖之章与备案公章不一致等为由否定合同效力的，人民法院不予支持。”

该规定确立了“**认人不认章**”的新裁判思路，使公章的作用被降低，即在认定合同效力的过程中，只需审查签字人员的代表权限或者代理权限，而无须审查公章的真实性问题。

例如，（2019）**最高法民申**2898**号**民事裁定书中，法院认为：《协议书》由公司其他职员加盖公司公章签订，《协议书》及其附件是否依法发生效力，需要根据具体签订的经办人员是否具有公司的授权（具体由公司法定代表人代表公司授权）而定。

因此，对于相对方抗辩合同上加盖的印章系伪造或者变造，人民法院应当结合合同缔结与履行过程中的各种因素综合判断是否构成表见代理，假公章不一定是法院认定不构成表见代理的要件。对于伪造、变造公司印章对案件基本事实的影响而言，关键在于合同相对人是否尽到合理的注意义务。

3. 表见代理的认定标准

在《民法典》出台以前，最高人民法院出台的《关于当前形势下审理民商事合同纠纷案件若干问题的指导意见》第13条规定：“合同法第四十九条规定的表见代理制度不仅要求代理人的无权代理行为在客观上形成具有代理权的表象，而且要求相对人在主观上善意且无过失地相信行为人有代理权。合同相对人主张构成表见代理的，应当承担举证责任，不仅应当举证证明代理行为存在诸如合同书、公章、印鉴等有权代理的客观表象形式要素，而且应当证明其善意且无过失地相信行为人具有代理权。”第 14 条规定：“人民法院在判断合同相对人主观上是否属于善意且无过失时，应当结合合同缔结与履行过程中的各种因素综合判断合同相对人是否尽到合理注意义务，此外还要考虑合同的缔结时间、以谁的名义签字、是否盖有相关印章及印章真伪、标的物的交付方式与地点、购买的材料、租赁的器材、所借款项的用途、建筑单位是否知道项目经理的行为、是否参与合同履行等各种因素，作出综合分析判断。”

上述条文规定了表见代理的构成要件以及相对人善意且无过失的认定标准，部分地方法院也针对表见代理出台了地方性法律文件，通过裁判规则、典型案例等方式统一表见代理的法律适用与认定标准。

《民法典》及其司法解释沿用了原《合同法》《民法总则》概括性规定的方式，以描述构成要件的形式对表见代理制度进行规定。

《民法典》第 172 条规定：“行为人没有代理权、超越代理权或者代理权终止后，仍然实施代理行为，相对人有理由相信行为人有代理权的，代理行为有效。”

《最高人民法院关于适用〈中华人民共和国民法典〉总则编若干问题的解释》第 28 条第 1 款规定：“同时符合下列条件的，人民法院可以认定为民法典第一百七十二条规定的相对人有理由相信行为人有代理权：（一）存在代理权的外观；（二）相对人不知道行为人行为时没有代理权，且无过失。”

笔者据此总结表见代理的构成要件如下：

（1）行为人须以被代理人的名义活动，与第三人缔结民事关系

以本案为例，许某系无权代理，并未得到被代理人民生证券公司的授权，其私刻公司印章且以被代理人的名义活动，与多人签订《基金委托理财协议》，缔结民事关系，满足表见代理的基础构成要件，属于上文提到的授权表示型表见代理。

（2）合同不存在法定的无效事由

以本案为例，许某虽然实施的是诈骗行为，但从那某角度而言，其本意是购买民生证券发行的理财产品，该民事行为本身不违反法律、法规的禁止性规定，也不违背公序良俗。反之，如果第三人所签署的合同本身就存在法定的无效事由，则不能以表见代理作为合同有效的理由。

（3）客观上须具有代理权的外观与表象，能够使第三人对其产生信赖

代理权外观，是指从表面来看行为人取得代理权的客观事实。其通常包括：无权代理人持有被代理人签名盖章的授权委托书，合同以被代理人的名义订立，合同上加盖被代理人的相关印章，被代理人与行为人之间存在可合理推断的授权关系，合同签约地点在被代理人的办公场所，签约过程符合通常的交易习惯，以及被代理人实际参与交易等其他具有代理权外观的情形。**司法实践中，对代理权外观的认定应当综合考量合同订立与履行过程中的各方面因素，从而对行为人是否具有代理权的表象作出判断，不可仅凭单一事实认定行为人具有代理权外观**。例如，行为人单纯持有公章、盖章合同、营业执照，并不能据此直接断定具有代理权外观，须与能构成代理权外观的其他事实结合起来综合判断。

例如，(2019) **最高法民终** 1535 **号**民事判决书中，法院认为：案涉《协议书》由公司股东签订，其并非公司法定代表人，亦无证据证明其在公司任职或具有代理公司对外进行相关民事行为的授权，仅具股东身份不足以成为其在案涉《协议书》上签字盖章的合理理由，该行为不构成表见代理。

又如，(2022) **京民申** 64 **号**民事裁定书中，法院认为："一方面，在南昌华佑公司与中粮公司玉米买卖合同履行过程中，除案涉争议款项外，南昌华佑公司均以向中粮公司账户转款的方式支付货款，故该笔付款并不符合双方交易习惯。同时，王某海在案涉款项付款前后均无代表公司收款授权的前提下，其不足以使南昌华佑公司产生信赖利益。另一方面，将货款打入个人账户不符合财务会计准则以及税务机关相关要求，不符合通常交易习惯。南昌华佑公司作为商事主体理应对款项支付事宜保持合理的审慎态度。综上，上述行为不足以认定表见代理，原审法院裁判并无不当。"

再如，(2021) **最高法民申** 5842 **号**民事裁定书中，法院认为：本案中，贾某某在《煤炭买卖合同》上并未以"委托代理人"的身份签字，苏燃公司也未举证证明贾某某存在出具授权委托书等客观表象形式要素，苏燃公司违反合同约定向贾某某个人账户转款，也不符合一般的交易规则，故苏燃公司所提交证据不足以证明其是出于善意且无过失地相信贾某某具有代理权，其关于贾某某收款构成表见代理的理由不能成立。

再以本案为例，根据法院查明的事实，那某签订的《基金委托理财协议》上不仅有民生证券下属营业部的盖章，还有连带责任保证人、合同履行监管人的盖章，在缴款凭证上有民生证券下属营业部的财务章，结合许某在民生证券长风街营业部担任总经理职位，有营业部总经理助理常某共同参与，且协议系在被告营业场所签订，并有人拍照，形式完备。以上多方面要素在客观上具备使那某相信表见代理人具有代理权的外观，有理由相信许某的行为系职务行为。

（4）**第三人须为善意且无过失**

善意且无过失，**这里的“善意”是指相对人对于行为人无代理权不知情**，若相对人明知行为人无代理权，仍与其订立合同，则不构成善意；**这里的“无过失”是指相对人已尽到“善良管理人的注意义务”**，即对权利外观进行了合理的形式审查，依然对代理人无代理权不知情，该义务通常被理解为积极义务，而非消极义务。

根据笔者的观察，**最高人民法院认定相对人善意且无过失的标准较为严格，对于相对人善意的要求程度较高，相对人主观上不仅不能有重大过失，而且应无一般过失**。这里所指的过失情形包括：相对人未核实行为人的身份及有无代理权，未核实款项汇入账户为行为人账户还是被代理人账户，未核实行为人在订立合同过程中的异常做法，未在订立违反常规的合同时尽到合理注意义务等。除此之外，法院还会综合衡量交易效率与核实代理权限成本是否相称、注意义务与交易规模是否相称、既往交易惯例以及交易双方熟悉程度等事项。

最高人民法院早期的经典案例已经对“善意且无过失”的认定进行了详细阐述。例如，(2008) **民二终字第124号**判决书中，法院认为：“在相对方有过错的场合，不论该种过错是故意还是过失，无表见代理适用之余地……兴业银行广州分行在本案所涉贷款过程中具有过错，故本案不适用合同法关于表见代理的规定，深圳机场公司和兴业银行广州分行应根据各自的过错程度承担相应的民事责任。”

（2013）**民提字第95号**判决书中，对于相对人是否“善意”这一问题，法院认为，如要证明相对人善意，不能仅凭介绍信等形式文件，而更要从相对人是否在客观上追求高利、是否按照正常程序履行常规手续等方面认定。

（2014）**民提字第58号**民事判决书中，对于相对人是否具有“主观过失”这一问题，法院认为：虽然农业银行工作人员是在鞍山银行立山支行的工作时间、工作地点要求立山支行的工作人员办理核保手续的，但农业银行工作人员在明知依据其内部规定，对大额存单进行核保时应见存单出具银行的行长，且对存单真实性产生怀疑时，却应存单持有人的要求放弃面见鞍山银行立山支行行长，亦未要求……农业银行在核保过程中有重大过失……未尽到应尽的注意义务，非善意相对人。

（2013）**民提字第95号**判决书中，法院认为：“本案中，李某勇在与谭某力商谈存款事宜过程中，在以下方面存在未尽合理注意义务的过失。一是对谭某力行长的身份未经核实即轻信。李某勇是经刚认识的刘某等陌生人介绍认识‘行长’谭某力，谭某力接待李某勇时并未在农行云阳支行办公地点，而是在农行云阳支行云江大道分理处的办公室，作为‘行长’的谭某力亲自带李某勇到柜台办理‘存款’业务，李某勇因为疏忽，对谭某力作为‘行长’不符合常规的作法未产生怀疑，未尽合理注意义务。二是李某勇对存款过程存在的诸多不合常规操作未产生怀疑。谭某力交给李某勇的《承诺书》载明，农行云阳支行在三个月存款期内承诺对款项‘不抵押、不查询、不提起支取’。上述承诺内容均为李某勇作为存款所有权人可以行使的权利，放弃权利的承诺应当由权利人作出。但‘农行云阳支行’却对此作出承诺。李某勇应当注意到承诺书内容的不合常理之处。”

近几年，最高人民法院相关裁判观点依旧延续了早年间的认定基调：

（2021）**最高法民申190号**民事裁定书中，法院认为：对于任何不知情的善意相对人而言，渴望公司合法持有并保管的汉天公司数字编码尾号为5853的公章及陈某某名章，仍然具有对外公示的效力。况且东富中心在签订《保证合同》时，已经审查了盖有汉天公司公章的汉天公司决定对外担保的股东会决议、参会股东名单及法定代表人陈某某名章样本等符合形式要求的文件。据此，依照原《合同法》第49条之规定，认定东富中心进行了必要的形式性审查，东富中心主观上属于善意，其有理由相信持有汉天公司公章及法定代表人陈某某名章的渴望公司能够代表汉天公司与之签订合同，渴望公司的行为构成表见代理。

（2021）**最高法民申** 2345 **号**民事裁定书中，法院认为：李某某在得知案涉工程农民工上访追讨工资事件发生后，仍与张某某、奚某某签订案涉施工合同，未尽到合理审查义务。因此，李某某并非属于善意且无过失，原审据此认定张某某、奚某某的行为不能构成表见代理，继而驳回李某某对天瑞圣源公司的诉讼请求，并无不当。

（2021）**最高法民申** 1032 **号**民事裁定书中，法院认为：《采购协议》约定……而该条仅约定十九冶公司“可委托”逸东公司进行材料采购。在逸东公司未出具十九冶公司书面授权书情况下，仅凭该约定不足以认定逸东公司具有委托代理权限，亦不足以认定逸东公司具有委托代理权的“权利外观”……作为商事主体的朱某某对逸东公司未获得十九冶公司明确授权是明知的，而非“善意且无过失”。原审判决认定逸东公司系无权代理且不构成表见代理，有事实依据。

再以本案为例，原告作为普通群众，无法通过肉眼识别该章真伪，且部分协议系在被告营业场所签订，当时许某担任民生证券长风街营业部总经理，具备履行职务的条件，可以说明相对人具有“善意”。但法院同时认定，那某系受保本高息的诱惑，将款项汇入许某个人账户，有违日常生活经验法则，从这一点来看那某并非全无过失，如果那某以表见代理诉讼路径请求确认合同有效，未必能得到法院支持。

（5）**被代理人在主观上存在过失，具有可归责性**

当前学术界对于这一构成要件存在较大分歧。有学者认为不应将被代理人的可归责性列为构成要件之一。[①] 但也有学者认为，表见代理的法律后果通常由被代理人承担，那么对于代理权外观的产生与持续，被代理人应当是

① 参见梁慧星：《民法总论》，法律出版社 2011 年版，第 241 页；孙鹏：《表见代理构成要件新论——以被代理人的过错问题为中心》，载《云南大学学报（法学版）》2004 年第 1 期。孙鹏在解释论层面主张考虑被代理人因素，但在立法论层面则主张不考虑。

可归责的，超出被代理人控制与风险范围的责任不应当由被代理人承担。[①]这一观点将被代理人所代表的私人利益也纳入了保护范围。

司法实践中，有的法院将被代理人的可归责性作为表见代理的构成要件加以规定。例如，《江苏省高级人民法院关于适用〈中华人民共和国合同法〉若干问题的讨论纪要（一）》第 14 条规定：认定构成表见代理应当以被代理人的行为与权利外观的形成具有一定的牵连性即被代理人具有一定的过错为前提，以“相对人有理由相信行为人有代理权”即相对人善意无过失为条件。但该规定为 2005 年出台，已经自 2021 年《民法典》实施后被废止。

当前，《民法典》及最高人民法院出台的文件依旧秉持表见代理制度的规范目的在于保护交易安全以及善意相对人的信赖利益，被代理人实施民事法律行为时存在过失，并非认定表见代理的构成要件。

不过，在一些案件中，尽管被代理人存在过失并非表见代理的构成要件，但可成为判定其分担损失的事实依据。在法院认定行为人不构成表见代理时，被代理人不对相对人承担责任。但是被代理人如对于造成具有代理权的外观有过错，并导致相对人受到损失，相对人有权依据侵权请求被代理人承担赔偿责任。

4. 表见代理的举证责任分配

《最高人民法院关于适用〈中华人民共和国民法典〉总则编若干问题的解释》第 28 条第 2 款规定：“因是否构成表见代理发生争议的，相对人应当就无权代理符合前款第一项规定的条件承担举证责任；被代理人应当就相对人不符合前款第二项规定的条件承担举证责任。”根据上述规定，表见代理的举证规则是：相对人就行为人存在代理权的外观承担举证责任，被代理人就相对人非善意与存在过失承担举证责任。

《最高人民法院对十三届全国人大五次会议第 4254 号建议的答复》中指出：“基于消极事实无需举证的原则，相对人‘不知道’是难于举证证明的，故不要求相对人就自己属于善意举证，而依‘善意推定’的法理进行判断，

① 参见崔建远等：《民法总论》，清华大学出版社 2010 年版，第 115 页。

并由被代理人对相对人非善意事实负举证责任。”

据此，由相对人承担举证责任的事实包括：代理权外观的存在、相对人对代理权外观的相信、相对人已尽合理注意义务、相对人因相信其有代理权而与行为人实施法律行为。由被代理人承担举证责任的事实包括：相对人知道行为人无代理权、授权委托书系伪造或者被代理人公章系行为人私刻或盗用、被代理人已尽通知义务或已收回代理权等积极事实。

需要注意的是，上述答复中还进一步强调，相对人在不知道行为人无代理权方面不存在疏忽或懈怠，是相对人应当承担的举证责任，在相对人未完成举证义务时，并不发生举证责任的转移，不能直接推定相对人善意且无过失，而由被代理人承担反证的义务。

例如，（2016）**最高法民终 801 号**民事判决书中，法院对衡水银行以长春农商行受到诈骗为由主张其未尽谨慎义务未予支持，同时法院基于以下证据认定长春农商行尽到了审慎注意义务并适用表见代理的规定，这些证据包括：加盖“衡水市商业银行股份有限公司站前支行”的公章的相关证件，加盖有衡水银行站前支行公章和衡水银行授信管理部、贷款审查委员会印章并有相关领导签字的授信资料，衡水银行副董事长李某在办公室现场出具的《授权书》，衡水银行站前支行行长赵某在其办公室签约的照片及全程拍照记录等证据。

5. 表见代理的法律后果

（1）被代理人对善意相对人承担民事责任

根据《民法典》第 172 条，相对人有理由相信行为人有代理权的，代理行为有效。因此，表见代理的法律后果与有权代理的法律后果一致，即由被代理人对代理人实施的代理行为承担民事责任。

（2）被代理人可就该损失向代理人进行追偿

原《最高人民法院关于适用〈中华人民共和国合同法〉若干问题的解释（二）》（以下简称《合同法司法解释二》）第 13 条规定：“被代理人依照合同法第四十九条的规定承担有效代理行为所产生的责任后，可以向无权代理人追偿因代理行为而遭受的损失。”尽管这一规定已经失效，但实践中被代理人依然有权根据无权代理人的过错等，请求无权代理人给予其相应的赔偿。

值得一提的是，如本案之情形，确实存在代理权的外观，但相对人也确实存在一定过失，法院在认定不构成表见代理的同时，可否根据过错原则直接认定赔偿责任的比例，而非必须通过侵权之诉才能解决赔偿比例问题？按照目前法律和司法解释的规定，笔者认为，相对人主张表见代理只有构成和不构成两种结果，如果构成，就按有效合同处理，如果不构成，就不能对被代理人产生任何法律后果，其结果就是相对人败诉。因此，究竟选择表见代理之诉还是侵权之诉，还需要当事人慎重。

6. 表见代理新规

通过前述分析可见，当前涉表见代理案件具有裁判标准难以明确、裁判权行使空间较大的特点。对于相对人“善意且无过失”的认定问题，法官在个案中通常具体问题具体分析，很难形成统一的认定标准。

笔者注意到，最高人民法院对《关于对金融机构适用表见代理作出特别规定的建议》答复一文中提及，最高人民法院正在起草“关于审理涉及表见代理适用法律若干问题的规定”。关于表见代理的具体适用情形及认定标准，相信在不久的将来会有更加完备、细化的规定，届时很多涉表见代理的争议问题可能将得到明确回答。

【复盘时间】

1. “认人不认章”规则对被代理人影响很大，应当注重内部制度完善

《九民纪要》出台后，“认人不认章”规则在司法审判中逐渐形成共识，企业法人以往“只要控制好公章就不会发生风险”的传统思维必须改变，公章管理要变成人、章共管，针对营业部公章、财务用章和业务用章应建立起相应的印章管理制度，特别是对具有特殊身份的内部人员要加强定期核查，从而尽可能避免因“假章真人”而被认定构成表见代理。此外，应做到空白合同及时回收，避免部分重要空白合同文本遗失而带来的法律风险。

2. 相对人要强化签约的见证流程完整性

“认人不认章”的另一层含义是即便章是真章，但如果相对人并非善意

无过失，没有尽到对授权盖章人员身份的核实义务，依然有可能被认定不构成表见代理。因此，对于相对人而言，要强化签约的见证流程完整性。例如，相对人应当要求对方盖章人员在其主要办公场地内进行盖章，盖章之前要核对对方人员是否属于公章管理专员或者有公司同意盖章的授权书，公司法定代表人本人应当一并签字，对用印全程进行录音、录像等。当前，律师事务所更多参与到见证环节，并就此出具见证意见书，该等形式可进一步提升见证效力，从而起到对相对人无过失的辅助证明作用。

3. 要明确公司员工的授权范围、授权期限

在“认人不认章”规则下，与交易对手签订合同时，如指派我方某员工作为“负责人”进行签字，其签字行为有很大可能被认定为代表公司的行为，而不论公章真伪，此时若未明确其授权范围与期限，则会存在员工私刻公章引发表见代理的风险。因此，在提交给交易对方的我方授权文件中应明确签字方的授权范围、授权期限。

争点2：有限合伙人派生诉讼在司法实践中的难题

【本集提要】

有限合伙人代位诉讼在司法实践中应当如何确定管辖原则，其适用的前置程序应当如何理解？获得胜诉判决后有限合伙人能否提起代位执行？除诉讼方式外，有限合伙人能否通过将执行事务合伙人除名的方式取得合伙企业的控制权？本案中合伙企业执行事务合伙人恶意侵害合伙企业利益，且怠于代表合伙企业向债务人发起诉讼，有限合伙人决定以自己的名义代位诉讼，却在代位诉讼中遭遇法律空白带来的各种难题；在有限合伙人另行对执行事务合伙人提起的差补义务诉讼中，又因为合伙企业未办理清算导致差补款不确定，被法院判决驳回。这起案件中究竟遭遇了哪些难题？签约环节应该如何设置差补条款？

【本集出镜】*

国际信托：从事信托业务的银行业金融机构，为了扩大业务领域，自2018年起开始尝试影视投资，但因经验不足，决定与新新投资开展合作。

新新投资：一家以影视投资为主业的投资管理公司，实控人杨总曾担任多部知名影视剧的制作人，在圈内小有名气，为了借助国际信托的名气和资金实力，在开展合作中承诺给予国际信托固定收益回报。

国新合伙：国际信托与新新投资设立的以影视投资为特定投资方向的合

---

* 根据真实案例提炼，当事人名称采用化名。

伙企业，由国际信托认缴1亿元有限合伙份额，由新新投资认缴3000万元普通合伙份额，新新投资作为执行事务合伙人，负责合伙企业运营、影视项目筛选、尽调和投资决策。

南江影业：一家影视剧制作公司，其筹拍的一部电视剧已经进入实际拍摄期，但因为资金紧张，决定在市场上寻找融资机会。

魅影影业：一家影视剧制作公司，与新新投资的实控人同为杨总。

【法律关系图】

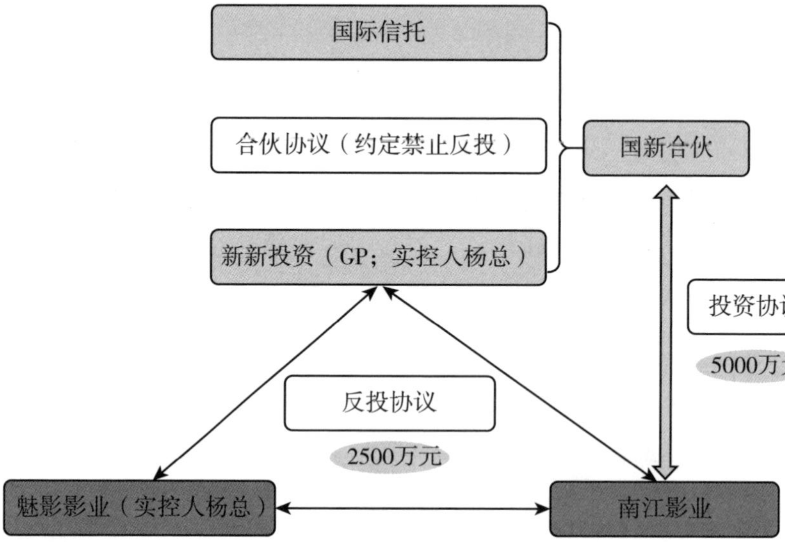

【基本案情】

2016年9月，国际信托与新新投资签订《合伙协议》，除对合伙的相关权利义务进行了约定外，还特别约定：（1）禁止反投，即禁止合伙企业把资金投向与新新投资存在关联关系的企业或投资项目。（2）当投资项目发生逾期时执行事务合伙人应负责以合伙企业名义行使诉讼权利；有限合伙人在执行事务合伙人怠于行使权利时，有权督促其行使权利或者为了本企业的利益以自己的名义提起诉讼。（3）国际信托在投资期间享有按投资金额（1亿元）计算的8%/年的固定收益回报，固定收益回报除通过合伙企业清算时的优先分配权实现以外，如合伙企业清算完毕时还有不足，由新新投资及其实际控制人杨总负责补足。同日，国际信托与新新投资、杨总签订了《差额补足协议》，相关约定与《合伙协议》相应条款一致。

上述协议签订后，双方均按约定实缴了合伙份额，国新合伙有效设立并开始进行投资项目筛选。其间，国新合伙共筛选了南江影业等 3 家影视公司的影视剧项目进行投资，为南江影业项目实际投资 5000 万元，投资期限 1.5 年，回款方式为到期一次性支付投资本金和固定收益。

2019 年 1 月，国新合伙与南江影业约定的投资期限届满，但南江影业并未按期进行还款，拖延至 4 月，新新投资除以国新合伙名义向对方发出催告函外并未采取任何行动，国际信托此时方才发觉异常，主动约谈了南江影业的负责人赵某，终于获悉事情真相。原来，在国新合伙与南江影业签订投资协议前，新新投资的杨总就找赵某说起自己名下的魅影影业也有一个影视剧项目需要投资，但新新投资因为和国际信托之间存在“禁止反投”条款，无法将国新合伙的资金直接划转给魅影影业，于是希望南江影业帮忙，**将南江影业实需融资由 2500 万元扩大到 5000 万元，放款当日将其中 50% 转付给魅影影业**，二人一拍即合。于是，双方签订《投资协议》的同时，新新投资、魅影影业与南江影业签订了《反投协议》，约定南江影业向魅影影业投资 2500 万元，还款期限、利率等均与《投资协议》完全一致。事后，魅影影业拿到了 2500 万元投资款，但其投资的电视剧未能顺利发行，所以未能如期向南江影业还款。现南江影业认为，**《反投协议》是《投资协议》的从协议，要么让魅影影业先还钱，要么其只负责偿还实际收取的 2500 万元本息，否则通过诉讼解决**。

获悉上述事实后，国际信托立即致函新新投资和国新合伙，要求对方对南江影业提起诉讼，但后者一直未予回应，国际信托随即以自己的名义代表合伙企业提起诉讼，要求南江影业返还投资款和固定回报合计 5900 余万元。

此外，在该案诉讼期间，由于合伙协议约定的 3 年合伙存续期届满，国际信托致函新新投资进行合伙企业清算，但新新投资依旧不予理睬。无奈之下，国际信托以约定固定回报与 3 年届满时获得实际回款的差额，**起诉要求新新投资和杨总共同支付差额补足款 7000 余万元**。

【审理与裁判】

1. 有限合伙人派生诉讼

立案环节，立案法官首先就有限合伙人如何证明执行事务合伙人怠于行使诉权提出疑问，尽管国际信托提交了向新新投资发出的催告函，但法官认为新新投资并没有回函表示拒绝行使诉权。不得已，国际信托再次向新新投资发函并在函件中表示对方不回复即表示拒绝，国际信托等待一个月后再次起诉，这次立案法官未再就此提出异议。

然而一波未平，一波又起，立案法官又对管辖问题提出疑问。立案法官认为，尽管《投资协议》存在协议管辖条款，但国际信托作为原告并非该协议当事人，且《合伙企业法》未针对有限合伙人派生诉讼的管辖原则进行规定，所以根据“原告就被告”的一般原则，建议其向南江影业住所地法院申请立案。经过内部商议，国际信托决定追加新新投资作为本案共同被告，由于新新投资住所地恰好与协议管辖地一致，这样既可解决管辖问题，还可在同一案件中追究新新投资怠于行使诉权造成国际信托为此支出的律师费、保全担保费等损失。在追加被告后，国际信托终于“闯”过了立案关。

实体审理中，双方主要争议焦点在于《反投协议》是否系《投资协议》的从协议。就此问题，国际信托认为国新合伙并非《反投协议》的签约主体，而且《合伙协议》明确约定了禁止反投，南江影业理应对此明知。南江影业则认为，新新投资是合伙企业的执行事务合伙人，其身份等同于公司的法定代表人，因此《反投协议》理应为其代表合伙企业签订。法院最终认定：虽然新新投资签订了《反投协议》，但该协议并未约定新新投资系代表国新合伙签订该协议，所以无法证明新新投资签订《反投协议》的法律后果由国新合伙承担，据此南江影业应当向国新合伙全额支付投资本金和固定回报。

2020 年 11 月，国际信托仍未获得国新合伙相关证照，只得继续代位申请执行。然而，执行法官认为：生效判决确认的债权归属于国新合伙，理应由国新合伙申请执行，即便国际信托表示执行回款可打入国新合伙指定账户，但由于《合伙企业法》未规定有限合伙人可代位申请执行，所以国际信托在执行程序中不具有主体资格，据此裁定驳回执行申请。

2. 差补义务诉讼

该案中，法院判决认为，《差额补足协议》明确约定差额补足款应当根据合伙企业清算完毕后国际信托实际分配收益与应得收益之间的差额进行计算，**目前合伙企业未清算，差额补足款无法计算，据此驳回国际信托的诉讼请求，待合伙企业清算后其可另行起诉**。

【白律师析法】

本案法律争议点较多，重点探讨以下问题。

1. 有限合伙人派生诉讼的管辖原则

《合伙企业法》并未规定有限合伙人提起派生诉讼适用的管辖规则，由此产生两个争议问题：第一，有限合伙人在派生诉讼中是否受合伙企业与第三人签订的仲裁条款或协议管辖条款约束？第二，在合伙企业未事先约定管辖的情况下，有限合伙人派生诉讼应如何适用民事诉讼管辖的一般原则？

针对第一个问题，根据合同相对性原理，原则上仲裁条款或协议管辖条款仅在合伙企业与第三人之间具有法律效力，但我们认为，有限合伙人派生诉讼适用的诉讼担当人理论可视为对这一原理的突破，即有限合伙人在派生诉讼中作为合伙企业的诉讼担当人，在合伙企业与第三人之间存在有效仲裁条款或协议管辖条款的情形下，有限合伙人在派生诉讼中同样受该条款的约束，否则将会导致第三人的期待利益落空。

至于第二个问题，如果合伙企业与第三人签订的协议未约定管辖，有限合伙人提起派生诉讼，因《合伙企业法》并无特殊规定，此时应适用《民事诉讼法》关于管辖的一般规定。除专属管辖与特殊地域管辖，应根据案由及诉争法律关系的性质确定案件管辖。

2. 有限合伙人派生诉讼的前置条件

《公司法》第151条规定了公司股东提起派生诉讼的前置条件——监事会或董事会收到股东发出的书面请求后拒绝提起诉讼或三十日内未提起诉讼

的，股东有权为了公司利益直接以自己的名义向法院提起诉讼。但《合伙企业法》并未规定类似前置程序，仅在第 68 条第 2 款第 7 项规定执行事务合伙人怠于行使权利时，有限合伙人督促其行使权利或者为了本企业的利益以自己的名义提起诉讼，不视为执行合伙事务。

我们认为，“执行事务合伙人怠于行使权利”的表述蕴含派生诉讼制度“穷尽内部救济”的一般原理，其要求有限合伙人提起诉讼之前，首先在合伙企业内部提出积极行使权利的请求，只有在执行事务合伙人怠于行使权利，合伙企业内部救济机制失灵的情形下，有限合伙人才有权代位行使诉权，以最大限度保障企业内部自治，防止出现部分有限合伙人滥诉损害合伙企业利益的情形。

因此，在《合伙企业法》规定并不明确的情况下，有限合伙人更要在督促执行事务合伙人行使诉权的函件中注意措辞严谨，并注意给对方限定行使诉权的合理期限，以便于立案环节法院对前置条件的理解与审查。

关于“执行事务合伙人怠于行使权利”的裁判观点，在焦某、刘某等与安徽瑞智房地产开发有限公司金融借款合同纠纷二审民事案件［（2016）最高法民终 756 号］中，法院认为：作为执行事务合伙人的和信资本公司是否怠于行使权利，需要结合和信资本公司的作为，对案涉委托贷款发放之后的几个不同阶段逐一进行分析和判断……《合伙企业法》第 68 条第 2 款第 7 项赋予了合伙企业的有限合伙人以自己的名义代表合伙企业提起诉讼的权利，且并未限定其在个人出资额范围内提出诉讼请求，只要满足以合伙企业的利益为目的这一要求即可。在世欣荣和投资管理股份有限公司与长安国际信托股份有限公司等纠纷案［（2016）最高法民终 19 号］中，法院认为，“世欣荣和公司在认为合伙企业东方高圣的权利被侵犯时，已经就相关问题向东方高圣及执行事务合伙人发函催告，要求东方高圣向人民法院提起民事诉讼，维护东方高圣的民事权利，东方高圣虽予以响应，但未依法提起民事诉讼，世欣荣和公司遂选择以自己的名义提起诉讼并无不妥，符合法律规定”。

3. 有限合伙人可否享有代位执行权

有限合伙人根据派生诉讼取得的生效判决继续代位执行，或者因执行事务合伙人取得生效判决后怠于申请执行而由有限合伙人代位执行，我们认为同样可以《合伙企业法》第68条第2款第7项为依据，理由是执行程序属于诉讼程序的一个组成部分，有限合伙人有权代位提起诉讼，实际包含了代位申请执行。

由于实践中关于有限合伙人提起派生诉讼的案例较少，此处可以有限责任公司股东代表诉讼作为参考。在（2016）最高法执复28号案中，法院认为："本案属于股东代表诉讼在执行阶段的自然延伸……股东代表诉讼是股东为了公司的利益而以股东的名义直接提起的诉讼，相应地，胜诉后的利益归于公司……同样，当股东代表诉讼进入执行程序后，股东代表出于继续维护公司利益的目的，向人民法院申请执行生效法律文书，符合股东代表诉讼这一制度设计的内在逻辑。因此，东风公司、汽修厂在联合公司怠于主张自身权利时，有权向法院申请执行。"

根据上述案件的裁判思路，我们认为，在有限合伙人提起派生诉讼的案件中，为确保有限合伙人、合伙企业的利益不因执行事务合伙人怠于行使权利遭受侵害，也理应允许有限合伙人以本人身份申请执行，只要有限合伙人认可执行利益归属于合伙企业即可。

4. 除名执行事务合伙人的理论探讨及现实障碍

本案诉讼启动前，曾有人提出可以先对执行事务合伙人予以除名和更换，取得合伙企业控制权后再行诉讼，这一方案看似可行，但实操过程中同样存在障碍。

《合伙企业法》第63条规定："合伙协议除符合本法第十八条的规定外，还应当载明下列事项：……（四）执行事务合伙人的除名条件和更换程序……"《合伙企业法》第60条规定："有限合伙企业及其合伙人适用本章规定；本章未作规定的，适用本法第二章第一节至第五节关于普通合伙企业及其合伙人的规定。"《合伙企业法》第49条规定："合伙人有下列情形之一的，经其他合伙人一致同意，可以决议将其除名：（一）未履行出资义务；（二）因故意或者重大过失给合伙企业造成损失；（三）执行合伙事务时有不正当行为；（四）发生合伙协议约定的事由。对合伙人的除名决议应当书面通知被除名人。被除名人接到除名通知之日，除名生效，被除名人退伙。被除名人对除名决议有异议的，可以自接到除名通知之日起三十日内，向人民法院起诉。”

根据上述法律规定，有限合伙企业中对执行事务合伙人适用除名制度的，首先应以合伙协议约定为准，在无约定或约定不明的情形下，参照适用《合伙企业法》第49条普通合伙企业对合伙人除名的相关规定。以下就该条在实务中的理解与适用作简要分析：

(1)“未履行出资义务”从广义上来看包括“完全未履行出资义务”及“未完全履行出资义务”两种情形。前者适用除名制度无可厚非，存在争议的是在合伙人仅履行部分出资义务的情形下能否直接适用除名制度。我们认为，《合伙企业法》第65条规定了未完全履行出资义务的合伙人的补缴义务及对其他合伙人的违约责任；同时，该法第33条规定在合伙协议未约定或者约定不明的情形下，由合伙人按照实缴出资比例进行利润分配。因此，在合伙人仅履行部分出资义务的情形下，法律已通过要求补缴出资、承担违约责任或限制分红等手段加以救济，不宜再适用“除名”这一完全解除身份关系的严苛制度。

(2)关于“因故意或者重大过失给合伙企业造成损失”，根据侵权责任法的一般原理，其他合伙人以该事由主张将执行事务合伙人除名时，需要对以下三个要件承担举证责任：第一，执行事务合伙人主观上具有故意或重大过失。此处对行为人的过错程度进行了较高程度的限定，明确排除了“一般性疏忽或过失”作为适用条件。但对“故意或者重大过失”未进一步明确，容易造成司法裁判尺度的不统一。因此，建议当事人在合伙协议中明确“故意或者重大过失”的具体情形，一旦发生协议约定事由，即可适用除名程序。第二，合伙企业遭受损失。此处对于“损失”的标准和程度并未进行限定，也未明确是否包括间接损失或预期利益损失。若采用文义解释——只要执行事务合伙人因故意或重大过失行为给合伙企业带来损失即可触发除名制度，则极易导致该制度的滥用，出现多数合伙人共谋侵害少数执行事务合伙人利益的情形。因此，我们认为有必要提前在合伙协议中以概括式列举的方式对“损失”的标准加以明确。第三，合伙企业遭受损失与执行事务合伙人的故意或重大过失行为之间具有因果关系。

（3）执行合伙事务时有不正当行为。“不正当行为”如何界定，《合伙企业法》并未明确规定。根据《合伙企业法》修改起草工作组的解读，“不正当行为”是指合伙人在执行合伙事务过程中，侵害合伙企业或其他合伙人的权益，牟取个人私利的行为。① 结合《合伙企业法》的相关规定及司法实践，常见的“不正当行为”包括以下情形：执行事务合伙人违反《合伙企业法》第32条项下的竞业禁止义务；利用职务之便侵占合伙企业财产或进行自我交易；因执行合伙事务不当而导致合伙企业受到刑事或行政处罚；账务处理中进行虚假记载、违法违规记账等。

具体到本案，新新投资担任执行事务合伙人期间，与被投资人签订《投资协议》的同时还在国际信托不知情的情况下签订《反投协议》，将部分投资款私下转入其关联企业，最终导致合伙企业投资无法按期回收。此等损害合伙企业利益的行为显然已经属于《合伙企业法》规定的“故意给合伙企业造成损失”和“不正当行为”，理论上对其予以除名是可行的。

然而问题在于，该合伙企业只有一名有限合伙人和一名普通合伙人，合伙企业的证照还在普通合伙人掌控之中，当国际信托持除名文件办理工商变更登记手续时，工商管理部门却提出，仅以一名有限合伙人的意见要求除名另一方合伙人，一是其有无此权利问题，二是变更登记如何办理问题，实践中暂无此先例。

另外，即便除名成功，被除名人还对除名争议享有诉权，而有限合伙人若想取回合伙企业章、证，同样需要通过诉讼解决，如果待内部问题解决后再以合伙企业名义提起对第三人的诉讼，恐怕会贻误“战机”。

因此，实践中，在更换执行事务合伙人后再行起诉和直接提起派生诉讼这两个方案之间，更多面临此等困局的有限合伙人大多会选择后者。

【复盘时间】

此案诉讼过程可谓相当曲折，即便国际信托最终获胜，但也只是惨胜和

① 参见《合伙企业法》修改起草工作组：《〈中华人民共和国合伙企业法〉（修订）条文释义》，上海财经大学出版社2006年版，第195页。

险胜，究其原因，虽然与有限合伙人派生诉讼经典案例较少、裁判观点不统一有很大关系，但**根本原因还是国际信托选择合作机构时不够谨慎，且未能从交易结构设计角度对执行事务合伙人加以制约并对自身权益进行有效保障**。在此提供两点建议。

1. 可尝试通过双 GP 模式对执行事务合伙人权利加以限制

在选择不熟悉的合作伙伴又必须依赖其专业能力开展业务时，在不增加自身责任的前提下，应适当考虑通过《合伙协议》权利义务条款的设置对对方权利加以限制，因此设置双 GP（普通合伙人）模式更有利于实现这一目的。实践中，一般由 GP1 负责执行并担任基金投资管理人，主要负责投资管理事务；而 GP2 负责执行并担任基金运营商，负责基金日常运营及监督 GP1 的投资管理。简单而言，只有将执行事务合伙人身份控制在自己手中，才是“王道”。

2. 设定附期限而非附条件的差额补足义务

控制合作方的最好方式就是从固定回报方面设定交易对手的劣后分配模式和差额补足义务，国际信托显然也考虑到了这种风控手段，且从常规思维出发，在不发生纠纷的前提下，差补义务都是等合伙企业清算完毕后才会确定。但问题在于，设定此等风控措施的目的就是防止合作方“反水”损害合伙企业和本方的利益，那就应当预见当双方发生纠纷时合作方不配合清算的情况，而一旦发生这种情况，差补义务的确定需要以清算完毕为条件，将变得完全不可控。

因此，**有必要打破常规思维，在合同条款设计时将差补义务从附条件变为附期限**。具体而言，差补金额的确定和差补义务的产生不以合伙企业清算为前提条件，而是设定一个明确的期限和计算方式，例如，以 3 年投资期限届满时的应得本息和实际分配金额之间的差额作为差额补足款，除非有限合伙人单方面同意继续延长投资期限，否则对方应立即履行差补义务。这样一方面可以使差额补足条款可操作性更强，另一方面还带有威慑功能，合作方必然不敢再在背后搞“小动作”。

争点3：一人公司股权结构存在的现实隐患

【本集提要】

一人公司因其具有决策简便、高效的特点，在实践中被广泛采用。但不同于一般有限责任公司股东可通过公司的有限责任制度形成风险隔离，一人公司对股东的风险隔离功能较弱，股东经常可能发生诉讼风险，甚至被要求对一人公司债务承担连带责任，导致陷入诉讼泥潭。本集重点介绍一人公司股权结构存在的风险及其解决方法。

【法律关系图】

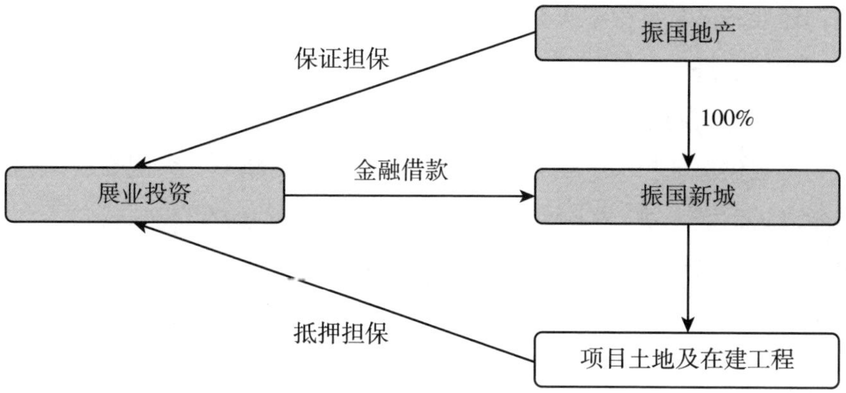

【基本案情】*

2019 年 2 月，展业投资向振国新城发放贷款 8 亿元，担保措施为振国新城股东振国地产承担连带保证担保及振国新城用名下土地及在建工程抵押。

2020 年，振国地产发行的公司债券发生逾期兑付，消息传出后，债权人纷纷起诉，振国地产"暴雷"。

获悉此消息后，为确保振国地产持有的振国新城的股权不被查封，并推动振国新城项目开发继续进行，以实现尽快回款，展业投资与振国地产签订了《债转股协议》约定：以贷款本息作为展业投资受让振国新城 100% 股权的转让价款，振国新城全部股权转让至展业投资名下，且后续开发及投入由展业投资全权负责，项目开发取得的收益优先用于偿还展业投资支付的股权转让款和后续投入资金，待清偿完毕后，展业投资将振国新城 100% 股权无条件退还给振国地产，剩余收益归振国地产享有。

协议签订后，振国新城 100% 股权转至展业投资名下，振国新城成为一人有限责任公司，展业投资为其唯一股东。随后，展业投资又通过股东借款方式投入了后续开发所需资金，并主导进行后续房地产开发销售。2021 年，振国新城项目取得了销售回款，展业投资将其中 4 亿余元转给自己，资金用途为归还股东借款及分配收益。

正当展业投资打算继续通过房地产销售回款填补风险时，却突然收到被追加为被执行人的通知。原来，振国地产作为振国新城股东期间曾指令振国新城为其提供保证担保，债务到期后债权人对振国地产、振国新城提起诉讼并获得胜诉。进入执行阶段后，债权人又以振国新城无可供执行财产、展业投资作为振国新城唯一股东存在财务混同为由，申请追加展业投资为共同被执行人。

【审理与裁判】

在追加被执行人的案件中，由于展业投资仓促应对，并没有提供相应证

* 根据真实案例提炼，当事人名称采用化名。

据，法院裁定追加展业投资为振国新城被执行案件中的被执行人，并裁定其在生效判决书确定的义务范围内对振国新城应偿还债务承担连带清偿责任。

因不服上述裁定，展业投资向法院提起执行异议之诉。诉讼中，展业投资申请对财产独立性问题委托审计机构进行审计，但审计过程中，审计机构认为展业投资在振国新城存在对外负债的情况下并没有将销售回款用于偿还债务而是优先分配股东利润，加之账目不清晰，遂认定构成财务混同。最终两审法院均根据审计结论确认应当追加展业投资为共同被执行人，并驳回了展业投资提出的执行异议。

【白律师析法】

1. 一人公司股权结构究竟有何风险

在我国目前的法律体系下，关于追究一人公司股东责任的规定主要有两条。其一是《公司法》第63条："一人有限责任公司的股东不能证明公司财产独立于股东自己的财产的，应当对公司债务承担连带责任。"本条规定既是针对一人公司股东责任的原则性规定，也是在审判程序中债权人要求一人公司股东承担责任的依据。其二则是《最高人民法院关于民事执行中变更、追加当事人若干问题的规定》（以下简称《执行变更追加规定》）第20条："作为被执行人的一人有限责任公司，财产不足以清偿生效法律文书确定的债务，股东不能证明公司财产独立于自己的财产，申请执行人申请变更、追加该股东为被执行人，对公司债务承担连带责任的，人民法院应予支持。"本条是在执行程序中债权人要求追加股东的法律依据，本案中展业投资就是因此而被追加为被执行人的。

针对一人公司与股东之间财产独立的证明责任，上述两条规定均采取了举证责任倒置模式，对于一人公司股东科以更严格的举证义务。一旦举证不力，一人公司股东将对公司债务承担连带责任，且并非像股东抽逃出资那样以抽逃出资额为限，而是及于公司全部负债。

一般有限责任公司的法人人格否认制度规定在《公司法》第20条第3款："公司股东滥用公司法人独立地位和股东有限责任，逃避债务，严重损害公司债权人利益的，应当对公司债务承担连带责任。”此时债权人需要对公司股东的股东资格滥用行为或者公司股东与公司之间的人格混同承担举证责任，而这些事项均涉及公司内部管理行为，债权人取得相关证据的难度是比较大的。上述规定也是出于对有限公司股东仅以其出资承担有限责任的公司法原则的考虑，而要求债权人在打破这一基本原则时承担更多的义务。

但针对一人公司来说，为防止股东利用对公司的绝对控制权和股东有限责任侵害债权人利益，《公司法》对于一人公司财产独立的证明采取举证责任倒置，一人公司股东需自行证明其财产与公司财产相互独立。采取举证责任倒置大大降低了债权人在诉讼或执行过程中要求一人公司股东承担责任的成本，因此一人公司结构对于股东而言具有很高的诉讼风险。

2. 债权人追究一人公司股东责任的两种路径

（1）直接在诉讼程序中将一人公司股东列为共同被告

根据我们对相关案例的检索，在目前的司法实践中，债权人依据《公司法》第63条直接将一人公司股东列为共同被告，法院有较大概率会予以支持。[①] 相较于一般有限责任公司，债权人以一人公司股东为共同被告时无须提交证据证明股东与一人公司存在人格混同的情形，此时由于举证责任倒置，股东需自证一人公司与股东财产系相互独立。因此，债权人直接将一人公司股东作为共同被告并不会增加诉讼成本，相反一人公司股东要自证清白，无疑会产生诉累并存在败诉风险。

（2）执行程序中追加一人公司股东为共同被执行人

根据《执行变更追加规定》，债权人也可能在执行程序中申请追加一人公司股东为共同被执行人。至于法院是否会同意追加，有以下两点考量因素：（1）被执行人财产是否不足以清偿生效法律文书确定的债务；（2）股东是否不能证明公司财产独立于自己的财产。

关于判断一人公司能否清偿债务，实践中主要是看执行法院是否已作出终本裁定。例如（2019）最高法民再372号、（2021）京民终218号、

① 如（2020）最高法民申4652号、（2020）最高法知民终499号、（2020）最高法知民终1152号、（2016）最高法民申1464号，以及大量其他案例普遍允许直接起诉一人公司股东。

（2022）京执监1号案件中，法院均是在执行法院已经作出终本裁定的情况下，认定应追加一人公司股东为被执行人。

但在有些案件中，终本裁定也不是唯一判断标准。《最高人民法院关于适用〈中华人民共和国民事诉讼法〉的解释》第517条第2款规定：“依照前款规定终结执行后，申请执行人发现被执行人有可供执行财产的，可以再次申请执行。再次申请不受申请执行时效期间的限制。”（2021）京民终892号案件中，北京市高级人民法院即认为：“终结本次执行程序是人民法院经采取执行措施后未发现被执行人有可供执行的财产或者发现的财产不能处置的，暂时终结执行程序，待发现可供执行财产后恢复执行。据本案查明事实，北京力利记公司持有的时代全芯公司股权已被北京三中院冻结，可供执行，股权价值经评估为5亿余元；本案中周某申请强制执行的债权不足百万元，其可向北京三中院申请恢复执行。”

由此可见，针对一人公司的执行程序是否发生“终本”是其能否清偿债务的主要判断标准，但也不绝对。债权人申请追加一人公司股东时，还是要注意对一人公司有无可供执行财产进行查证，而一人公司股东也可就此提出抗辩。

3. 股东与一人公司财产相互独立的证明途径及认定标准

如前所述，在举证责任倒置的司法原则下，一人公司股东对自身财产与一人公司财产相互独立负有举证责任。

《九民纪要》第10条第1款规定：“认定公司人格与股东人格是否存在混同，最根本的判断标准是公司是否具有独立意思和独立财产，最主要的表现是公司的财产与股东的财产是否混同且无法区分。在认定是否构成人格混同时，应当综合考虑以下因素：（1）股东无偿使用公司资金或者财产，不作财务记载的；（2）股东用公司的资金偿还股东的债务，或者将公司的资金供关联公司无偿使用，不作财务记载的；（3）公司账簿与股东账簿不分，致使公司财产与股东财产无法区分的；（4）股东自身收益与公司盈利不加区分，致使双方利益不清的；（5）公司的财产记载于股东名下，由股东占有、使用的；（6）人格混同的其他情形。”

据此，司法实践中通常从以下几个途径对财产独立性加以证明。

（1）财产独立性专项审计

专项审计是证明财产独立性最主要、最常见的一种方式。根据举证责任倒置原则，一人公司的股东需要主动向法院申请专项审计并垫付审计费用。审计工作由双方当事人选定或法院通过摇号方式选定的会计师事务所负责，而会计师事务所则会事先了解一人公司的设立时间、历史沿革和经营范围等情况，并向债权人一方了解其认为可能存在的一人公司与股东财产混同的问题点。当然，债权人一方并不对此负有举证或说明责任，如果债权人未说明，审计机构则会要求一人公司和股东配合提供年度审计报告、财务账册等财务资料，审计范围则涵盖了股东方担任一人公司股东这一时间段内的全部财务资料，审计机构会对其中涉及的双方之间的财务往来情况进行重点审查，最终作出财产相互独立或发生财产混同的结论。而对于专业机构出具的结论性意见，法院通常会直接采纳并将其作为判决依据。个别情况下，法院也有可能会根据审计过程中发现的问题点及双方当事人发表的观点，不予采纳审计结论，自行作出认定。

（2）提交年度审计报告

《公司法》第62条规定："一人有限责任公司应当在每一会计年度终了时编制财务会计报告，并经会计师事务所审计。"可见，编制年度审计报告是一人公司的法定义务，亦是一人公司证明自身财务规范且独立的有力依据。在法院委托会计师事务所进行财产独立性审计的同时，法院和会计师事务所通常会要求一人公司出具历年的年度审计报告作为参考。而在一些案例中，出现过因年度审计报告出现瑕疵导致一人公司股东被追加的情况。

例如，在（2021）最高法民申3711号案件中，法院认为："华洋公司成为一人有限公司后，违反《中华人民共和国公司法》第六十二条的规定，未在每一会计年度终了时编制财务会计报告并经会计师事务所审计。虽然庞某提交了会计师事务所出具的华洋公司审计报告等证据材料以证明公司财产独立，但根据原审查明的事实，以上审计报告对可通过公开查询获知的案涉执行债务都没有纳入华洋公司的资产负债表，存在明显的审计失败情形，原审不予采信并无不当，故原审认定华洋公司财务管理混乱，庞某作为公司唯一股东应当承担公司财产混同不利后果的基本事实并不缺乏证据证明。”

（3）**提交其他财税资料作为辅证**

公司的财务账册、会计凭证、会计账簿是反映公司财务情况的基础材料，当其部分缺失或存在瑕疵可能导致对一人公司财产独立性产生怀疑时，可以提交其他财税资料作为辅证。此外，基础财务资料也可以证明公司在运营过程中建立了独立规范的财务制度，存在明晰的财务支付标准，与股东在财务上存在明确的界限。企业的税务申报及缴纳凭证等材料同样可以在一定程度上反映出企业经营管理是否规范合法，相关材料在证明公司和股东各自独立时也可以起到一定程度的辅助作用。

4. 一人公司股权变动对股东承担责任的影响

（1）**一人公司原股东、现股东与一人公司财产均不独立**

针对该种情况，目前在司法实践中一般认为债权人有权追究一人公司原股东和现股东的连带责任。

在（2019）最高法民终1093号案件中，法院认为：“从能源公司与睿拓公司的《股权转让合同》第三条约定看，不管是能源公司还是睿拓公司，与置业公司的财务均不是独立的，在股权转让中，双方又将置业公司的财产进行了处置。因此，在能源公司未能提供充分证据证明的情况下，其应当对置业公司的债务承担连带责任。对于睿拓公司，其在本院二审庭审中自认，在受让能源公司股权时对置业公司欠付工程款一事知情，这与《股权转让合同》第二条‘乙方陈述与保证’中睿拓公司‘已知悉天津国储置业有限公司全部债务情况’的约定一致。而且，案涉工程竣工验收备案与签订《支付协议》均在睿拓公司受让能源公司股权，成为置业公司一人股东之后。在其未提供证据证明置业公司财产独立于自己财产的情况下，应当就置业公司债务承担连带责任。”

但也有观点认为股东转让股权后，原股东不应再对一人公司的债务承担连带责任，如（2021）浙民终1722号案件即采纳了此种观点，此处不再赘述。

（2）**一般有限责任公司变更为一人公司**

债务发生时债务人还是一般有限责任公司，随后其变更为一人公司且股东与一人公司存在财产混同，针对该种情况，司法实践中一般认为现股东应当承担连带责任。

在（2020）最高法民申6028号案件中，法院认为，虽然南京环欧公司在债务发生时为一般有限责任公司，且吕某龙在案涉债务发生时还没有成为该公司股东，但吕某龙作为一人公司现任股东应承担相应举证责任，由于其提交的证据并未对南京环欧公司的财务状况做完整的审计，其证据不足以证明其与南京环欧公司不存在财务混同，应当承担连带责任。

在（2019）最高法民终1364号执行异议之诉案件中，法院认为，案涉公司在判决生效后变更为一人公司，且韵某明作为现任股东未能提交充分证据证明兴发公司财产独立于其个人财产，因此法院认定应当追加其为被执行人。

（3）**一人公司变更为一般有限责任公司**

与前述情形相反的一种情况是，一人公司股东与一人公司发生财产混同，但一人公司已经变更为一般有限责任公司。该等情况下，如果债务发生于一人公司期间，则法院一般会认定原一人公司股东应承担连带责任。

在（2020）最高法民申7075号案件中，法院认为："依据生效判决可以认定，圣鑫公司收取拍卖价款、签订《竞买协议》等案涉事实均发生于圣鑫公司股东变更之前，张某此时为该公司的唯一股东。2013年5月31日圣鑫公司将1426万元从圣鑫公司账户转至张某中国农业银行（尾号为0168）的个人账户中，张某未能提供充分证据证明张某个人账户的款项均系公司使用，即不能证明圣鑫公司的财产独立于张某的财产，故张某应为本案适格被告，对其作为一人公司股东期间公司产生的债务承担连带责任。"

5.《公司法（修订草案）》中一人公司人格混同的举证规则变化

在2023年8月28日发布的《公司法（修订草案）》（第三次审议稿）中，直接删除了《公司法》中的"一人公司"及"国有独资公司"两节，一人公司人格混同的举证责任倒置规定随之取消。同时，草案第21～23条对原有的公司人格否定规则进行了修改，将股东滥用权利、股东利用关联关系与股东滥用法人独立地位三种情形进行了区分，并在滥用法人独立地位条款下，加入被股东控制的“关联公司”作为承担连带责任的主体。

目前尚不确定该份草案是否还会再次修改并于何时通过，法律适用的衔接问题也需要明确，所以在此只作提示，不作深入探讨。

【复盘时间】

1. 收购股权时应谨慎选择一人公司结构

一人公司确实有公司内部管理结构简单、股东完全控制公司、股东决策方便等优势，但同时存在一人公司股东被追加为共同被告或共同被执行人的风险，且一人公司股东须承担证明不存在财产混同的举证责任。因此，在收购标的公司股权时，除非对其历史负债情况了如指掌，否则收购方应尽量避免全资收购模式。事实上，即使收购100%股权，亦可将部分股权分散于本方享有绝对控制权的关联公司名下，从而使标的公司保持一般有限责任公司的股权结构，从根本上规避一人公司股东被追加的现实风险。

2. 投资方签署收购协议前应通过尽调进行风险防范

如出于业务或管理需要，收购方确需成为一人公司股东时，建议在收购协议签署前重点从以下方面对一人公司开展尽调：（1）核实一人公司是否已按照《公司法》第62条的要求履行法定的年度审计义务；（2）一人公司是否具有独立的财务管理制度和账户，是否妥善保留全部账目、财务报表及会计凭证；（3）通过财务尽调着重关注一人公司与原股东之间的资金往来是否均有明确记载，形成资金往来的交易文件是否具备且双方权利义务关系是否公平、对等；（4）调查一人公司与原股东在经营场所、人员、业务等方面是否存在混同。

争点 4：仅凭人员交叉能认定法人人格混同吗

【本集提要】

公司法人独立地位和股东有限责任是现代公司法的两大基石，通过公司人格否认制度“揭开公司面纱”作为这一原则的突破，由滥用法人独立地位的股东对公司债务承担连带责任，旨在矫正特定案件中出现的债权人利益失衡现象。但需注意的是，其并未动摇公司法的基本原则，因此在适用标准上较为严格。“一套人马两块牌子”通常用于形容股权结构上没有关联但存在高管人员交叉和内部关联的两家公司之间的关系。遇到这样的交易对手，签约时应当尤为谨慎，不能想当然地认为对方两个主体之间可以相互代表，否则一旦发生争议而对方不认可关联性，很难仅凭人员交叉推导出法人人格混同的结论。

【本集出镜】

春林公司：一家位于江省的拥有百年历史的商业零售企业，旗下拥有自持物业春林商厦等多个优质商业地产，但 2007 年以后出现经营困境，春林商厦作为抵押物即将被银行处置。

博悦公司：一家外省公司，为了尽快打入江省商业零售圈，决定收购已经在江省拥有广泛客户基础的春林商厦，并以收购款中的一部分替春林公司偿还银行债务。

碧达公司：一家以自然人为股东的商业服务管理公司，与博悦公司存在千丝万缕的联系，但就是没有股权关联。

【法律关系图】

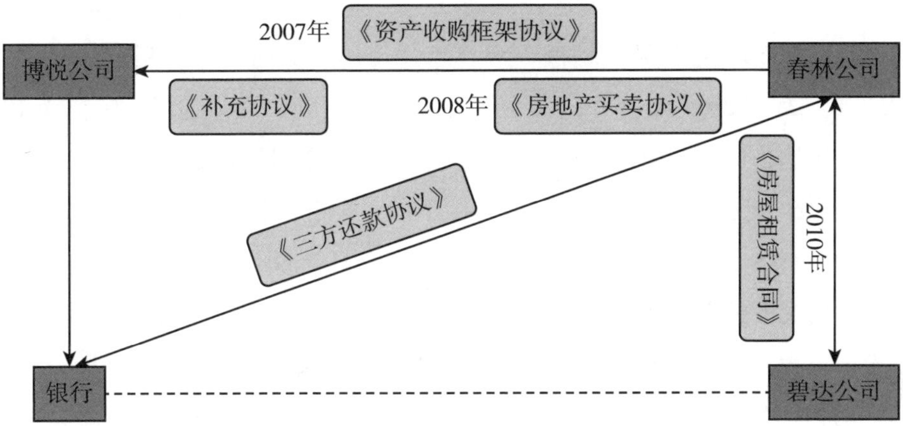

【基本案情】

2007 年，春林公司因未能按期偿还银行贷款而被银行起诉，抵押物春林商厦存在被司法拍卖的风险。

同年，春林公司与博悦公司签订《资产收购框架协议》，约定：博悦公司整体购买春林公司所拥有的春林商厦房屋及土地使用权用于商业经营。收购价款合计为 5 亿元。

同年，春林公司、博悦公司与银行签订《三方还款协议》，约定：由博悦公司代春林公司还清其欠银行的贷款本息，贷款还清的同时，应将对春林商厦的抵押权变更登记至博悦公司名下。后春林公司、博悦公司又签订《补充协议》，约定：博悦公司代春林公司偿还银行借款后，博悦公司对春林公司享有相应金额的债权。博悦公司按照《资产收购框架协议》的约定向春林公司支付房地产收购价款时，可以与上述债权相抵。关于代偿银行债务一事，后经春林公司确认，截至产生诉讼时，博悦公司共为春林公司代偿银行欠款 1.8 亿元。

2008 年，春林公司以法定代表人签字的形式与博悦公司签订《房地产买卖协议》。

同年，春林公司将春林商厦（含裙楼商场及主楼酒店）整体移交给博悦公司，移交完成后双方签订了《财产交接确认书》。

2010年，春林公司与碧达公司签订《房屋租赁合同》，约定：春林公司将春林商厦2层至7层房屋租赁给碧达公司用于经营商场；租期3年，自2010年7月至2013年7月，第一年租金3000万元，逐年递增；定金为100万元，碧达公司于合同签订后2日内支付。租赁合同签订后，碧达公司已支付定金100万元，随后又支付租金350万元，但此后未再支付租金。

2013年，因碧达公司拖欠租金长达3年，且博悦公司、碧达公司在欠付租金的情况下长期占用租赁房屋，春林公司向江省高级人民法院提起诉讼，诉讼请求为：（1）碧达公司给付2011年1月至2013年7月（暂计至该日期）的租金8500万元；（2）碧达公司按日千分之一支付违约金；（3）博悦公司对上述给付义务承担连带责任；（4）博悦公司、碧达公司共同从春林商厦搬出，租期届满日至实际搬出日按原租金标准的2倍支付租金；（5）对方支付诉讼费。

碧达公司则提起反诉，反诉请求为：（1）春林公司双倍返还定金200万元；（2）春林公司返还已付租金350万元；（3）春林公司支付违约金1亿元；（4）对方支付诉讼费。

庭审中，春林公司与博悦公司、碧达公司就案件基本事实各执一词。

1. 春林公司陈述的事实及理由

我方与博悦公司签订《资产收购框架协议》及共同与银行签订《三方协议》属实，但后续由我方法定代表人签字的《房地产买卖协议》未经我司股东大会同意，未生效，为此**我方已与博悦公司口头约定“变买为租”**，博悦公司指定其关联方碧达公司与我司签订《房屋租赁合同》，又向碧达公司提供100万元定金、350万元租金，由碧达公司向我方实际进行支付，由于春林商厦已于2008年先行交付博悦公司，后续博悦公司、碧达公司一直使用租赁房屋经营“春林国际购物中心”，因此应由博悦公司、碧达公司共同承担支付租金、违约金和腾房义务。

博悦公司、碧达公司构成法人人格混同，理由在于：人员关系上，孙某是博悦公司总经理，又是碧达公司股东及董事，李某是博悦公司副总、财务负责人，又是碧达公司大股东和董事长；此外，二者经营范围、财务、办公地址均存在混同。根据《公司法》第20条第3款，二者应承担连带责任。

2. 碧达公司陈述的事实及理由

春林公司已经承认与我司签订租赁合同前就已将春林商厦出售给博悦公司，后恶意与我司签订租赁合同还收取定金、租金，却无法向我司交付租赁标的物，显属违约，春林公司应当承担未交付标的物的违约责任，而我司非但不构成违约，还有权要求对方返还已付租金、双倍返还定金并加付违约金。

我司与博悦公司分属不同股东，不存在股权交叉，财务等方面也是独立的，分别纳税，因此不存在人格混同问题。

3. 博悦公司陈述的事实及理由

博悦公司占有、使用案涉房屋基于房屋买卖关系，并不是房屋租赁关系，更不是“变买为租”，我司与春林公司签订的房屋买卖合同合法有效。

我司向碧达公司提供的450万元是资金拆借，并不是定金和租金，两公司不存在关联关系和人格混同，个别人员虽有交叉，但系为了某项临时工作借用，与人员混同有本质区别。

【审理与裁判】

1. 关于博悦公司与碧达公司是否构成法人人格混同问题

江省高级人民法院认为：滥用公司法人人格，是指公司股东或公司的实际控制者滥用公司法人独立地位及股东有限责任，损害公司债权人及社会公共利益的行为。根据公司法理论，滥用公司法人人格的情形一般表现为人格混同、不当控制和规避义务。博悦公司与碧达公司**存在一定关系，但构不成人员、业务、财务等表征人格因素的高度混同，不足以证明博悦公司与碧达公司构成人格混同**，二者亦不构成关联关系。故春林公司主张碧达公司与博悦公司间构成关联关系、人格混同，从而要求博悦公司承担连带责任，并无法律依据，博悦公司及碧达公司应各自承担相应的合同义务。

最高人民法院终审认定：碧达公司与博悦公司**系各自独立设立的公司，**

不存在相互持股或者有相同股东等情形；博悦公司的高管系碧达公司的股东，并不足以认定碧达公司可以代表博悦公司，**本案认定构成法人人格混同的证据并不充足**。春林公司与博悦公司签订《房地产买卖协议》，其应有能力区分两个公司。

2. 关于租赁双方违约责任的承担

江省高级人民法院认定：春林公司在碧达公司支付定金后**未按合同约定向碧达公司交付租赁标的物已构成违约**。春林公司应向碧达公司双倍返还定金共计200万元。同样，依据《房屋租赁合同》的约定，**春林公司**在碧达公司支付定金后**向碧达公司履行交付租赁物的义务为顺序在先的合同义务**，因春林公司未履行该义务，**碧达公司未履行租金给付义务是行使后履行抗辩权，不属违约**。据此， ·审判决春林公司双倍返还定金，返还碧达公司已支付的房屋租金350万元并按银行贷款利率支付利息，驳回春林公司全部诉讼请求及碧达公司其他反诉请求。

最高人民法院终审认定：博悦公司因与春林公司存在房地产买卖关系而占用、使用案涉房地产，而不是基于《房屋租赁合同》。《房屋租赁合同》的签约主体并非博悦公司，约定的租期仅为3年，且**其中并未约定春林公司与博悦公司的《房地产买卖协议》终止履行，从合同主体、内容及利益大小分析，《房屋租赁合同》不足以代替《房地产买卖协议》**……春林公司称双方一致同意“变买为租”，依据不足。（基于博悦公司、碧达公司之间的人员交叉关系）**碧达公司称不清楚租赁物被博悦公司占用，不合常理。碧达公司知道春林公司不能交付租赁物仍然签订租赁合同，其要求春林公司承担违约责任不符合诚实信用原则**。据此，终审判决仅改判碧达公司已支付的100万元定金原额返还，其他一审判项均维持原判。

【白律师析法】

从终审判决结果看，春林公司大败，不但损失了近亿元的租金，更重要的是由于“变买为租”的说法未获得法院支持，其丧失了春林商厦的所有权和占有、使用权。经检索，春林公司与博悦公司后续又产生了一系列诉讼，均以春林公司败诉告终。我们认为，**春林公司在系列案件中均告败诉的根本原因在于，春林公司错误认为博悦公司、碧达公司签订不同合同的法律行为可以相互代表，而其关于法人人格混同的观点未能获得法院支持**。因此，以下将着重探讨司法实务中法人人格混同的认定标准。

1. 关于法人人格混同的相关规定

《公司法》第 20 条规定："公司股东应当遵守法律、行政法规和公司章程，依法行使股东权利，不得滥用股东权利损害公司或者其他股东的利益；不得滥用公司法人独立地位和股东有限责任损害公司债权人的利益。公司股东滥用股东权利给公司或者其他股东造成损失的，应当依法承担赔偿责任。**公司股东**滥用公司法人独立地位和股东有限责任，逃避债务，**严重损害公司债权人利益的，应当对公司债务承担连带责任**。"

《九民纪要》规定："在审判实践中，要准确把握《公司法》第 20 条第 3 款规定的精神。一是只有在股东实施了滥用公司法人独立地位及股东有限责任的行为，**且该行为严重损害了公司债权人利益**的情况下，才能适用。损害债权人利益，主要是**指股东滥用权利使公司财产不足以清偿公司债权人的债权**。二是只有实施了滥用法人独立地位和股东有限责任行为的股东才对公司债务承担连带清偿责任，而其他股东不应承担此责任。三是公司人格否认不是全面、彻底、永久地否定公司的法人资格，而**只是在具体案件**中依据特定的法律事实、法律关系，突破股东对公司债务不承担责任的一般规则，例外地判令其承担连带责任……四是《公司法》第 20 条第 3 款规定的**滥用**行为，**实践中常见的情形有人格混同、过度支配与控制、资本显著不足等**。"第 10 条进一步规定："认定公司人格与股东人格是否存在混同，最根本的判断标准是**公司是否具有独立意思和独立财产，最主要的表现是公司的财产与股东的财产是否混同且无法区分**。**在认定是否构成人格混同时，应当综合考虑以下因素**：（1）股东无偿使用公司资金或者财产，不作财务记载的；（2）股东用公司的资金偿还股东的债务，或者将公司的资金供关联公司无偿使用，不作财务记载的；（3）公司账簿与股东账簿不分，致使公司财产与股东财产无法区分的；（4）股东自身收益与公司盈利不加区分，致使双方利益不清的；

（5）公司的财产记载于股东名下，由股东占有、使用的；（6）人格混同的其他情形。”

从上述规定可见，《公司法》和《九民纪要》中重点探讨的是公司股东与公司之间法人人格混同的认定标准和责任承担问题，不过通过检索相关司法判例可知，即便两个公司之间不具有股权关联关系，但仍可能因人员、业务、财务方面的关联性被认定为法人人格混同。

2. 关联公司人格混同的司法判例

在2013**年最高人民法院指导案例**15**号**徐工集团工程机械股份有限公司诉成都川交工贸有限责任公司等买卖合同纠纷案中，原告以成都川交工贸有限责任公司（以下简称川交工贸公司）拖欠其货款为由提起诉讼，同时主张成都川交工程机械有限责任公司（以下简称川交机械公司）、四川瑞路建设工程有限公司（以下简称瑞路公司）与川交工贸公司人格混同，请求判令三公司共同承担连带清偿责任。

江苏省高级人民法院终审认定三公司构成人格混同，并对一审判决川交机械公司、瑞路公司对川交工贸公司支付货款及逾期付款利息的义务承担连带清偿责任的判项维持原判，判决理由如下：“川交工贸公司与川交机械公司、瑞路公司构成**人格混同**。一是三个公司**人员混同**。三个公司的经理、财务负责人、出纳会计、工商手续经办人均相同，其他管理人员亦存在交叉任职的情形，川交工贸公司的人事任免存在由川交机械公司决定的情形。二是三个公司**业务混同**。三个公司实际经营中均涉及工程机械相关业务，经销过程中存在共用销售手册、经销协议的情形；对外进行宣传时信息混同。三是三个公司**财务混同**。三个公司使用共同账户，以王某礼的签字作为具体用款依据，对其中的资金及支配无法证明已作区分；三个公司与徐工机械公司之间的债权债务、业绩、账务及返利均计算在川交工贸公司名下。因此，**三个公司之间表征人格的因素（人员、业务、财务等）高度混同，导致各自财产无法区分，已丧失独立人格，构成人格混同**。”

3. 本案为何未认定法人人格混同？

根据上述指导案例可见，司法实践中，并非只有股权存在关联的两家公司才构成人格混同并需要承担连带清偿责任，如果公司之间表征人格（人员、业务、财务等）高度混同，导致各自财产无法区分，也会被认定为人格混同。但本案为何未认定法人人格混同呢？

我们认为，本案与最高人民法院指导案例的区别有两点：一是本案原告主张二被告构成人格混同的目的不仅在于要求认定二被告各自财产无法区分，单一被告没有偿债能力，更关键的是主张二被告分别签订不同内容合同的行为构成相互代表。如果想从人格混同角度同时达到以上两点证明效果，显然比最高人民法院指导案例的证明要求更加严苛。二是只有构成高度混同才能构成人格否认，本案仅存在人员交叉任职和财务上的一定关联性，显然并未达到使公司独立人格丧失的程度。加之除碧达公司签订《房屋租赁合同》的单一事实之外，再没有其他证据可以证明春林公司主张的“变买为租”的事实成立，法院显然无法采信关于一项重大资产交易的变更仅凭口头形式协商一致的主张，所以最终对春林公司的主张通盘予以否决。

【复盘时间】

1. 选择签约对象不能“想当然”

综观本案，为何碧达公司在明知春林商厦已经被出售的情况下仍然签订租赁合同，这是本案最大的悬疑。然而，法院判决最终证明，仅凭怀疑和猜测打不赢官司，法律事实要靠充分的证据作为支撑。在春林公司没有充分证据证明“变买为租”系事实的情况下，碧达公司签署租赁合同的动机问题变得无关紧要。因此，春林公司最大的失误是选择了碧达公司而非博悦公司作为租赁合同相对方，“想当然”地认为二者实为一体，可以相互代表。假设当时春林公司先就解除资产收购协议一事与博悦公司在书面上达成一致，或者将博悦公司作为签订租赁合同的对象，哪怕事先取得博悦公司指令碧达公司签订租赁合同的指令函，都不至于在后续诉讼中陷入如此被动的局面。正可谓一着不慎，满盘皆输，令人惋惜。

2. 关联公司需谨慎行事，避免被认定为人格混同

从关联公司的角度出发，则应避免被认定为人格混同而招致连带责任的

承担。从股权结构搭建开始，直至日常经营活动中，关联公司应当注意在股权、人员、业务、财务甚至住所、经营范围等方面做到相互独立。例如，人员方面，法定代表人、董事、监事及其他高管人员要避免同时在两家公司任职；经营方面，两家公司应避免进行显失公平的重大交易或其他利益输送；财务方面，两方则应建立独立的财务账簿，资金审批避免同一人经手，财务印章不可混用，同时应尽量避免无合同依据的资金拆借行为。

争点5：帮友借款为何反成共同被告

【本集提要】*

为帮助下游代理商脱困，湖海机械和下游代理商共同与出借人签订了借款合同。让湖海机械郁闷的是，各方事先明知实际用款人是下游代理商，湖海机械没有动用一分钱，却最终被判共同承担还款责任。复盘本案，一份被包装为“供应链金融”而实际履行与约定完全不符的借款合同，是让湖海机械入了出借人设的“局”的根本原因。但这个“局”是不是“骗局”？湖海机械冤还是不冤？没有合同权利是否就不承担合同义务？法院针对约定与履行不符的合同的审判逻辑是什么？以上问题本集将逐一解析。

【本集出镜】

财帮公司：一家以“**供应链金融助力小微企业**”为宣传口号的公司，本案资金借出方，法定代表人为曹总。

湖海机械：一家规模较大的生产制造型企业，其法定代表人刘总与财帮公司曹总是某校EMBA课程班同学。

汉辉商贸：湖海机械在A省的一级销售代理，其法定代表人孙总与湖海机械刘总相识多年，由于近年来经营不佳急需周转资金，于是通过刘总介绍向财帮公司申请借款，系本案资金借入方。

【基本案情】

2017年5月，汉辉商贸孙总在与湖海机械刘总闲聊时提到，汉辉商贸这

---

* 根据真实案例提炼，当事人名称采用化名。

几年经营状况不太好，急需 1000 万元的周转资金，苦于没有可抵押的资产，几次向银行申请贷款均告失败，希望刘总介绍这方面的资源。刘总想到自己 EMBA 课程班同学曹总是做这方面业务的，于是将其介绍给孙总，曹总随即派人到汉辉商贸进行了考察，双方很快就借款金额、利率、借款期限等问题协商达成一致。

不过，曹总向刘总提出，鉴于汉辉商贸企业规模较小，又不能提供抵押物，为了满足自身内控合规要求，资金不能直接贷给汉辉商贸，而是需要湖海机械和汉辉商贸共同签署借款协议，资金转给湖海机械后再供汉辉商贸实际使用。在此期间财帮公司继续协助汉辉商贸申请银行贷款，贷款下来后用于替换财帮公司借款，湖海机械则应保证以自己对汉辉商贸的未结款项优先用于偿还财帮公司借款。

听到上述要求后，刘总理解自己的作用相当于应收账款债务人，并不直接承担还款责任或担保责任，感觉没有什么风险，加之汉辉商贸作为自己的一级代理商已经合作多年，双方存在一定的利益捆绑关系，助其脱困对自己也有好处，于是就同意了上述条件。

2017 年 6 月，财帮公司作为甲方、湖海机械作为乙方、汉辉商贸作为丙方，三方共同签订《应急周转资金协议》，约定：（1）甲方于 2017 年 6 月 21 日向乙方提供应急周转资金 1000 万元，**资金专项用于丙方订货**。（2）资金偿还方面，乙方应在**收到金融机构发放的贷款后** 5 个工作日内偿还甲方发放的应急周转资金，每延期一日按照未偿还金额的 0.5% 支付违约金，直至付清为止。（3）**若丙方在贷款发放一年内无法向乙方支付与应急周转资金相同的货款，乙方有权将丙方在乙方的未结款项（含货款、保证金）直接用于偿还甲方应收取的应急周转资金**。

2017 年 6 月 21 日，财帮公司依约向湖海机械汇入资金 1000 万元，湖海机械于当日将 1000 万元全额转给汉辉商贸，汉辉商贸孙总当即向财帮公司曹总发微信表示："款项已到账，非常感谢！"曹总回复："不用客气，加油！"汉辉商贸收到款项后，将之全部用于偿还旧债（与湖海机械无关）和支付员工欠薪，很快花完。

2017 年 6 月至 2018 年 6 月，财帮公司曾为汉辉商贸介绍了几家金融机构，但都没有下文。

2018 年 6 月以后，财帮公司以借款到期为由多次向汉辉商贸进行催收，但此时汉辉商贸已经濒临破产，无力还款。

2018 年 12 月，财帮公司向法院提起诉讼，不仅起诉了汉辉商贸，湖海机械也被列为共同被告。**诉讼请求为：**（1）判令二被告共同偿还借款 1000 万元。（2）判令二被告支付违约金，以 1000 万元为基数，自 2018 年 6 月 22 日起至借款本金实际还清之日止，按 0.5%/日标准计算。（3）诉讼费由二被告承担。

湖海机械刘总接到起诉书后，整个人都是蒙的，于是第一时间找到汉辉商贸孙总。孙总当即表态一人做事一人当，承认湖海机械只是帮自己借钱，借来的钱是汉辉商贸一家用的，现在钱还不上可以慢慢还，该赔的逾期利息也可以赔，但不应该牵连湖海机械。

刘总又给财帮公司曹总打电话并录了音，电话里刘总质问曹总为何骗自己签了合同还要起诉自己。曹总则不承认骗了对方，不过其在电话里表示“汉辉商贸资信不足，我们又和他非亲非故，想方设法也要把你拉进来，否则还款没有保障”。

【审理与裁判】

庭审中，**湖海机械提出以下答辩意见：**

（1）**合同约定与实际履行情况完全不符**，湖海机械并非实际用款人，该**合同并非湖海机械真实意思表示**，且财帮公司对此也是明知的。例如，合同约定资金专项用于汉辉商贸向湖海机械订货，那么**湖海机械应该是资金收取方，湖海机械应该向汉辉商贸提供货品而不是转账给后者**，而转账记录和微信对话证据显示财帮公司明知汉辉商贸于当日即全额收到了借款。再如，合同约定湖海机械应在收到金融机构发放的贷款后负责偿还借款，但**湖海机械根本不需要向金融机构申请贷款，也从未收到金融机构贷款**。另外，财帮公司曹总在电话录音中已经承认“想方设法也要把你（湖海机械）拉进来”，实际变相承认了欺诈事实，所以该合同对湖海机械不发生法律效力。

（2）即便不考虑合同效力问题，既然合同约定还款时间是湖海机械收到金融机构贷款后 5 个工作日内，现在湖海机械并未收到任何金融机构贷款，也就不具备还款的前提；合同还约定湖海机械以汉辉商贸在湖海机械的未结款项偿还，却只字未提湖海机械应当以自有资金负责偿还，所以**湖海机械在本案中的地位应当是应收账款债务人而非直接的债务人**，而湖海机械已经举证证明整个借款期间汉辉商贸在湖海机械并没有未结款项，所以根据此条款，湖海机械同样**不具备还款前提**。

总之，案涉合同是财帮公司打着供应链金融的名义单方拟定的，湖海机械只是协助汉辉商贸借款，自身没有借款的意图和用款的结果，不享有任何合同权利，故不同意承担还款责任及违约责任。

汉辉商贸辩称：同意湖海机械答辩意见。补充一点事实，借款金额、期限和利率都是我司同财帮公司商定的，湖海机械并未参与，在收到 1000 万元借款后我司已经分几次全额支付了借期内的利息，利息实际支付至 2018 年 10 月 11 日，而协议并未对此进行约定，足以证明借款行为发生在我司与财帮公司之间，与湖海机械无关。我司愿意向财帮公司还款，但现在无力还款，望予宽限。

财帮公司针对上述答辩意见抗辩称：（1）合同不存在单方拟定格式条款问题，各方签署即代表真实意思表示。（2）资金出借给湖海机械是事实，约定湖海机械负责偿还也很清楚，怎么履行是二被告之间的事情，不妨碍二被告还款责任的认定。

一审法院经审理认定：当事人采用合同书形式订立合同的，自双方当事人签字或者盖章时合同成立，依法成立的合同，自成立时生效。根据各方在合同上盖章的事实，该合同已成立并生效。根据合同约定，结合各方实际履行情况，可以认定财帮公司与湖海机械成立借款关系，湖海机械将款项转借给汉辉商贸实际使用，汉辉商贸根据合同约定负有还款义务，即应与湖海机械共同向财帮公司还款。关于财帮公司主张支付违约金一节，财帮公司主张自 2018 年 6 月 22 日起计算违约金缺乏依据，财帮公司有权自汉辉商贸拒绝继续支付费用之日起主张违约金。因违约金标准过高，法院依法予以调整。**据此判决：**二被告共同偿还借款 1000 万元，共同支付财帮公司违约金（以未还本金为基数，自 2018 年 10 月 12 日起至实际给付之日止，按年利率 6% 标准计算）。

一审判决后，湖海机械不服，提起上诉。

二审判决如下：《应急周转资金协议》性质上属于三方签订的借款协议，虽然对于出借资金明确约定用于汉辉商贸订货，但**协议中财帮公司将借款支付给湖海机械、湖海机械对财帮公司承担还款责任的意思表示明确**，且并不违反相关法律规定，故财帮公司与湖海机械之间借贷关系成立。《应急周转资金协议》签订后，财帮公司按照约定将应急周转资金支付给湖海机械，湖海机械并未对《应急周转资金协议》的履行提出异议，并按照约定将收到的应急周转资金支付给汉辉商贸，围绕应急周转资金三方之间权利义务关系成立，湖海机械应按照协议约定期限向财帮公司承担还款责任。湖海机械未按期还款，财帮公司有权向湖海机械主张偿还应急周转资金。汉辉商贸作为应急周转资金最终使用人，在一审当中也明确表示同意向财帮公司偿还应急周转资金，故一审法院判令其与湖海机械一并承担还款责任，并无不当，应予维持。

【白律师析法】

本案最突出的特点就是合同约定与实际履行情况严重不符。正如湖海机械答辩所述，案涉借款合同属于供应链金融合同，但实际并没有按照供应链金融的交易模式履行。为了快速搞懂本案较为复杂的案情，有必要先简要介绍供应链金融的典型特征。

1. 何为供应链金融

所谓供应链金融，简单而言就是围绕核心企业为其上下游的中小企业提供的一种金融服务。[①] 现实中，很多中小企业存在融资难的现象，而中小企业和与其相关联的核心企业又存在供应链上下游的相互依赖关系。供应链金融应运而生，将供应链上的所有企业作为一个整体，提供灵活的金融产品和服务，解决了链条上企业的棘手问题。

---

① 《什么是供应链金融、它的融资模式有哪些》，载微信公众号“供应链金融”2022 年 12 月 13 日。

供应链金融的业务模式主要分为应收账款融资模式、保兑仓融资模式、融通仓融资模式三种，本案所涉合同即属于应收账款融资模式。

假设本案三方主体的供应链金融合同关系是真实的，则会呈现以下交易背景：

汉辉商贸作为湖海机械的下游代理商，需要向后者采购货品再进行分销盈利，这时汉辉商贸通过向财帮公司借款的形式支付该笔货款，而为了保证资金不被挪作他用，这笔借款并不实际发放给汉辉商贸，由财帮公司直接支付给湖海机械。

而汉辉商贸与湖海机械在销售代理关系中已经形成了大于借款金额的应收（付）账款，可以是汉辉商贸支付的押金、保证金，也可以是湖海机械应付的销售返利等，总之应收账款债务人是湖海机械，应收账款债权人是汉辉商贸。为担保未来贷款到期时得以偿还，湖海机械、汉辉商贸共同向财帮公司承诺，在汉辉商贸贷款到期未还款的情况下，湖海机械以对汉辉商贸的应付账款代其向财帮公司进行偿还。

此外，这是一笔应急周转短期贷款，汉辉商贸如果找到其他金融机构接续，可以随时将其对湖海机械的应收账款质押给其他金融机构以获得贷款，并且选择向财帮公司提前贷款（依据是案涉合同并未明确约定借款期限，而是约定湖海机械应当在收到金融机构发放的贷款后 5 个工作日内实际偿还）。

在供应链金融模式下，汉辉商贸解决了中小企业融资难的问题，可以通过继续销售货品盈利从而摆脱困境；湖海机械继续保持同下游代理商的合作关系，货品销售渠道得以保证；财帮公司则通过提供贷款服务获取利息收益（暂不考虑财帮公司贷款资质问题）。因此，这种交易模式本身是一个三方互利共赢的良好模式。

但回到现实，如前所述，本案各方当事人从协议签订前的谈判阶段就没有进行供应链金融的真实意图，协议签订后的实际履行情况更是同协议约定风马牛不相及。实际履行情况与供应链金融最大的区别在于两点：一是供应链金融的正常模式是中小企业是借款人，核心企业是货品的出售方，借款原本应该流入核心企业后不再转出，但是本案借款汇入湖海机械后却在财帮公司的认可下转给了汉辉商贸并用作他途；二是在应收账款融资模式之下，核心风控措施是小微企业对核心企业享有应收账款，但是本案却不存在相应的应收账款。

因此，正如财帮公司曹总在电话录音里所承认的，财帮公司的本意就是为了保证自身资金安全，通过一套复杂的协议条款将湖海机械拉进自己所设的“局”。但这个“局”就一定是“骗局”吗？

我们认为不能这么理解。“骗局”的形成应当是设“局”之人虚构了事实或者隐瞒了真实事实，本案中合同显然是财帮公司起草的，所以此“局”乃财帮公司所设不假，但是财帮公司并没有虚构或者隐瞒事实，从一开始各方就清楚不会按照合同约定履行。所以湖海机械自始就不是“局外人”而是“局中人”，其对合同条款不清楚、不理解，和“受到欺诈”完全是两码事。正所谓“己所不解，勿怪他人”！

那么湖海机械被判担责到底冤是不冤，我们继续分析。

2. 湖海机械败诉原因分析

客观来说，湖海机械最终败诉并承担了1000余万元的还款责任，既冤也不冤。

先分析不冤的一面。

首先，湖海机械明知将来无法依约履行合同，也根本就不存在对汉辉商贸的应付账款，依然签署案涉协议并同意将自己设定为借款人和还款义务人，要么是完全未审核合同条款，要么是有意忽视了其中的风险，总之其明显存在过错。

其次，没有实际用款不代表不承担还款责任，借款法律关系中，权利义务不一定完全画等号。例如，在债务加入法律关系中，债务加入人就通常不是资金的实际使用方，无论因为何种原因或者有无利益驱使导致债务加入人加入债务，都丝毫不会影响债务加入人的责任承担。

最后，从关系亲疏来看，湖海机械显然比财帮公司更清楚汉辉商贸的实际资信情况，对于汉辉商贸最终出现的还款违约情况并非完全不可预见，所以如果把本次借款比喻成“火坑”，财帮公司和湖海机械究竟是谁拉着谁往“火坑”里跳还真不一定。

再分析冤的一面。

合同中关于湖海机械还款义务的表述有两点，一是当收到金融机构发放的贷款时负责还款，二是当汉辉商贸在一年内未支付与贷款金额相同的货款时，以湖海机械对汉辉商贸的未结款项进行偿还，所以单纯从合同约定角度而言，确实未约定湖海机械应当以自有资金进行偿还。结合财帮公司亦十分清楚借款用途就是汉辉商贸自用而非向湖海机械订货的事实，以及财帮公司在借款期内积极为汉辉商贸推荐金融机构贷款以替换自身贷款但未能成功的事实，应当推定财帮公司为湖海机械设定的还款责任是附条件的，在条件并不满足的情况下，湖海机械提出的答辩理由存在一定合理性。

从一审、二审判决的说理内容来看，两级法院的法官可能也被案涉合同的复杂表述和约定与履行完全不一致问题搞得晕头转向，本着“言多必失”的精神并没有对湖海机械为何承担共同还款责任进行大篇幅的分析论证，而是**遵从“谁签约，谁负责”的朴素理解**，直接推导出这一结论。

从这一点也可以看出，**当各方当事人均无法提供压倒性证据、案情扑朔迷离的情况下，法院通常不会深入探究合同背后的真实逻辑，不会轻易推翻当事人在合同中约定的权利义务关系，而是从字面意思来认定合同当事人的责任**。**这也正是大多数法官的惯常思维**。

【复盘时间】

1. “艺高人胆大”，必定要吃亏

本案中湖海机械的行为是无数民营企业甚至一些国有企业的真实写照，其所犯错误用一句话概括就是：“领导不是法务，法务不是领导。”湖海机械的刘总看没看过这份合同？我相信他还是看过的，但正因为他对自己的法律水平过于自信，或者对自己的声望地位过于自信，因此他还是在合同上签上了自己的名字。湖海机械的法务为何不进行合同审查？一种可能是领导先拍板了，法务人微言轻；另一种可能则是领导也知道这种合同通不过法务审核，但为了达到所谓“商业上的意图”，干脆绕过法律审核流程直接签署。总之，这个案件带来的警示作用远比湖海机械实际赔付的金钱要多。

2. 至少要对添加免责条款据理力争

尽管案涉合同约定了湖海机械"收到金融机构贷款后偿还"和"以汉辉商贸未结款项偿还"，但法院最终还是判决湖海机械无条件偿还借款。究其原因，在于合同并未约定"如未收到金融贷款，或不存在汉辉商贸未结款项，湖海机械免除还款责任"。假设有此约定，则判决结果很可能大相径庭。因此，如果湖海机械的法务有机会进行合同审查，即便无法改变签约的最终结果和主要条款，至少要对添加上述免责条款据理力争。这一看似"不影响大局"的约定，相对会令对方更容易接受，也是保证本方权益的最后一道屏障。

第二部分

合同的成立、生效、无效

导言

合同的目的是通过履行而实现的。一份合同想要顺利履行，首先必须满足合同成立的条件，在合同成立后，则应当继续满足合同生效的要件，使已经成立的合同在当事人之间产生一定的法律拘束力。合同效力是合同本身的强制力，表现为对合同的自觉遵守和不履行合同义务应承担责任乃至受到制裁。在实务中，合同效力问题也常常被违约方援引作为其抗辩理由。本部分将从意向文件的效力、预约与本约的区别、“签章生效”条款的认定、事实合同的成立、成立未生效合同的法律拘束力、违反规章的合同的效力等方面探讨我们在对合同成立与合同效力问题进行审查时应当注意的法律风险点。

争点 6：意向性文件在具备必要条款时能否认定为正式合同

【本集提要】

意向性文件具备合同必要条款时，其性质和效力应当如何认定？在一起上诉到最高人民法院的案例中，交易双方计划通过收购股权的方式进行不动产交易，并签订了《意向书》，但时隔四年交易仍未完成，双方也未签订正式合同。为此，转让方起诉要求确认《意向书》并非正式合同且已经终止履行，受让方则持相反观点提起反诉，而广东省高级人民法院和最高人民法院针对上述争议的认定也截然相反。本集通过一起真实案例解析《民法典》及司法解释关于合同成立、生效及合同条款解释的相关规则，并据此提示签订和履行相关意向性文件时应注意的问题。

【本集出镜】

超级汽车公司：在英属维尔京群岛注册成立的有限公司，本次交易的转让方。

香港四宝公司：超级汽车公司是其唯一股东，珠海四宝公司是其全资子公司。

珠海四宝公司：按照交易安排，超级汽车公司需在《意向书》签订后将案涉不动产从关联公司转至珠海四宝公司名下，从而实现交易目的。

恒光公司：本次交易的受让方，拟通过收购香港四宝公司 100% 股权的方式实际取得案涉不动产，从而进行君悦来酒店的开发工作。

【基本案情】*

2006年4月12日，超级汽车公司、恒光公司、香港四宝公司、珠海四宝公司签订《意向书》，主要内容为：（1）鉴于恒光公司**有意**进行收购，四方就恒光公司通过收购香港四宝公司股权的方式实际收购珠海四宝公司作为权利人的土地使用权、房地产权及相关物业的事宜协商一致，签订本意向书，以资各方信守履行，并作为相关各方签订相关正式协定（合同）的前提、基础。（2）恒光公司同意以总价2.08亿港元收购香港四宝公司的股权以得到上述全部资产及其后续开发权。交易分三步进行……（3）**在本意向书签订后360日内，各方若没有就继续履行本意向书签订相应的正式合同（协定）书，则本意向书终止履行**。（4）本意向书于各方授权代表签署之日起对各方具有法律约束力。（5）若本意向书签订后360日内，各方没有就继续履行本意向书签订相应的正式合同（协定）书，或虽然签订了相应的正式合同（协定）书，但由于不可归责于恒光公司的原因，最终未能完成上述交易，超级汽车公司应全数归还恒光公司所有已付款项及利息（利息以香港上海汇丰银行的最优惠利率计算）。（6）本意向书须由我国香港地区法律管辖及按照我国香港地区法律解释。

《意向书》签订后，恒光公司依照约定的期限和条件向超级汽车公司支付了共计1亿港元。其间，超级汽车公司与恒光公司办理了香港四宝公司的股权转让手续并交付了相关印章、文件资料。但在《意向书》签订后的360天内，各方未签订正式合同书，交易亦因故未能完成。

2007年4月2日，即意向书约定的360日届满前，四方共同签订了《备忘录》，共同决定对《意向书》所约定的期限续期6个月。《备忘录》同时载明：关于《意向书》内所需完成的交易，大部分已办妥（包括香港四宝公司的股权已转让给恒光公司，原君悦来酒店土地使用权的土地用途和容积率已变更妥当等），而恒光公司也向超级汽车公司支付了《意向书》内部分款项，共计1亿港元。

---

* 为便于理解，对真实案情有所删减。

2007年10月10日，即续期的6个月届满前，四方签订第二份《备忘录》，将《意向书》所约定的期限再次续期至2008年4月12日。

截至2008年4月12日，《意向书》约定的交易由于各种原因仍未完成，四方也未签订相应的正式合同书。

自2010年1月20日起，超级汽车公司多次发出律师函，要求终止《意向书》，并要求恒光公司退回所有相关文件、提供账户以便超级汽车公司将已收款项退回，但是恒光公司对此未予同意。

2010年4月1日，超级汽车公司提起诉讼，**诉讼请求为：**（1）确认四方签订的《意向书》及《备忘录》已终止；（2）判令恒光公司提供账户受领超级汽车公司返还的1亿港元本金及利息；（3）判令恒光公司向超级汽车公司退还持有的印章及所有文件。恒光公司则提起反诉，**反诉请求为：**（1）继续履行《意向书》；（2）超级汽车公司、香港四宝公司、珠海四宝公司赔偿恒光公司损失人民币3000万元。

【审理与裁判】

关于本案，双方主要争议焦点在于以下两点：一是《意向书》的性质与效力如何认定；二是《意向书》是否应当继续履行。对此，广东省高级人民法院和最高人民法院作出了截然相反的认定。

广东省高级人民法院一审认为：

《意向书》的名称、内容均表明**该协议是四方就转让香港四宝公司股权所达成的初步意向**。“鉴于”部分将签约目的表述为“恒光公司有意采取通过收购香港四宝公司全部股权的方式以期收购下属珠海四宝公司名下的案涉资产”。其中**“有意”即为一种意向和设想，这与《意向书》的名称和“鉴于”部分“作为相关各方签订相关正式协定（合同）的前提、基础”的表述一致**。

《意向书》已明确约定360日是终止履行的期限，恒光公司的签约目的是控制珠海四宝公司名下的案涉资产，如果案涉资产不能如期转入珠海四宝公司，则恒光公司收购香港四宝公司股权便不能实现其预期利益。因此，《备忘录》对案涉资产转入珠海四宝公司期限的延长，**也是对《意向书》中**

终止履行期限的延长。但各方当事人两次通过《备忘录》的形式将《意向书》的履行期限**延长至2008年4月12日**，之后，**各方未再就《意向书》的继续履行签订任何书面协议，应视为各方均认为《意向书》已终止履行**。

据此，**一审判决为**：（1）四方签订的《意向书》和两份《备忘录》已于2008年4月12日**终止履行**；（2）恒光公司应于本判决生效之日起十日内向超级汽车公司返还香港四宝公司的商业登记证副本原件、印章、钢印、公司注册证书副本原件等资料；（3）超级汽车公司应于本判决发生法律效力之日起十日内向恒光公司返还1亿港元及利息；（4）驳回恒光公司的全部反诉请求。

一审判决后，恒光公司不服，提起上诉，**上诉理由为**：（1）本案《意向书》是一个虽然没有使用合同名称，但完全具备继续履行条件和所有法定要件的合同。一审判决以《意向书》是“意向”、各方未签订正式合同书为由，认定《意向书》已终止系事实认定错误。（2）两份《备忘录》仅仅是恒光公司给予超级汽车公司履行合同义务的时间宽限，并非对《意向书》第6.1条和第7.3条约定的终止履行期限的延长，《意向书》完全具备继续履行并完成交易的条件，不需要另外签订正式合同，《意向书》应当继续履行。

最高人民法院二审认为：

1.《意向书》的性质和效力如何认定

《意向书》已明确约定，本意向书须由我国香港地区法律管辖及按照我国香港地区法律解释。根据我国香港地区合同法，一份有效合同须具备下列三项基本要素：（1）有两个或两个以上的当事人通过要约及承诺达成一份确定且完全的协议或者承诺；（2）该协议或承诺有对价的支持或者以契据形式签立；（3）当事人具有建立法律关系的意图。由于当事人在商业交易中签订了意向书，法律自动推定当事人具有建立法律关系的意图，如当事人不打算建立法律关系，应当在意向书中作出明确表示。本案中，四方订立的**《意向书》包括交易标的物的描述、交易价格、支付期限、履约步骤等商业性的安排，且《意向书》已明确约定“本意向书于各方授权代表签署之日起具有法律约束力”，恒光公司也已履行了《意向书》约定的部分付款义务，故应认定《意向书》具有法律约束力**。

在商业实践中，当事人有时会先签订临时协议，约定日后再签订正式合同。**虽然本案当事人在《意向书》中约定各方日后须另行签订正式合同，但并不能据此否定《意向书》的合同地位**。

2. 关于《意向书》应当终止还是继续履行的问题

解决这一争议的关键在于如何理解《意向书》第2条、第3条的约定。根据我国香港地区法律确立的合同解释原则，**对合同的解释不应仅限于文义，还要顾及合同的整体性以及商业常理**。此外，**对合同的解释可能导致合同无效与合同有效两种结果时，应选择使合同有效的解释方法**。

两份《备忘录》是四方为了进一步履行《意向书》而签订的，但其不仅是为了延长《意向书》第2条和第3条中约定的“360日”的期限，还是为了延长《意向书》“鉴于”部分“保证”将案涉资产完整转入珠海四宝公司的期限。因此，可以认为，《意向书》第2条和第3条约定的期限对各方不再具有拘束力。退一步而言，即使认为《意向书》第2条和第3条约定的期限仍然有效，因两份《备忘录》均确认“《意向书》内所需完成的交易大部分已办妥”，在各方签订《意向书》的目的就是由恒光公司开发君悦来酒店名下房地产的背景下，可以认为**《备忘录》满足了《意向书》第2条和第3条约定的就继续履行《意向书》签订正式合同的条件**。**因此可以认定《意向书》并未终止，而是继续有效，各方应继续履行**。

综上，**最高人民法院二审判决**：（1）撤销一审判决；（2）《意向书》继续履行，超级汽车公司应继续协助恒光公司办理资产变更相关登记手续；（3）驳回恒光公司的其他反诉请求；（4）驳回超级汽车公司的诉讼请求。

二审判决后，超级汽车公司不服，**申请再审**称：（1）原判决明知《意向书》约定了需要签订正式合同（协议）的情况下，在认定《备忘录》将交易期限延到2008年4月12日的同时，又认定《备忘录》的签订取代了正式合同的签订，这种认定无相关证据支持。（2）原判决根据我国香港地区合同法认定《意向书》有效，以《备忘录》即满足《意向书》第2条、第3条约定的就继续履行《意向书》签订正式合同的条件为由，认定《意向书》未终止、应继续履行并判令超级汽车公司承担民事责任，明显与《意向书》约定不符、违背了当事人的约定。

最高人民法院再审审查认定：

(1) 关于《意向书》的性质问题，不论其名称为何，**《意向书》已经具备了当事人、股权转让标的、交易价格等主要条款，构成一份有法律约束力的合同**，原判决认定《意向书》具有法律约束力，并无不当。

(2) 关于《意向书》是否应当继续履行的问题，《备忘录》明确四方签署《意向书》的目的就是恒光公司通过收购香港四宝公司股权的方式，实际收购珠海四宝公司作为权利人的君悦来酒店名下的土地使用权及六处房地产产权、债权、后续开发权等，并且确认《意向书》内所需完成的交易大部分已办妥，包括“香港四宝公司的股权已转让给恒光公司”“原君悦来酒店土地使用权的土地用途和容积率已变更妥当”等，还确认恒光公司已向超级汽车公司支付《意向书》约定的部分款项合计 1 亿港元，各方同意将《意向书》内待完成交易即把全部案涉资产正式转入珠海四宝公司的期限进行延期。因此，**两份《备忘录》是四方为了进一步履行《意向书》而签订的，不仅是为了延长《意向书》第 6.1 条和第 7.3 条中约定的“360 日”的期限，还是为了延长《意向书》“鉴于”部分第 5 条和第 2.1 条中“保证”将案涉资产完整转入珠海四宝公司的期限**。原判决据此认为《备忘录》满足了《意向书》第 6.1 条和第 7.3 条约定的就继续履行《意向书》签订正式合同的条件，《意向书》有效并应继续履行，并无不当。

据此，**最高人民法院再审裁定**：驳回超级汽车公司的再审申请。

【白律师析法】

笔者认为，本案一审、二审法院作出不同认定的根本原因在于对《意向书》是否属于合同的认定不同，假设当事人之间并没有有效成立的合同的约束，则超级汽车公司提出终止履行并无不妥；反之，在《意向书》构成合同的前提下，其已产生法律约束力，不能轻易终止。

据此，最高人民法院裁判观点可总结如下：其一，即便框架性协议约定日后须签订正式合同，但若其已具备合同的必要条款，则应当对其合同地位和法律约束力单独加以肯定。其二，当事人对合同效力产生争议时，应选择使合同有效的解释方法，也即在合同不存在无法继续履行的障碍的情况下，法院更倾向于鼓励完成交易，而非终止交易。

本案特殊之处在于其适用的准据法及合同解释规则均为我国香港地区法律。但笔者认为，如果本案适用我国法律，同样应认定《意向书》已具备正式合同要件。首先，案涉《意向书》系以书面形式订立，《意向书》的相关条款已明确了交易主体、交易目的、交易标的、交易价款和付款方式、期限、条件等具体内容；其次，《意向书》明确约定“于各方授权代表签署之日起具有法律约束力”，说明各方当事人签署该意向书后应当依约遵守；最后，《意向书》已经进入实际履行阶段。因此，在不考虑准据法的情况下，本案依然体现出最高人民法院对于正式合同的认定和是否终止履行方面的一些观点，具有借鉴意义。

下文将着重分析《民法典》规定的合同成立与生效及合同解释规则。

1. 合同的成立

（1）订立合同的形式

《民法典》第469条规定：“当事人订立合同，可以采用书面形式、口头形式或者其他形式。书面形式是合同书、信件、电报、电传、传真等可以有形地表现所载内容的形式。以电子数据交换、电子邮件等方式能够有形地表现所载内容，并可以随时调取查用的数据电文，视为书面形式。”第490条第1款规定：“当事人采用合同书形式订立合同的，自当事人均签名、盖章或者按指印时合同成立。在签名、盖章或者按指印之前，当事人一方已经履行主要义务，对方接受时，该合同成立。”第491条规定：“当事人采用信件、数据电文等形式订立合同要求签订确认书的，签订确认书时合同成立。当事人一方通过互联网等信息网络发布的商品或者服务信息符合要约条件的，对方选择该商品或者服务并提交订单成功时合同成立，但是当事人另有约定的除外。”

根据上述法律规定，合同形式原则上为非要式。从历史发展的角度看，合同形式经历了从早期严格形式主义到近现代自由主义的变化。但合同形式自由并非绝对，对于特定类型的交易活动，为维护交易秩序与交易安全，法律仍有采用特定形式的硬性要求。

如《广告法》第 30 条规定：“广告主、广告经营者、广告发布者之间在广告活动中应当依法订立书面合同。”《商业银行法》第 37 条规定：“商业银行贷款，应当与借款人订立书面合同。合同应当约定贷款种类、借款用途、金额、利率、还款期限、还款方式、违约责任和双方认为需要约定的其他事项。”

但需注意的是，仅违反形式要求并不直接导致合同不成立。《民法典》第 490 条第 2 款规定：“法律、行政法规规定或者当事人约定合同应当采用书面形式订立，当事人未采用书面形式但是一方已经履行主要义务，对方接受时，该合同成立。”此即合同法领域的“形式瑕疵可通过履行治愈”规则。

（2）合同具体内容要求

《民法典》第 470 条第 1 款列举了一般合同中的常见款项：“合同的内容由当事人约定，一般包括下列条款：（一）当事人的姓名或者名称和住所；（二）标的；（三）数量；（四）质量；（五）价款或者报酬；（六）履行期限、地点和方式；（七）违约责任；（八）解决争议的方法。”

需要注意的是，并非上述所有条款均具备合同才成立。最高人民法院发布的《关于适用〈中华人民共和国民法典〉合同编通则部分的解释（征求意见稿）》［以下简称《合同编解释》（征）］第 3 条规定：“当事人就合同**主体**、**标的**及其**数量**达成合意的，人民法院应当认定合同成立。但是，有下列情形之一的除外：（一）当事人未就**价款**或者**报酬**进行协商，人民法院依照民法典第五百一十条、第五百一十一条等有关规定亦无法确定……”由此可见，一般情况下，只要具备合同的必备条款，合同即成立。

（3）订立合同的方式

《民法典》第 471 条规定：“当事人订立合同，可以采取要约、承诺方式或者其他方式。”该规定并未将订立合同的方式绝对化。实践中，还有一类合同需要交付标的物或完成其他给付才能成立，相对于要约、承诺达成一致即宣告合同成立的诺成合同，该类合同称为实践合同。如《民法典》第 890 条规定：“保管合同自保管物交付时成立，但是当事人另有约定的除外。”

此外，还有一类合同虽具有要约、承诺形式，但又与当事人在自由意志下订立的合同有所区别，其系根据法律强制性规定成立，又称“**强制缔约**”。如《民法典》第 494 条规定：“国家根据抢险救灾、疫情防控或者其他需要下达国家订货任务、指令性任务的，有关民事主体之间应当依照有关法律、行政法规规定的权利和义务订立合同。依照法律、行政法规的规定负有发出要约义务的当事人，应当及时发出合理的要约。依照法律、行政法规的规定负有作出承诺义务的当事人，不得拒绝对方合理的订立合同要求。”

（4）缔约过程中的责任承担

《民法典》第 500 条规定：“当事人在订立合同过程中有下列情形之一，造成对方损失的，应当承担赔偿责任：（一）假借订立合同，恶意进行磋商；（二）故意隐瞒与订立合同有关的重要事实或者提供虚假情况；（三）有其他违背诚信原则的行为。”第 501 条规定：“当事人在订立合同过程中知悉的商业秘密或者其他应当保密的信息，无论合同是否成立，不得泄露或者不正当地使用；泄露、不正当地使用该商业秘密或者信息，造成对方损失的，应当承担赔偿责任。”

根据上述法律规定，合同成立前，缔约当事人虽不受合同保护，不受违约责任约束，但由于双方已在磋商过程中建立特殊信赖关系，因此对于一方违反先合同义务的行为，其仍要承担相应的法律责任。

（5）合同未成立的法律后果

《九民纪要》第 32 条规定：“《合同法》第 58 条就合同无效或者被撤销时的**财产返还责任和损害赔偿责任**作了规定，但未规定合同不成立的法律后果。考虑到合同不成立时也可能发生财产返还和损害赔偿责任问题，故应当**参照适用**该条的规定。在确定合同不成立、无效或者被撤销后财产返还或者折价补偿范围时，要根据**诚实信用原则**的要求，在当事人之间**合理分配**，不能使不诚信的当事人因合同不成立、无效或者被撤销而获益……”

需要注意的是，《民法典》第 157 条已将原《合同法》第 58 条合同无效或被撤销的法律后果扩张为民事法律行为无效、被撤销或者不发生效力的法律后果，具体规定如下：“民事法律行为**无效、被撤销或者确定不发生效力**后，行为人因该行为取得的财产，应当**予以返还**；不能返还或者没有必要返还的，应当**折价补偿**。**有过错的一方应当赔偿对方由此所受到的损失**；各方都有过错的，应当各自承担相应的责任。法律另有规定的，依照其规定。”因此合同未成立作为民事法律行为不发生效力的情况之一，当然适用上述条款。

2. 合同的生效

《民法典》第143条规定：“具备下列条件的民事法律行为有效：（一）行为人具有相应的民事行为能力；（二）意思表示真实；（三）不违反法律、行政法规的强制性规定，不违背公序良俗。”根据上述法律规定，合同作为民事法律行为的一种，其生效要件应当包括以下几项内容。

（1）当事人具有相应的缔约能力

就**自然人**而言，无民事行为能力人的缔约行为无效，限制民事行为能力人只能实施与其年龄、智力相符合的缔约行为。就**法人**而言，其在存续期间均具有相应的缔约能力，如《民法典》第59条规定：“法人的民事权利能力和民事行为能力，从法人成立时产生，到法人终止时消灭。”关于法人是否有超越经营范围订立合同的权利，《民法典》第505条规定：“当事人超越经营范围订立的合同的效力，应当依照本法第一编第六章第三节和本编的有关规定确定，不得仅以超越经营范围确认合同无效”。

就**非法人组织**而言，通说认为，其自领取营业执照时起具有相应的缔约能力。[①] 如《合伙企业法》第11条规定：“合伙企业的营业执照签发日期，为合伙企业成立日期。合伙企业领取营业执照前，合伙人不得以合伙企业名义从事合伙业务。”

（2）意思表示真实

《民法典》共列举了两类意思表示不真实的行为——意思与表示不一致与意思表示不自由。其中**意思与表示不一致**可以分为有意与无意两种情况，有意包含“虚假行为”“真意保留”，如《民法典》第146条规定：“行为人与相对人以虚假的意思表示实施的民事法律行为无效。以虚假的意思表示隐

① 参见王利明：《合同法研究》（第1卷），中国人民大学出版社2015年版，第551页。

藏的民事法律行为的效力，依照有关法律规定处理。”无意包含“重大误解”，如第 147 条规定：“基于重大误解实施的民事法律行为，行为人有权请求人民法院或者仲裁机构予以撤销。”

意思表示不自由则包括受欺诈、胁迫、显失公平。如《民法典》第 148 条规定：“一方以欺诈手段，使对方在违背真实意思的情况下实施的民事法律行为，受欺诈方有权请求人民法院或者仲裁机构予以撤销。”第 150 条规定：“一方或者第三人以胁迫手段，使对方在违背真实意思的情况下实施的民事法律行为，受胁迫方有权请求人民法院或者仲裁机构予以撤销。”第 151 条规定：“一方利用对方处于危困状态、缺乏判断能力等情形，致使民事法律行为成立时显失公平的，受损害方有权请求人民法院或者仲裁机构予以撤销。”

（3）**不违反法律强制性规定和公序良俗**

《民法典》第 153 条规定：“违反法律、行政法规的强制性规定的民事法律行为无效。但是，该强制性规定不导致该民事法律行为无效的除外。违背公序良俗的民事法律行为无效。”

（4）**合同生效的时间**

一般情况下，合同自成立时生效。如《民法典》第 502 条第 1 款规定：“依法成立的合同，自成立时生效，但是法律另有规定或者当事人另有约定的除外。”

但为了维护特定的社会秩序及满足行政管理需要，法律规定部分合同的生效，还需满足特殊要件。如《民法典》第 502 条第 2 款、第 3 款规定：“依照法律、行政法规的规定，合同应当办理批准等手续的，依照其规定。未办理批准等手续影响合同生效的，不影响合同中履行报批等义务条款以及相关条款的效力。应当办理申请批准等手续的当事人未履行义务的，对方可以请求其承担违反该义务的责任。依照法律、行政法规的规定，合同的变更、转让、解除等情形应当办理批准等手续的，适用前款规定。”

3.《民法典》下的合同解释原则

《民法典》第 466 条规定：“当事人对合同条款的理解有争议的，应当依据本法第一百四十二条第一款的规定，确定争议条款的含义。合同文本采用两种以上文字订立并约定具有同等效力的，对各文本使用的词句推定具有相同含义。各文本使用的词句不一致的，应当根据合同的相关条款、性质、目的以及诚信原则等予以解释。”第 142 条规定：“有相对人的意思表示的解释，**应当按照所使用的词句，结合相关条款、行为的性质和目的、习惯以及诚信原则**，确定意思表示的含义。无相对人的意思表示的解释，不能完全拘泥于所使用的词句，而应当结合相关条款、行为的性质和目的、习惯以及诚信原则，确定行为人的真实意思。”

《合同编解释》（征）第 1 条也指出：“人民法院依据民法典第一百四十二条第一款、第四百六十六条第一款规定对合同条款进行解释时，应当**以常人在相同情况下理解的词句含义**为基础，**结合合同的相关条款、合同性质和目的、习惯以及诚信原则**，参考**缔约背景、磋商过程、履行行为**等因素确定争议条款的含义。对合同条款有两种以上解释，可能影响该条款的效力的，人民法院**应当选择有利于该条款有效的解释**，但是依照法律、行政法规规定应当认定该条款无效的除外；属于无偿合同的，应当选择对债务人负担较轻的解释。有证据证明当事人之间对合同条款有不同于词句含义的其他共同理解的，一方主张根据词句含义理解合同条款的，人民法院不予支持。”

根据上述法律规定，常见的合同解释方法包括以下几种：

（1）**文义解释**，即通过对合同所使用的文字词句的含义进行解释，探求合同所表达的当事人的真实意思。[①] 因为合同文本所使用的字句是当事人意思表示的直接载体，因此文义解释在解释方法的使用次序上具有优先性。此外，《合同编解释》（征）也特别强调了在理解合同词句具有的含义时，应按照一般理性人的认识予以确定。

（2）**整体解释**，即对合同的各个条款相互解释，以确定各个条款在整个合同中具有的真正意思。[②]

（3）**目的解释**，即如果合同条款可作两种或两种以上的解释时，选择最

① 参见韩世远：《合同法总论》，法律出版社 2018 年版，第 868 页。
② 参见李永军：《合同法》，中国人民大学出版社 2020 年版，第 482 页。

适合合同目的的解释。[①] 当事人订立合同是为了实现合同目的，因此应选择最有利于实现当事人目的的解释规则对相关条款进行理解。

（4）**习惯解释**，即在合同条款出现分歧时，应根据当事人所熟悉的生活和交易习惯对意思表示或合同条款进行解释。[②] 关于**交易习惯**的认定，《合同编解释》（征）第 2 条指出："下列情形，不违反法律、行政法规的强制性规定，不违背公序良俗的，人民法院可以认定为'交易习惯'：（一）当事人之间在交易活动中经常使用的惯常做法；（二）在交易行为当地或者某一领域、某一行业通常采用并为交易对方订立合同时所知道或者应当知道的做法。对于交易习惯，由提出主张的当事人一方承担举证责任。"

（5）**诚信解释**。诚信原则是民法的基本原则之一，诚信解释在合同解释方法中，也具有兜底的作用，即依据其他解释方法得出的结论有违公平正义观念时，可利用诚信原则进行矫正，以保证解释结论的公平合理。

【复盘时间】

1. 起草意向性法律文件需谨慎措辞

笔者猜测，本案并未直接签订正式合同而是先签订意向文件，可能是因为案涉不动产的前置审批和转让程序具有较多不确定性，此时如果直接签订正式合同，一是具体条款难以设定，二是在前景不明的情况下进行细节约定会造成权利义务失衡。因此双方通过签署意向书的形式先就交易意向达成一致，待时机成熟时再签订正式合同，这种情况在商事交易中比较普遍。

现实中，"意向书""备忘录""框架协议"都属于同一类型的法律文件，其作用是在正式合同条款和细节敲定前先确定双方之间的法律关系和基本目的，从而推动合作或交易。但作为过渡性文件，其并不具有合同约束力，交易双方均不会被具体的合同条款和违约责任所束缚，从而处于可进可退的状态。

---

① 参见李永军：《合同法》，中国人民大学出版社 2020 年版，第 484 页。

② 江必新、何东宁等：《最高人民法院指导性案例裁判规则理解与适用（合同卷二）》，中国法制出版社 2012 年版，第 215 页。

本案中，超级汽车公司误以为自己签订的是不具有法律拘束力的意向性文件，但其最大的纰漏是忽略了“自签署之日起对各方具有法律约束力”这一约定的实际效果。

在此提示，如相关文件仅为表明初步意向，不具有正式合同的效力，则应当在文件中明确标注“本文件对双方没有法律拘束力，应当以双方正式签署的合同内容为准”。同时应注意，此类文件无须列明违约责任条款、争议解决条款和其他合同常见条款，以免被误认为其具备正式合同的要件。

2. 意向文件已处于实际履行状态时需谨慎考虑终止履行

在合同欠缺必备条款的情况下，并非必然导致合同目的落空，现实中存在大量“以事实履行填补条款漏洞”的合同。法院在审理因一方终止履行已经实际履行或者正在履行中的意向文件引发的纠纷时，通常会从保护交易安全的目的出发，并不轻易对合同效力予以否定。因此，在判断这类意向文件可否终止履行时，不应仅从文件的名称和内容进行判断，还应当结合其实际履行情况及履行程度，并考虑有无导致合同目的无法实现的根本性障碍，从而谨慎得出结论。

争点 7：违反预约与违反本约在赔偿责任承担方面的巨大差异

【本集提要】

预约合同的义务是订立本约合同，而本约合同的成立与履行是两个不同的阶段，故违反预约合同所确立的订立本约之义务与违反本约自身所设定之义务自有不同，由此决定其二者的损害赔偿范围亦当有所差别。在一例最高人民法院维持原判的二审案件中，一方面认定被告违反预约合同，另一方面却对原告提出的高达上亿元的赔偿损失主张仅仅支持了 200 余万元，症结究竟在哪？本集将通过预约与本约、意向文件的区别，以及违反预约合同损失的考量因素分析，对本案法院确认损失的考量点进行逐项解读，并对法务人员审核意向文件、预约合同和本约合同提供借鉴性意见。

【本集出镜】

汤山建投公司：一家区政府控股的国有全资公司，在其所在区接到了一宗地块的开发建设任务，并在实际拿地前就已经进行了本案案涉酒店物业的建设工作，同时为了酒店物业建成后顺利开业，在建设之初就选择了艺达发展公司作为酒店承租经营方，并许诺在酒店物业办证后艺达发展公司享有购买选择权。

艺达发展公司：一家注册于英属维尔京群岛的公司。

【基本案情】*

2008 年 11 月，汤山建投公司（甲方）与艺达发展公司（乙方）签订

---

* 本案案情根据最高人民法院真实案例提炼。

《协议书》，主要约定如下：(1) 甲方应在2009年12月31日前完成酒店物业的竣工验收手续并取得备案文件，应不迟于2010年1月31日向乙方交付酒店物业。(2) 甲方作为出租方，乙方作为承租方，双方应在酒店物业竣工验收备案之日起五个工作日内签订租赁合同。(3) 乙方接收酒店物业之日起三年内可自主决定选择购买，购买价格为6000元/平方米建筑面积，甲方应保证一个月内签署买卖合同，九个月内完成产权转让；乙方已付之租金将全部自动转为购买物业之已付款。(4) 由于任何非乙方之过错导致本协议书被宣布无效或提前解除或被撤销的，则乙方有权要求甲方立即向乙方偿还乙方垫付的设计费，同时向乙方支付金额相当于该等设计费的款项作为违约金。此外，上述合同还就租期、租金标准和免租期等内容进行了约定。

2009年11月，汤山建投公司与艺达发展公司签订《补充协议》，主要约定如下：鉴于交房日期及土地证取得日期皆有所延迟，现双方在友好协商和互相信任的基础上补充约定如下：(1) 甲方同意为降低乙方投资风险，由双方共同与装修施工单位或供应商签订合同；(2) 甲方应于2010年4月底左右完成土建并验收，正式交付乙方装修；(3) 确认乙方已支付建筑设计费240万元及精装修设计费200万元；(4) 甲方应保证乙方行使购买权时土地证和房屋所有权证齐全，否则由此造成的损失由甲方负责赔偿。此外，双方还在《补充协议》中就酒店物业的交付、装修款负担等内容进行了详细约定，对艺达发展公司行使购买权时的购买单价进行了微调。

上述《协议书》及《补充协议》签订后，汤山建投公司实际于2011年8月和12月分两次向艺达发展公司交付了酒店物业，艺达发展公司随即成立下属公司在酒店内开展酒店经营管理。

2014年12月，汤山建投公司在延迟数年后终于竞得案涉国有土地使用权。随后，汤山建投公司于2015年8月取得土地证，于2017年12月取得酒店物业的不动产权证。

2014年7月，汤山建投公司以艺达发展公司欠付租金为由起诉要求对方支付租金630余万元及逾期利息53万余元，上述诉讼请求经南京市中级人民法院审理后基本得到支持。

2015年4月，即汤山建投公司竞得案涉土地使用权5个月后，艺达发展公司向汤山建投公司发函，通知其决定行使酒店物业购买选择权。但汤山建投公司回函称，鉴于对方已于 2011 年 8 月接收并开始使用酒店物业，原《协议书》中有关“三年内可依约自主决定购买物业”的约定已过有效期，据此认为艺达发展公司已丧失物业购买选择权。

2015 年 9 月，艺达发展公司诉至法院，要求汤山建投公司支付违反《协议书》的违约金 576 万元，并确认《协议书》《补充协议》中酒店物业购买选择权条款有效，艺达发展公司并未超过约定的选择期。该案法院认定：《协议书》相关条款在一审法庭辩论终结前未经有权机关批准，为不生效条款，而汤山建投公司截至法院判决时未能取得案涉物业的竣工验收备案文件，已构成违约。但艺达发展公司一直处于正常经营状态，其主张的违约金过高，因此判决汤山建投公司支付违约金 28.8 万元，驳回艺达发展公司其他诉讼请求。

2016 年 7 月，汤山建投公司以艺达发展公司欠付租金为由向其发出解约通知并要求返还酒店物业、支付欠付租金，艺达发展公司则回函表示不认可对方主张。2016 年 10 月，艺达发展公司起诉要求确认《协议书》应当继续履行，后在案件审理中向汤山建投公司发出解约通知，在通知对方解除《协议书》《补充协议》及租赁关系的同时，要求其赔偿酒店物业差价损失及其他损失约 1.37 亿元，并称将搬离酒店物业，同时在该案件中撤诉。

2017 年 3 月 30 日，艺达发展公司从诉争酒店搬离，双方未办理交接手续，后该酒店由汤山建投公司控制，随后双方在后续诉讼中同意将 2017 年 3 月 30 日确定为《协议书》《补充协议》解除之日，但各自保留主张对方承担导致合同解除的违约责任的权利。

2016 年 12 月，艺达发展公司向江苏省高级人民法院提起本案诉讼，要求判令汤山建投公司向艺达发展公司赔偿损失 136,914,400.01 元，以及该损失自 2017 年 1 月 1 日起按照中国人民银行同期贷款利率计算的逾期利息。

庭审中，艺达发展公司提出约定的违约金标准过分低于实际损失，而关于损失金额的计算，艺达发展公司表示先参照酒店物业所在地区同类房屋市场价格计算酒店物业目前的市场价，再减去艺达发展公司实际应付的酒店物业购买价，差额部分即为艺达发展公司遭受的损失。

【审理与裁判】

一审法院认为:

(1) 关于《协议书》的性质及法律适用

本案诉争酒店物业并非商品房，**《协议书》有关将来一定期限内购买选择权的约定也不具备房屋买卖合同本约性质，应属于预约**。2012年出台的《最高人民法院关于审理买卖合同纠纷案件适用法律问题的解释》(已失效)第2条规定:“当事人签订认购书、订购书、预订书、意向书、备忘录等预约合同，约定在将来一定期限内订立买卖合同，一方不履行订立买卖合同的义务，对方请求其承担预约合同违约责任或者要求解除预约合同并主张损害赔偿的，人民法院应予支持。”

(2) 物业升值差价损失不能作为本案损失计算依据

购买选择权条款属于预约合同的一部分，预约合同虽因未报批而不生效，**但违反预约合同与违反本约合同的履行利益赔偿有所不同，违反预约合同应以信赖利益为限进行赔偿，而违反本约合同则应对于履行利益进行赔偿**。本案《协议书》约定案涉酒店物业或租或卖，并非以转移酒店物业所有权为唯一目的，汤山建投公司将案涉酒店物业出租给艺达发展公司经营，约定的购买权有附条件的选择性质，具有不确定性。艺达发展公司接收案涉物业后，也已经营使用，根据《协议书》的约定，购买不成仍可长期租赁使用，购买权不能行使并不影响其租赁案涉酒店物业并经营。**艺达发展公司购买案涉物业的目的是自用，而非转售获取差价利益，且其并未举证证明在订约时其尚有其他选择的机会**，故其主张的机会损失或市场差价损失，依据不足。

(3) 关于酌定损失的考虑因素及具体金额

汤山建投公司因缔约过失赔偿艺达发展公司的损失，应**综合考虑艺达发展公司的履约情况、汤山建投公司的过错程度、可预见规则、损益相抵规则、合理的成本支出等因素，并参考《协议书》违约责任条款确定**。综上，一审法院酌情认定汤山建投公司应赔偿艺达发展公司**损失216万元**。

一审判决后，艺达发展公司不服提起上诉，**上诉主张为**:原审对汤山建投公司的主观恶性和过错严重性未能作出准确认定，事实上汤山建投公司为了吸引艺达发展公司投资及合作作出虚假承诺，且在酒店物业价值快速上涨时违背承诺，故意拖延办理证照文件时间，恶意阻止艺达发展公司购买选择权的实现，迫使艺达发展公司长期承租酒店物业。原审不按照市场差价计算损失是错误的，汤山建投公司缔约过失责任项下的赔偿应当是对艺达发展公司在预约合同项下既有的信赖利益损失给予填补性赔偿。

汤山建投公司辩称：虽然约定了办理产权证的时间，但案涉土地使用权直至2015年才挂牌，我司没有故意拖延，对合同无法履行没有过错。艺达发展公司拖欠租金的时间早于其主张行使购买权的时间，我司不存在通过索要租金以达到解约目的的行为。艺达发展公司在整个项目中垫付的500万元已经冲抵相关费用，而我司也给予了2年免租期，双方均未盈利，艺达发展公司实际并无购买酒店物业的意愿，以市场差价主张损失不合逻辑。

最高人民法院认定：

（1）案涉协议应认定为预约合同

整体而言，案涉《协议书》《补充协议》均系围绕酒店物业的交易而展开，并确认了先行租赁经营酒店物业、后续买卖备选的交易模式。因签约之时该酒店物业尚未建成，**艺达发展公司与汤山建投公司订立《协议书》《补充协议》的主观目的是以框架性的协议来固定另行订立确定的租赁合同和待定的买卖合同之交易方式**，以及先行确定租赁合同与买卖合同中应当具备的承载双方当事人各自核心利益的相关条款。实际履行中，当事人虽未签订租赁合同，但已经形成事实上的租赁关系；买卖合同则因双方的争议未实际签订……综合《协议书》的约定、实际履行及双方在诉讼中的表示可认定，**就案涉房产买卖，当事人在《协议书》之外尚需另行签订买卖合同以最终确定双方之间的具体权利义务，故案涉《协议书》《补充协议》中的房产买卖条款应当认定为预约合同。**

（2）汤山建投公司应当承担预约合同的违约责任

2011年8月1日汤山建投公司将案涉酒店主楼交付给艺达发展公司之时，案涉酒店物业的竣工验收及土地使用权等不动产权属登记均未办理，此时虽不至于影响酒店的租赁经营，**但从受让该酒店物业所有权的角度，自难谓“酒店物业全部适当地交付”**。故汤山建投公司有关将2011年12月1日酒店物业全部实际交付之日认定为适当交付时间符合合同目的之主张，不予支持。另外，**合同的解除并不影响违约责任的承担**，汤山建投公司有关案涉协议已在艺达发展公司实际可行使购买权之前解除，该购买权失去合同基础，其无须担责的主张，亦不予支持。**汤山建投公司因未履行预约合同项下义务，当承担相应的违约责任**。

（3）违反预约合同与违反本约合同的责任不同

预约合同的义务是订立本约合同，而本约合同的成立与履行是两个不同的阶段，故违反预约合同所确立的订立本约之义务与违反本约自身所设定之义务自有不同，二者的损害赔偿范围亦当有所差别。于本案而言，艺达发展公司诉请汤山建投公司赔偿的损失源于案涉酒店物业买卖本约合同有效成立后艺达发展公司可获得的增值部分利益，该部分增值实属作为本约的买卖合同签订后其所能取得的履行利益。在本案当事人就案涉酒店物业转让仅签订预约合同的情况下，艺达发展公司上诉主张交易成功才可取得的利益，亦即买卖本约合同项下的履行利益，没有事实和法律依据，不予支持。

（4）预约合同损失的酌定因素

预约合同虽然是独立的合同，但与本约合同存在紧密的内在联系，在依法认定预约合同的违约责任时，**应将预约合同放在整个交易安排中，综合考虑预约合同在整个交易中的作用、交易的进展及预约合同的实际履行等因素**。就本案而言，**一者**，如上所述《协议书》除载明要签订买卖本约合同之外，亦约定了交易价格、租金折抵等本约合同应具备的部分内容，但该约定对于酒店物业这一大标的额不动产而言并非完备，远未达到根据《协议书》的约定即可实现酒店物业买卖交易之目的，尤其在双方均明知该物业属于国有资产、物业转让尚需办理相关审批手续的情况下更是如此。可见，**案涉酒店物业转让交易的完成在很大程度上还依赖于作为本约之买卖合同的后续签订和履行**。**二者**，《协议书》签订后，当事人就案涉酒店物业的转让问题并未进行实质性的磋商，亦即**转让事宜还停留在预约阶段**。**三者**，从案涉交易的整体来看，艺达发展公司与汤山建投公司签订《协议书》之目的首先在于租赁经营酒店，其次则是购买酒店物业，二者均系整个交易的组成部分。**艺达发展公司通过租赁经营，已经部分地实现了整体交易之目的；同时其在租赁案涉酒店过程中逾期支付租金的违约行为对整个交易的后续开展亦不无影响**。综上分析，从案涉酒店物业转让的实际情况出发，艺达发展公司因汤山建投公司违反《协议书》项下订立买卖合同本约之义务所遭受的**损失范围，仍应当以信赖利益为限**。

综上，一审法院从诚实信用以及公平原则等角度出发，结合本案实际情况尤其是预约合同的相关约定以及当事人对相关条款的信赖，综合考量双方当事人的履约情况、过错程度、合理成本支出等因素以及可预见规则、损益相抵规则，在信赖利益损失的范围之内，参考《协议书》有关违约条款的约定，酌情认定艺达发展公司的损失为216万元，并无不当，亦符合艺达发展公司在订立《协议书》《补充协议》时对整个交易进行收益预测及风险评估后所形成的合理期待。

据此，最高人民法院终审判决：**驳回上诉，维持原判**。

【白律师析法】

本案是区分预约与本约违约责任的典型案例。相较于一审判决，最高人民法院的判决条理更清晰、说理更充分，详细阐述了本案中预约合同性质的认定规则和酌定损失的考量因素等问题。最终，在认定对方构成违约的前提下，艺达发展公司高达上亿元的损失主张仅仅获赔200余万元，但笔者从旁观者的角度看，该判决结果是能够令人信服的。

以下笔者先就预约合同与本约合同、意向书如何区分和损失认定标准问题作简要分析，再对本案的判决结果阐述自己的理解。

1. 预约合同与本约合同、意向书如何区分

《民法典》第495条第1款规定："当事人约定在将来一定期限内订立合同的认购书、订购书、预订书等，构成预约合同。"《民法典》在吸收2012年《最高人民法院关于审理买卖合同纠纷案件适用法律问题的解释》的相关规定的基础上从立法层面将预约合同规定为一种独立合同，并扩大了预约合

同的适用范围，不仅限于买卖合同场景。

（1）**区分预约合同与本约合同**

实践中，经常出现当事人通过签署“预定书”“认购书”等形式对交易的时间、价款、方式加以固定，而“预定书”“认购书”的约定较为详尽，从而出现预约合同与本约合同难以区分的情形。此时应当如何识别？

《最高人民法院关于审理商品房买卖合同纠纷案件适用法律若干问题的解释》（以下简称《商品房买卖合同司法解释》）第5条规定：“商品房的认购、订购、预订等协议具备《商品房销售管理办法》第十六条规定的商品房买卖合同的主要内容，并且出卖人已经按照约定收受购房款的，该协议应当认定为商品房买卖合同。”

《商品房销售管理办法》第16条则规定：“商品房销售时，房地产开发企业和买受人应当订立书面商品房买卖合同。商品房买卖合同应当明确以下主要内容：（一）当事人名称或者姓名和住所；（二）商品房基本状况；（三）商品房的销售方式；（四）商品房价款的确定方式及总价款、付款方式、付款时间；（五）交付使用条件及日期；（六）装饰、设备标准承诺；（七）供水、供电、供热、燃气、通讯、道路、绿化等配套基础设施和公共设施的交付承诺和有关权益、责任；（八）公共配套建筑的产权归属；（九）面积差异的处理方式；（十）办理产权登记有关事宜；（十一）解决争议的方法；（十二）违约责任；（十三）双方约定的其他事项。”

据此，在商品房买卖领域，最高人民法院提供的识别思路是“**主要条款＋实际履行**”，即在预约内容已较为完备，且一方当事人已履行主要合同义务时，倾向于将此类合同认定为本约，反之则为预约。

但是现实中，当事人不一定在合同中约定了《商品房销售管理办法》第16条规定的全部13项内容，但合同具备主要条款，而且购房人已经交纳了部分购房款，此时还是会造成预约与本约的混淆。

例如，在（2021）京民再75号案中，**北京市人民检察院抗诉认为**，原审判决认定《认购协议》为预约合同而非本约合同，该项认定系对《商品房买卖合同司法解释》第5条的曲解，**将主要内容等同于全部内容，不当加重了购房人一方的责任，适用法律确有错误**。但北京市高级人民法院再审判决认为："涉案《认购协议》中约定了双方当事人的概况、房屋所处位置、暂定房号、暂定建筑面积、面积单价、总房款、预付款等内容，刘某梅亦支付了部分购房款，**但《认购协议》缺少**房屋交付使用条件及日期，以及办理产权登记有关事宜、争议解决方法、违约责任等《商品房销售管理办法》第十六条中规定的**主要内容**。此外，《认购协议》约定将来在一定条件下仍需要签署《北京市商品房预售合同》等相关协议，**说明双方仍有在将来订立正式买卖合同的明确意思表示**。综上，双方签订的《认购协议》是为了将来签订正式的房屋买卖合同所作的预约，性质上应为预约合同，而非本约合同。"

从上述判例可见，除了以是否具备本约必需的主要条款作为区分标准之外，"**当事人是否存在将来订立新合同的意思表示**"也是非常重要的区分标准，所以《民法典》吸收这一思路后将此作为"预约合同"的定义。

如在（2020）最高法民申2164号案中，最高人民法院指出："判断当事人之间订立的合同系本约还是预约的根本标准应当是当事人的意思表示，即**当事人是否有意在将来订立一个新的合同**，以最终明确在双方之间形成某种法律关系的具体内容。本案中，宝华森公司与凡谷大地公司签订《协议书》约定凡谷大地公司承租宝华森公司装修改造后的物业，双方在《协议书》中约定了租赁房屋的位置、面积，以及租金等内容。但双方同时约定'租赁合同在乙方（宝华森公司）签订装修合同十天内签订'……鉴于双方明确约定将来订立新合同以确定双方权利义务关系，且对不履行订立新合同的违约责任进行了明确约定……二审判决认定《协议书》属预约合同性质的合同并无不妥。"

（2）**区分预约合同与意向书**

实践中，当事人在协商谈判过程中可能会签订"备忘录""框架协议"等意向书性质的文件，但其**并不具有法律拘束力，违反后不产生违约后果**；而预约合同已经被《民法典》确立为一种独立合同，违反后产生相应违约责任，所以亦有必要对预约合同和意向书加以区分。

预约合同和意向书有以下三点不同。**一是法律性质不同**。预约合同具备独立合同的特征，而意向书并非严格意义上正式的法律文件，内容不具有可履行性，其目的只是更好地规划下一步的磋商。**二是内容不同**。预约合同当事人会对未来订立本约合同和受到预约合同的约束进行明确约定，而意向书通常只是表达双方有进一步磋商的意愿，有时甚至仅仅是磋商过程的记录。**三是效力不同**。预约合同是法定合同的一种，当事人均会受到预约合同中意思表示的拘束且需承担违反合同的违约责任，而意向书不具有法律拘束力，不履行意向书或者后续不订立正式合同并不产生违约责任。

不过，需要注意的是，意向书虽不具有法律拘束力，但并不意味着违反意向书完全无须承担赔偿责任。当事人为缔约进入磋商阶段，已在订立合同上进入实质性阶段，由一般关系进入特殊关系，相互之间存在合理信赖。因此，**一方负有先合同义务，如果违反该义务导致对方信赖利益受损，应当承担缔约过失责任，赔偿他方因信赖意向书而支出的合理成本和费用**。①

2. 预约合同赔偿责任的考量因素

《民法典》第495条第2款规定："当事人一方不履行预约合同约定的订立合同义务的，对方可以请求其承担预约合同的违约责任。"据此，《民法典》明确了预约和本约一样，均对当事人具有法律拘束力，且违反预约合同同样导致违约责任的承担。不过，《民法典》并未进一步说明违反预约合同造成的损失应当如何计算或计算时应考虑哪些因素，而实践中的争论主要集中在违反预约合同是赔偿履行利益还是赔偿信赖利益。

履行利益，是指合同有效成立，债务人依约履行时债权人所能获得的利益。通常认为，履行利益赔偿使守约方之处境与合同得到履行后相同，守约方可以获得其所期望的将来差价利益，即赔偿所谓的积极损失（利润）。**信赖利益赔偿**则是使守约方的处境回到合同未信赖允诺前，即赔偿所谓的消极损失（成本费用支出等）。②

部分判例支持赔偿履行利益。如在（2019）最高法民申5100号案中，最高人民法院认为："本案中，利民公司没有按照《购房暂定协议》的约定与母某华签订正式的商品房买卖合同，导致母某华无法取得约定的房产，构

① 参见最高人民法院民法典贯彻实施工作领导小组主编：《中华人民共和国民法典合同编理解与适用（一）》，人民法院出版社2020年版，第237页。

② 参见耿利航：《预约合同效力和违约救济的实证考察与应然路径》，载《法学研究》2016年第5期。

成了根本违约，应当承担违约责任向母某华赔偿损失。一审、二审法院根据同位置的房屋2013年市场价格与2008年市场价格的差额确定母某华的损失金额客观合理……”

但更多的判例支持仅赔偿信赖利益，认为预约合同和本约合同的违约责任应当加以区分。

例如，在（2019）最高法民申2826号案中，最高人民法院认为：“预约合同以未来签订本约合同为目的，预约合同的意向购房人所支付款项的性质和数额均与商品房预售合同中的房屋交付的对价相距甚远，故基于预约合同与本约合同的合同目的和对待给付的内容不同，除非合同另有约定，根据权利义务对等的原则，**预约合同的违约责任不能等同于本约合同违约责任**。本案中，黄某贵原审诉讼和申请再审请求参照合同相对方所获房屋溢价（获益）确定损失数额，并无合同依据和法律依据，不予支持。”

又如，在（2020）最高法民申2164号案中，最高人民法院认为：“预约合同虽属独立合同，但预约系相对于本约而言的，预约所处的阶段，实际是本约的缔约阶段。在双方未签订本约的情况下，如一方违反预约合同约定，另一方可以请求违约方承担预约合同的违约责任，但不得请求对方履行本约的合同义务。宝华森公司与凡谷大地公司之后并未另行就《协议书》项下全部内容签订本约对双方权利义务关系进行确认，凡谷大地公司起诉请求宝华森公司将《协议书》项下物业移交凡谷大地公司，并以宝华森公司迟延履行为由要求宝华森公司赔偿可得利益损失，实际系要求宝华森公司履行本约项下的合同义务并承担本约的违约责任，该要求不符合《协议书》属预约合同的性质，也没有法律依据。”

我们注意到，《合同编解释》（征）对预约合同损失的认定标准进行了细化，该规定有可能实现司法裁判标准的统一。该意见稿第9条规定：“预约合同生效后，当事人一方不履行订立本约合同的义务，对方请求其赔偿因此造成的损失的，人民法院依法予以支持。前款规定的损失赔偿，**当事人有约定的，按照约定；没有约定的**，人民法院应当**综合考虑订立本约合同的条件的成就程度以及本约合同履行的可能性等因素**，在依本解释第五条确定的损失赔偿额与依本解释第六十三条至第六十六条确定的损失赔偿额之间进行酌定。

预约合同已就本约合同的主体、标的、数量、质量、价款或者报酬、履行期限、履行地点和方式、违约责任和解决争议方法等影响当事人权利义务的实质性内容达成合意，**当事人请求按照如本约合同成立并履行后可以获得的利益计算违反预约合同的损失赔偿额的，人民法院依法予以支持**，但是当事人另有约定的除外。”

此外，该征求意见稿第5条规定了缔约过失赔偿的过错分担原则和赔偿范围：“当事人一方在订立合同的过程中实施违背诚信原则的行为或者对合同不成立、无效、被撤销或者确定不发生效力有过错，对方请求赔偿其为订立合同或者准备履行合同所支出的合理费用等损失的，人民法院应予支持。对方当事人也有过错的，由双方当事人按照过错程度分担损失。当事人一方假借订立合同，恶意进行磋商，或者实施其他严重违背诚信原则的行为，对方请求赔偿其因丧失其他缔约机会而造成的损失的，人民法院依法予以支持，但是应当扣除其为取得该机会所应支出的合理费用。当事人主张前款所称‘因丧失其他缔约机会而造成的损失’的，应当对其他缔约机会的现实可能性以及损失的大小承担举证责任。”该征求意见稿第64条至第66条则分别规定了长期性合同中可得利益的赔偿、无法确定可得利益时的赔偿及金钱债务中违约损失的计算等问题。

根据上述规定，预约合同的违约责任以当事人约定为先；当事人未约定的，需具体考察预约合同内容，以及本约合同可履行性及实际履行程度，并结合当事人过错程度等因素作出综合判断。至于是赔偿信赖利益还是履行利益，则需要根据具体案情具体分析。

3. 关于本案判决赔偿金额考量点的解读

回到本案，艺达发展公司主张了高达上亿元的损失，然而一审、二审法院在认定汤山建投公司构成预约合同违约的同时，仅仅支持赔偿200余万元，该结果显然难令艺达发展公司满意。但我们根据最高人民法院判决书逐项解读，认为该判决结果是相对公允的。

首先，本案预约合同条款相关内容距离本约合同还有很大差距，例如对作为国有资产的酒店物业产权转让需履行的审批手续等内容未作约定，所以预约合同在整个交易中的作用不够大。就实际履行角度而言，艺达发展公司虽然在合同签订后实际支出了设计费和装修费等费用，但是协议除了有买卖的预约还有租赁的预约，艺达发展公司实际承租了酒店开展经营活动，上述损失不能被归入履行买卖合同发生的损失，而艺达发展公司并未实际支付任何购房价款，所以预约合同成立后的实际履行度也不够高。因此，艺达发展公司根据差价计算的损失实为履行利益损失，最高人民法院则认为赔偿仍应以信赖利益损失为限，即仅涉及正式合同签订前所支出的成本费用。

其次，预约合同违约条款约定的违约金标准不高。案涉合同仅约定违约方应赔偿金额相当于设计费的款项作为违约金，据法院查明艺达发展公司实际支付的设计费只有数百万元，根据“有约定从约定”的原则，一审、二审法院将当事人自行约定的违约金标准作为酌定损失考量因素之一。

最后，案涉协议中同时包含租赁和买卖两个法律行为，2015 年艺达发展公司起诉要求支付《协议书》违约金并确认其享有选择购买权的生效判决已经认定艺达发展公司在发函要求行使购买选择权之前已经发生欠租的违约行为。尽管最高人民法院并未认定欠租行为在买卖预约中同样构成在先违约，但欠租行为确实对使买卖合同得以正常履行的信赖关系构成影响，所以艺达发展公司在汤山建投公司违反预约合同的缔约过失责任中同样存在一定过错，应当分担损失。

综上，最高人民法院在本案中的裁判观点和《合同编解释》（征）的内容高度吻合，预计正式出台的司法解释也不会有太大修改。

【复盘时间】

1. 通过合同条款明确区分意向书、预约合同和本约合同

在较为复杂的交易中，当事人往往需要通过多轮磋商才能完成正式合同的签署，而在协商过程中形成的名为“意向书”“预订书”，甚至是“会议纪要”“交易备忘录”等的文件，大量存在“文不对题”现象，当事人自以为仅仅是不具有拘束力的意向性文件，结果被认定为预约合同而需承担违反该文件的违约责任，或者自以为是预约合同，实质上却构成本约合同。因此，

法务人员不能被拟签署文件的名称所迷惑，要根据意向书、预约合同和本约合同的法律属性和区别对照合同条款进行详尽审查，**使其内容具备应有之含义，抑或使其不得超越原本意思表示的边界**。

2. 预约合同的违约条款同样值得重视

由于预约合同并非正式合同，有些人会误认为预约合同中的违约条款可有可无或者没必要寸土必争。但在《民法典》出台后，预约合同作为独立合同和违反预约合同应承担违约责任的规定已经明确，而在即将出台的司法解释中，大概率会进一步明确预约合同违约条款应作为最主要的裁判依据。因此，如果违约责任设置得过高或者过低，必将损害其中一方的利益，一方面要根据预约合同的作用、程度与本约合同违约责任进行区分，另一方面则应根据实际情况对预约合同违约金标准进行正确设置。

争点8："签章生效"条款隐藏的风险及应该如何设定

【本集提要】

"签章生效"条款既是合同中最常见的条款，也是最容易被忽略的条款，合同当事人在条款措辞方面的不谨慎、在实际签署环节的不仔细，都有可能引发后续诉讼纠纷，甚至产生合同被认定为不生效的严重后果。有权代表的签字与单位盖章，这二者对于合同生效而言究竟应该是同时具备还是任选其一即可？本集通过一系列真实案例来分析与"签章生效"条款有关的纠纷与法院裁判观点，从而对此类条款如何设定及具体签署问题提供建议。

【基本案情】

汉丰房地产公司作为工程发包人、辰河建筑公司作为工程承包人曾签订一份《建设工程施工合同》。施工过程中，双方又签订了一份《补充协议》，该补充协议由汉丰公司加盖公章，由非法定代表人的钟某签字；汉丰公司还曾出具一份《承诺书》，《承诺书》有汉丰公司盖章，但无法定代表人签字。

后双方因建设工程施工合同发生纠纷，辰河公司将汉丰公司诉至法院。原审诉讼中，法院将《建设工程施工合同》《补充合同》《承诺书》共同作为裁判依据，并据此作出一审、二审判决。

后汉丰公司不服，提出申诉，**申诉理由之一为**：《补充合同》系钟某代签，钟某在代签合同时未取得汉丰公司授权，代签合同亦非钟某职责范围，《补充协议》不是汉丰公司的真实意思表示；《承诺书》没有汉丰公司法定代表人及授权代理人的签字，不能作为汉丰公司的真实意思表示。因此，原审判决不应当以上述两份文件作为裁判依据。

最高人民法院（2021）**最高法民申** 2554 **号**裁定书最终认定：关于案涉《补充合同》和《承诺书》的效力问题……汉丰公司在《补充合同》和《承诺书》中盖章的行为，符合合同约定的生效条件。《补充合同》虽然约定“双方签字盖章生效”，但**未明确必须由公司加盖公章并经法定代表人签字后方可生效，故合同当事人盖章的行为即可视为双方就合同内容达成合意**。另外，《承诺书》中写明“由承诺单位签字或者盖章后生效”，汉丰公司作为承诺单位在《承诺书》上盖章后《承诺书》即已生效。故汉丰公司提出《补充合同》《承诺书》不是汉丰公司真实意思表示，不能作为裁判依据的理由不能成立。

【白律师析法】

本案是合同“签章生效”条款表述问题引发的争议。汉丰公司认为，既然合同约定“双方签字盖章生效”，应理解为有权代表人签字和公司盖章二者缺一不可，由于签字人未获得公司授权，并非有权代表人，合同也没有法定代表人的签字，所以仅有公司盖章并不符合合同生效的条件。但最高人民法院认为，除非合同特别约定二者必须同时具备，否则仅凭法人的盖章行为即可认定达成合意。

现实中，“签章生效”条款基本属于合同必备条款，一般设置于合同末尾，其目的是明确合同生效的条件。在法人或者非法人组织作为合同当事人时，可能存在法定代表人或授权代表单独签字、法人或非法人组织单独盖章、既有有权代表签字也有单位盖章等各种情况。若签章实际情况与“签章生效”条款的约定不相符，就有可能如上述案例那样在双方当事人之间产生合同效力争议。下面对各种“签章生效”条款的设定争议进行归纳与分析。

1. 相关法律规定

原《合同法》第 32 条规定：“当事人采用合同书形式订立合同的，自双方当事人签字或者盖章时合同成立。”第 44 条规定：“依法成立的合同，自成立时生效。法律、行政法规规定应当办理批准、登记等手续生效的，依照其规定。”

《民法典》颁布后，其第490条第一句规定：“当事人采用合同书形式订立合同的，自当事人均签名、盖章或者按指印时合同成立。”第502条第1款规定：“依法成立的合同，自成立时生效，但是法律另有规定或者当事人另有约定的除外。”

从上述规定可以看出，《民法典》针对“签章成立”及合同成立时生效的除外条款的规定相较于原《合同法》更加严谨，不过并没有改变有权代表人签字（捺印）与单位盖章之间可以相互替代的原则。

最高人民法院编著的《民法典合同编理解与适用（一）》即指出：“在当事人没有约定或当事人约定的表述与本条规定表述一致的情形下，签名、盖章或按指印三者有其一即可。但在当事人为法人或非法人组织的情形下，如果没有公章，签名或者按指印的人又非法定代表人的，签名的人应有相应的授权。如当事人约定‘签名且盖章’或‘签名并盖章’后合同成立，则签名和盖章均需具备，否则合同不成立。”①

由此可见，最高人民法院关于《民法典》第490条的理解体现为两个原则：一是签名、盖章或按指印三者只需具备其一即可，并非必须同时具备才导致合同成立；二是约定大于法定，如果当事人明确约定需要同时具备，此时应当尊重当事人意思自治，不再适用上一条。

2. 常见情形与裁判观点

（1）约定为“签字或盖章”

如前所述，根据最高人民法院对《民法典》第490条的理解，如果当事人约定“合同自授权代表（法定代表人）签字**或**公司盖章之日起生效”，这种约定同法律规定一致，最没有争议，实际签署中二者具备其一即可导致合同生效。

（2）约定为“签字并（及/且）盖章”

同样根据最高人民法院对《民法典》第490条的理解，如果当事人约定

---

① 最高人民法院民法典贯彻实施工作领导小组主编：《中华人民共和国民法典合同编理解与适用（一）》，人民法院出版社2020年版，第198～199页。

了“合同自授权代表（法定代表人）签字**并（及/且）**公司盖章之日起生效”，这种情形也没有太大争议，法院应当尊重当事人意思自治。如果一方当事人以签字、盖章未能同时具备为由对合同效力提出异议，对方也没有其他证据可以证明合同已经实际履行或进入履行阶段，此时法院应当以不具备合同生效要件为由认定合同不生效。

（3）约定为签字实际为盖章、约定为盖章实际为签字

此等情形可总结为合同约定与实际签章情况不符，即合同只约定以有权代表的签字而非公司盖章为生效要件，或者只约定以公司盖章而非有权代表的签字为生效要件，但实际签署时却采用的是被约定排除的另一种形式，这时法院应该如何判断合同效力？

笔者查询到（2021）**最高法民申 2244 号**裁定书所涉案情与题述问题相似，最高人民法院认定：“中建一局六公司主张《借款协议》《延期借款协议》相关条款**约定协议自各方签字生效**，认为出借人、借款人双方的法定代表人或授权代表未签字，因此《借款协议》《延期借款协议》不具备《中华人民共和国合同法》规定的生效条件，对双方当事人无约束力。《中华人民共和国合同法》第三十二条规定：‘当事人采用合同书形式订立合同的，自双方当事人签字或者盖章时合同成立。’由此可知，**合同的成立只需当事人签字或盖章**，两者具备其一即可，无需签章必备。雍和公司、中建一局六公司虽未签字，但均加盖了印章，中建一局六公司时任法定代表人杨某翔在合同中作为中建一局六公司借款担保人签字，因此《借款协议》《延期借款协议》具备合同成立要件。”

但需要注意的是，最高人民法院上述判例中案涉协议为借款合同，借款合同本身是实践性合同，出借人向借款人交付借款就标志着合同已经进入实际履行阶段，此时再去探讨合同签章形式与约定不符的问题已经不具有太多争议性。何况该裁定还载明申诉人时任法定代表人在合同中作为借款担保人签字，证明该法定代表人虽然没有以法定代表人身份签署协议，但显然对于协议是不持异议的。

因此，笔者的观点是，上述判例虽然从一定程度上能够体现最高人民法院就此类问题的裁判观点，但不能作为典型判例对同类争议下定论。事实上，

当事人明确约定只认签字或者只认盖章而实际与约定不符时，若主张合同不生效的当事人能够充分说明排除另一种法定形式的合理理由，比如“类似协议需要董事会一致决议而法定代表人无权单独签署”，这时应按照“约定优于法定”的基本原则，确认合同不生效。

(4) **约定为“签章”“签字盖章”“签字、盖章”**

这类约定因为没有采用“且”“或”这样的明确用语，“签字”与“盖章”两种形式究竟只需具备其一还是并用，并不明确。笔者通过案例检索发现，法院在此问题上的裁判观点存在明显变化。

在较早公布的（2005）**民一终字第116号**判决中，最高人民法院认为：“《现代汉语词典》对顿号的解释是表示句子内部并列词语之间的停顿，主要用在并列的词或并列的较短的词组中间。案涉还款协议约定‘自双方当事人签字、盖章时生效’中顿号，是并列词语之间的停顿，表示签字与盖章是并列关系，只有签字与盖章均具备的条件下，该协议方可生效。双方当事人该项约定意思表示清楚、真实，应认定有效。另从协议内容看，专门设定了双方加盖公章与负责人签字栏目，在该协议中银行签署了负责人姓名也加盖了公章，而运输公司仅有法定代表人签名未加盖单位印章。由于运输公司未在协议上加盖公章不具备双方约定的生效条件，故银行依该协议主张权利，事实依据不足，判决运输公司依《承诺书》中的承诺返还银行贷款本金。”

可以看出，该案中法院认为“签字、盖章”的表述与原《合同法》第32条“自双方当事人签字或者盖章时合同成立”的表述具有不同含义，其将“签字、盖章”视为双方当事人的特别约定，并运用文义解释的方法对其进行解释，即按照法律条文用语之文义及通常使用方式，阐释法律之意义，并最终得出签字与盖章是并列关系、缺乏其一则合同不生效的认定结果。

但随着司法理念的不断更新，法院对此类问题的认识出现了明显变化。

例如，（2016）**粤01民终14171号**案中，广州市中级人民法院认为：“对于‘双方签字、盖章后生效’的理解，在合同约定不明的情况下，本院认为理应参照法律规定，按照社会公众的通常理解，采取有利于维护交易稳定、实现合同目的的方式来解释……至于肖某学一方所提及的最高人民法院（2005）民一终字第116号民事判决与本案案情上并无关联性和相似性。并且，该116号案系未盖章一方当事人主张其未盖章故合同尚未生效，并否认合同效力、自始至终拒绝履行合同。而本案中，七喜集团公司虽未在涉案《股权转让协议书》中加盖公章，但明确表示认可其法定代表人易某忠签字的效力。并在易某忠签订协议后接受了肖某学的股权转让款，以实际履行的行为进一步认可该协议已经发生法律效力。”

（2017）**最高法民申**1088**号**案件中，法院认定：合同约定“自签字盖章之日起生效”，案涉协议成立后，公司虽只有法人签字而未盖章，但足以表明签订该协议属于公司真实意思表示。故不必签字、盖章兼具，即可生效。

（2018）**最高法民终**611**号**案件中，最高人民法院则更加明确地指出：“《停工前工程结算协议》第五条约定，协议自三方签字盖章之日起生效。**前述约定一般可以理解为签字或盖章后协议即属生效，而非必须同时具备签字与盖章两个条件后协议方生效力**。因此，原审判决基于黄某涛其时身份及其签字行为认定《停工前工程结算协议》已经生效，并无不当。北京建工仅从前述协议条款表述的词语文字组合关系，即分析主张协议必须签字并加盖公章后方才生效，并由此主张《停工前工程结算协议》尚未生效，协议确认的工程欠款数额故而不足采信，理据不足。”

从上述案例中可以看出，本着“维护交易稳定”和“探究当事人真实意思”等更加先进的司法理念，法院不再机械地从字面意思去理解“签字、盖章”中顿号的含义。如果当事人约定为“签章”“签字盖章”“签字、盖章”，除非合同条款能够推导出二者必须同时具备的意思，否则法院大概率会根据法律一般规定认定具备其一即符合成立条件。

【复盘时间】

1. “签章条款”要根据实际需要设定

笔者发现，“签章条款”是合同起草过程中最容易被忽视的一类条款，其主要原因还是一般人甚至一些专业法务人员不能理解“签章条款”设置不当可能对合同效力产生的隐藏风险。事实上，“签章条款”设置为签章并行还是签章取其一，需要根据实际情况决定，二者并无优劣之分。如果为了使合同尽快进入履行阶段而避免烦琐的签章流程，推荐采用签章取其一的条款设置；反之，如果签章流程并不烦琐，或者为了追求严谨，还是签章并行的条款设置更加符合需求。

2. 无论“签章条款”如何设置均必须做到无歧义且与实际相符

从本集列举的案例可见，如果合同约定不明确，实际签章情况与约定不符，可能存在后续发生诉讼纠纷和主张无法获得法院支持的问题。因此，一方面要在合同条款设置上多加注意，尽量避免“签章”“签字盖章”“签字、盖章”等不够明确的措辞，而是使用“签字或盖章”“签字”“盖章”“签字并盖章”这样的明确用语；另一方面，负责签章的人员要特别注意本方和对方的签章情况，做到合同最终签署情况与约定条款保持一致，这样才能杜绝类似风险的发生。

争点9：事实合同成立与否的判断标准

【本集提要】

签订书面合同的情况下能否推定成立事实合同存在很大争议，实践中法院通常需要根据双方举证情况来推定是否存在事实合同关系。其中，对于应当采用但未采用书面形式订立的合同，合同是否成立并不绝对，虽一般情况下应当认定合同不成立，但根据《民法典》第490条第2款的规定，应当采用而未采用书面形式订立的合同在一方已经履行主要义务、对方接受时合同成立。即“一方履行主要义务且对方接受”是认定事实合同的关键点，而法院通常会从以下几个方面进行具体考量：双方就合同标的达成一致、一方履行的应是主要义务而非次要义务、对方已接受另一方履行的主要义务。且只要一方履行主要义务而对方接受即可，并不要求双方均表示接受。法院亦会从双方举证角度综合推定既往履行习惯。对于事实合同的救济没有统一的裁判标准，需要根据个案中的具体履行情况从合同对价、过错责任分担以及非违约方的利益损失等方面酌情确定。

案例一：事实合同成立，应当酌情支付费用*

康博公司是一家医疗器械公司，东方公司是一家咨询服务公司。

2018年6月，康博公司与东方公司签订《框架协议》，约定：（1）东方公司为康博公司提供网络营销服务，包括网络营销运营管理、会员管理、客户咨询、产品代理及策划执行等，具体以“服务量化标准”条款为准。（2）东方公司应按月向康博公司报送《网络营销策划方案》，经康博公司确

---

* 本案根据真实案例提炼，当事人名称为化名。

认后，由东方公司负责执行；并在次月提交《执行效果报告》，经确认后作为结算依据。（3）本合同价款分为基础费用与分成佣金两部分，基础费用为30万元/月，分成佣金根据每月营销毛收入的一定比例计算。如果月营销收入在200万元以下，分成佣金比例为5%；如果月营销收入在200万～400万元，分成佣金比例为10%；如果月营销收入在400万元以上，分成佣金比例为15%；如果月营销收入低于100万元，则康博公司有权视情况降低基础费用的10%～30%。（4）2018**年7月1日至9月30日为合同试运行期，若合同期满双方合作愉快，同等条件下，东方公司有权优先与康博公司签订年度合作合同**。

上述合同签订后即进入实际履行阶段，东方公司提供了一定的网络营销服务，但康博公司在该时间段的网上销售额累计仅89万余元，月均不到30万元，远低于200万元/月的预期。2018年9月30日合同期满，双方未签订续期合同，但康博公司也没有明确提出终止服务。相反，2018年10月至2019年1月，东方公司仍持有康博公司在某网络平台的账号、密码，并陆续为康博公司组织了几场网络直播带货活动。2019年1月31日，东方公司向康博公司工作人员电子邮箱发送了一份《网络营销执行效果报告》，该人员回复“收到”，同时康博公司于当日收回了网络平台登录密码。此外，**康博公司未向东方公司支付任何服务费用**。

2020年5月，东方公司将康博公司诉至法院，诉讼请求为：（1）判令康博公司支付自2018年7月1日至2019年1月31日合同期内3个月以及合同期外4个月共计7个月的基础服务费210万元（每月30万元）；（2）支付分成佣金4.45万元（按合计89万元销售收入的5%计算）；（3）赔偿违约金42万元（按照合同约定总基础费用的20%计算）。

康博公司辩称：（1）《框架协议》“服务量化标准”条款详细约定了服务内容、服务标准，且约定东方公司应按月事先报送策划方案、事后报送执行报告。然而东方公司根本没有按约定提供服务、提供方案和报告，且双方预计的月均销售额是200万～400万元，而实际月均收入只有不到30万元，直接体现出东方公司提供的服务质量、服务效果非常差。（2）合同限定的试运行期仅为3个月，目的就是根据服务效果决定是否签订后续合同，由于服务效果太差，2018 **年9月30日合同到期后双方并未订立任何书面合同或进行相关磋商，合同到期后就已经自然终止**。东方公司自知合同期内未能依约履行合同，作为补偿，东方公司同意后续免费为我司组织几场网络直播，这完全达不到合同关于服务内容、服务标准的约定，只是零星服务且没有合同作为付费依据，**不同意支付合同期外费用**。(3) 合同期内的3个月基础服务费应当根据约定扣减30%，同意支付70%，另外同意支付4.45万元的分成佣金。但因对方未按约定提供服务违约在先，不同意支付合同期内和合同期外的违约金。

东方公司则举证并提出如下意见：(1) 无论提供何种网络营销服务都需要事先征得康博公司同意并需要康博公司配合。微信对话可证明，合作期间双方一直通过微信进行沟通，康博公司并未要求东方公司提供书面报告，而东方公司几次通过微信提出营销方案，康博公司均表示"先放一放"，所以**营销效果不佳是康博公司单方面造成的**，康博公司无权扣减合同期内费用，且康博公司未按约定期限支付费用，有错在先。(2) 营销服务从2018年7月1日一直延续至2019年1月31日，最终东方公司以提供报告方式结束服务并由康博公司收回平台登录密码，其间康博公司并未对服务内容和服务效果提出任何质疑，也**不存在"免费服务"的约定**，所以后续合作是对合同内容的延续，康博公司享受了服务，理应继续支付费用。

法院终审认定：本案合同的履行情况应分为两个阶段，即涉案合同阶段和事实合同阶段。(1) 涉案合同阶段为2018年7月1日至9月30日，通过东方公司提交的证据可以证明其为康博公司提供了平台线上维护、直播、促销咨询服务。但根据合同约定的项目，以及月均毛收入远未达到100万元底线的事实，东方公司提供的服务项目数量和质量均未达到合同要求，东方公司并未充分、严谨履行合同。但从微信对话来看，东方公司未能充分履约与康博公司对东方公司提出的某些策划方案未进一步配合有一定关联性，所以合同期内基础服务费的扣减比例由本院酌定，具体扣减比例为30%。(2) 关于事实合同阶段，**东方公司已提交证据证明其在此阶段提供了多项服务，康博公司对东方公司提供服务的行为未提出异议，且康博公司就"东方公司作为补偿，同意免费提供服务"的主张未提供证据。因此应认定双方于**2018**年**

10月1日至2019年1月31日成立事实合同关系，康博公司理应支付费用。(3) 关于事实合同阶段费用支付标准问题，虽然康博公司延续提供了原协议的一部分服务内容，但考虑到其并未完全履行合同项下服务内容，且合同明确约定了服务期限，期满后双方并未就基础服务费标准进行磋商。所以**东方公司比照协议约定的费用标准主张事实服务期间的基础服务费，既缺乏依据，也有失公允，本院对事实合同期间的基础服务费酌定为协议约定费用的40%**。(4) 鉴于东方公司亦未能如约履行已签订的合同，且双方对合同期外事实合同阶段的违约金未作约定，故本院对东方公司关于违约金的主张不予支持。

案例二：事实合同不成立，不具备付费基础[*]

北工咨询是一家建设工程咨询公司，合生设计是一家工程设计公司。在北工咨询与合生设计合作期间，先由北工咨询与业主方签订《技术咨询合同》，再由合生设计辅助其完成整体技术咨询工作中的工程设计环节。

2016年至2018年，合生设计共为北工咨询提供了49个项目的工程设计服务，除“怀柔管网项目”和“延庆管网项目”双方签订了《技术咨询合同》外，其余47个项目双方均未签订书面合同。

在双方已签订的两份《技术咨询合同》中，约定由合生设计提供管网项目的设计咨询辅助图纸绘制工作，并约定了咨询的内容、形式和要求等具体内容，同时约定了报酬及支付条件。关于支付时间的约定为：合生设计完成设计咨询辅助工作且工作成果通过北工咨询验收，并且**北工咨询取得该项目主合同的首付款后**30日内。

2020年，由于北工咨询仅向合生设计支付了两个已签约项目的款项，未支付其余47个未签约项目的款项，合生设计在协商无果后向北京市朝阳区人民法院提起诉讼。诉讼请求为：(1) 判令北工咨询支付技术咨询服务费5,725,440元；(2) 判令北工咨询按银行贷款利率支付利息损失。

合生设计主张：上述47个项目虽未签订书面合同，但合生设计在北工咨询向其发出技术咨询项目邀请后完成了北工咨询交付的工作，工作成果已被

---

* 本案根据真实案例提炼，当事人名称均为化名。

北工咨询接收，**应视为履行了合同的主要义务，双方成立事实合同，北工咨询应支付相应款项**，具体工作量可由工程造价鉴定机构通过鉴定确认。为支持其主张，合生设计提交了47个项目的工作成果、工程资料往来传送记录、合作项目列表明细、评估项目移交签收表等证据。此外，为证明曾经向北工咨询催要过费用，合生设计提供了短信对话一份，内容为“……按常规应签框架合作协议把咱们双方在工程设计方面利益分配比例和计算公式明确清楚，后来我俩跟你们提过两次，你们没表态，孙说算了吧，担心你们不给我们活，后来都是活干完了，你再说个比例，尽管低得可怜，我们也没说什么啊”。

北工咨询辩称：不认可双方成立事实合同，主张双方的合作模式为“**无偿合作+附条件签约**”。即双方先共同向业主提供服务，该阶段为无偿合作关系，而非事实合同关系，双方风险自担、费用自理；若北工咨询与业主签约，则同意与合生设计签约，双方另行签订合同对业主付费进行二次分配。北工咨询提出，双方之间已签约的两个项目足以证明合生设计对合作模式及合作风险是明知的。此外，北工咨询称，案涉47个项目中，有22个项目北工咨询已与业主签约，该部分双方应另行协商签约处理；有6个项目完全终止且未与业主签约，双方争取业主签约的成本应自行承担；有19个项目待定，尚不具备签约条件。

北京知识产权法院终审认定：根据查明事实，合生设计向北工咨询交付了案涉47个项目的相关材料，北工咨询亦予以接收，因此**本案争议焦点为该行为是否应定性为事实合同**……双方均认可前述合作项目列表中载有的49个项目仅“怀柔管网项目”“延庆管网项目”签订了书面合同。**根据前述合同约定，每笔报酬的支付，均由北工咨询取得主合同的相应付款后，再向合生设计支付**。**此种约定，更加符合北工咨询所主张的合作行为**。再者，从双方当事人的短信记录中，合生设计人员提及“利益分配比例和计算公式”的内容，亦表明合生设计知晓其所获报酬是从第三方获取报酬后与北工咨询按比例分配。虽然合生设计认为前述记录系关于回扣，但并未提交证据予以证明。同时考虑到，合生设计所举证证明的交付与接收行为本身并不足以证明双方之间成立了技术咨询的事实合同，合生设计亦未提交其他证据足以证明双方就前述行为系履行技术咨询事实合同的行为达成合意。综合前述事实，**根据**

优势证据规则，本院认为将案涉合生设计与北工咨询之间47个项目的交付与接收行为认定为合作关系中的行为更为符合在案证据所证明的内容。因此，合生设计认为双方达成技术咨询事实合同的主张缺乏事实依据，本院不予支持。虽然合生设计关于双方成立技术咨询事实合同的主张不能成立，但在满足其他法律要件的情况下，**合生设计为案涉47个项目所做之行为可另行主张**。

【白律师析法】

1. 何为“事实合同”

《民法典》第469条规定：“当事人订立合同，可以采用**书面形式、口头形式或者其他形式**。书面形式是合同书、信件、电报、电传、传真等可以有形地表现所载内容的形式。以电子数据交换、电子邮件等方式能够有形地表现所载内容，并可以随时调取查用的数据电文，视为书面形式。”

据此，我国法律规定的合同订立形式分为“书面形式”、“口头形式”及“其他形式”。针对“书面形式”，《民法典》采用列举的方式详细作了规定，而“口头形式”在现实生活中也比较好理解。但“其他形式”如何理解呢？

原《合同法司法解释二》第2条规定：“当事人未以书面形式或者口头形式订立合同，**但从双方从事的民事行为能够推定双方有订立合同意愿的**，人民法院可以认定是以合同法第十条第一款中的‘其他形式’订立的合同。但法律另有规定的除外。”

由此可见，事实合同是指双方当事人并未通过口头或者书面形式达成订立合同的意思合议，而是一方以实际行动履行了合同主要义务且对方接受从而成立的合同。

本集列举的两个案例中，主要争议焦点都是在没有签订书面合同的情况下能否推定成立事实合同。案例一最终被认定成立事实合同，据此产生了被告的付款义务；案例二则未被认定成立事实合同，而是被法院认定仅存在当事人为争取签约权利而实施的行为，不具有主张付费的依据。由此可见，在缺乏直接证据认定合同成立的情况下，法院需要根据双方举证情况来推定是否存在事实合同关系。

2. 事实合同推定成立的考量点

《民法典》第490条第2款规定："法律、行政法规规定或者当事人约定合同应当采用书面形式订立，当事人未采用书面形式但是**一方已经履行主要义务，对方接受时，该合同成立**。"由此可见，"一方履行主要义务且对方接受"是认定事实合同的关键点，而法院通常会从以下几个方面进行具体考量。

（1）**双方是否就合同标的达成一致**。[①] 例如，（2015）渝二中法民终字第1037号判决书中显示，买方出具交纳房款3万元的收条主张成立事实合同，认为卖方将房屋另售他人构成违约，主张按房屋现值全额赔付；卖方虽然认可收到3万元购房款的事实，但对买方主张的已付款对应房屋面积提出异议。最终法院认定，由于双方对买卖标的和数量存在争议且无法通过现有证据加以确定，因此合同尚未成立。[②]

（2）**一方履行的应是主要义务，而非次要义务**。一方履行了主要义务且为对方所接受，说明双方就合同的主要条款已经达成一致；如果只存在次要义务的履行，则不能认为合同已经成立。不同类型的合同主要义务不同，例如，买卖合同卖方的主要义务是交付房屋，建筑施工合同施工方的主要义务是完成建筑物的施工等，所以实践中可以根据合同类型来具体判断主要义务是否已履行。

（3）**一方已接受另一方履行的主要义务**。例如，（2016）川3330民初9号判决书中，法院认为："原告与被告德格县公路段之间并未签订建设施工书面合同，原告经公司允许派驻人员进场后，德格县公路段到现场对是否具备开工条件进行监督检查，派驻人员不是巴中建设公司备案的项目部人员，各项准备工作也不符合开工要求，因此未下达开工令，原告也未就案涉工程主体正式施工，**原告的一系列单方行为一直未得到德格县公路段的认可**，因此原告主张的与被告德格县公路段的建设工程施工事实合同不成立，本院不

---

① 最高人民法院民法典贯彻实施工作领导小组主编：《中华人民共和国民法典合同编理解与适用（一）》，人民法院出版社2020年版，第201页。

② 参见王剑波、夏川：《收条不足以证明房屋买卖合同当然成立》，载《人民司法（案例）》2016年第8期。

予支持。”

（4）**一方履行主要义务而对方接受即可，并不要求双方均表示接受**。

（5）**从双方举证角度综合推定既往履行习惯**。由于事实合同不具有书面形式，相关约定不够清晰明确，法院通常需要根据双方举证情况对双方既往履行习惯进行推定。

在案例二中，由于双方的49个合作项目中已经有两个项目签订了书面合同，再结合短信的内容，法院根据优势证据规则认定北工咨询的说法更加可信，即认为北工咨询是否应当与合生设计订立合同并支付费用，需要根据业主签约情况确定，合生设计提供47个项目工作成果的行为只是为了争取订约机会，而不是已经成立事实合同。此点考量显然是通过现有证据对双方既往履行习惯推定得出的结论。而在案例一中，双方属于首次合作，法院无从判断双方既往履行习惯，只能从“合同到期后康博公司未立即要求东方公司移交网上平台登录密码且继续委托东方公司组织直播活动”等事实，认定双方在该时间段内形成事实合同。

3. 应当采用但未采用书面形式订立合同，合同是否成立并不绝对

《民法典》第135条规定：“民事法律行为可以采用书面形式、口头形式或者其他形式；法律、行政法规规定或者当事人约定采用特定形式的，应当采用特定形式。”由此可见，《民法典》沿用了合同形式以不要式为原则，要式为例外，即相对自由原则的立法形式。合同订立形式的相对自由原则，一方面是基于当事人之间民事活动应具备的基础信任关系，另一方面也是为了鼓励交易、促进市场经济繁荣。作为不要式原则的例外，我国法律规定了某些类型的合同应当采用书面形式。例如，《商业银行法》规定的金融借款合同，《城市房地产管理法》规定的土地出让合同，《民法典》规定的技术开发合同、融资租赁合同、建设工程合同、抵押合同等，**如未按规定采用书面形式，应当认定合同不成立**。[①]

但根据《民法典》第490条的规定，当事人未采用书面形式但是一方已

① 最高人民法院民法典贯彻实施工作领导小组主编：《中华人民共和国民法典合同编理解与适用（一）》，人民法院出版社2020年版，第54页。

经履行主要义务，对方接受时，该合同成立。此规则在学理上被称为履行治愈规则，是指欠缺法定或约定形式要件的合同，因当事人履行的事实而补正地使本来无效的合同成为有效合同。[①]

因此，应当采用特定形式但未采用特定形式订立的合同，原则上不成立，但合同主要义务已经履行且被接受时，仍应当认定合同成立。

4. 事实合同权利义务的确定与救济

事实合同不像书面合同那样对合同内容有明确的约定，未通过签订书面合同的方式将合同价款、履行期限、履行标准、违约责任等予以明确。一旦发生纠纷，违约方可能首先否认合同的成立及效力，其次对于合同内容、双方的权利义务提出疑问，加之事实合同通常对于违约责任没有明确的约定，法院只能根据实际损失、因果关系等因素来进行认定，从而导致**对于事实合同的救济没有统一的裁判标准，需要根据个案的具体履行情况，从合同对价、过错责任分担以及非违约方的利益损失等方面酌情确定**。

（1）事实合同的内容取决于一方实际履行以及对方接受的具体内容，该部分内容在双方沟通中并未达成合意但因双方行为而被赋予了合意。因此，可以从具体履行和对方接受的相关事实推定事实合同的相关权利义务。

（2）事实合同达成过程中，双方往往通过往来函件、微信、QQ、电子邮件等形式传递信息，所以需要根据双方进行信息交换的具体方式、细节和意思表示来还原双方的本意，确定事实合同的相关权利义务。

（3）如果从以上两个方面均无法确定合同权利义务，就需要裁判机构自行判断，争议标的可以通过鉴定得出结论的，**法院可以根据当事人的申请委托司法鉴定**。如（2020）最高法知民终 37 号案件，法院就是综合考虑案涉 QMS 系统已开发并运行过近 1 年、龙仕公司与陕重汽公司对于未经过必要程序就实际开展相关工作而产生相应费用均具有过错等因素，**参考《司法评估鉴证报告》的评估意见，酌情确定**陕重汽公司应向龙仕公司支付的开发费数额。有些合同标的无法通过鉴定确定价值，法院就会直接酌定。如案例一中，

① 参见王洪：《合同形式欠缺与履行治愈论——兼评〈合同法〉第 36 条之规定》，载《现代法学》2005 年第 3 期。

由于双方此前签订有书面合同，法院则根据事实合同履行期间东方公司完成的工作数量和质量，比照合同约定的服务内容、服务费标准，酌定按合同标准的一定比例支付。

【复盘时间】

1. 尽可能签订书面合同，不得已时要在履行中留存证据

商事活动中，当事人双方未能签订书面合同，一种情况是双方均严重缺乏合同意识，但更多情况是双方地位不平等造成的。已经履行主要义务的一方明知只有签订书面合同才能保障自身权益，但苦于对方不配合，只能“先干活，后结算”，结果事后由于种种原因未能如愿。通过对前述案例的分析可见，一是是否成立事实合同，二是付费标准如何认定，这些问题的认定权掌握在裁判机构手中，弹性很大。因此，作为已履行义务的一方，应尽可能通过补签书面合同的方式避免对方“赖账”，在不得已的情况下，也要注意在履行过程中留存催要费用方面的证据。当前社会活动中，人们通过微信进行沟通比较普遍，而在能够提供原始载体的前提下，裁判机构对微信对话内容普遍持接受态度。因此，如果确实无法签订书面合同，微信证据就显得尤为重要。

2. 合同到期后应及时采取收尾工作

从大多数事实合同案例体现的法院裁判观点来看，即便没有合同或者合同已经到期，如果一方仍然接受了对方履行的义务，法院通常不会采纳“无偿”的观点。例如，在案例一中，法院认定东方公司继续为康博公司提供事实服务的一大原因就是合同到期时康博公司并未及时收回网上平台登录密码，而是迟至4个月后才收回，并且委托东方公司组织了几场线上直播活动。尽管原协议确实约定“本合同到期自然终止”，但康博公司忽视了双方在合同到期后依然可能存在事实合同的问题，并没有就合同终止采取任何收尾工作，未将后续往来与原协议进行切割。因此，法务人员在合同即将到期时一定要审查有无遗留问题，例如是否需要进行物品交接、工作交接等，避免合同终止后埋下隐患。

争点10：成立未生效合同是否产生法律拘束力

【本集提要】

最高人民法院的一则案例中，一方在合同生效前即表示终止合同，对方提出解除合同并主张已付定金不予返还，最高人民法院随即在该案例中确认了“成立未生效合同同样适用法定解除制度”和“成立未生效合同同样产生约束力和违约责任”的裁判观点。如果我们是合同当事人，应该在签约环节得到哪些启发？本集着重探讨合同未生效、合同未成立、合同无效的区别，成立未生效合同是否适用法定解除制度，未报批未生效合同的履行与解除，当事人约定附条件、附期限未生效合同争议解决的司法流程等相关法律问题。

【本集出镜】

江某：持有康静医院100%股权，在与中珠股份就转让康静医院100%股权等事宜签订转让协议后，因对方拒不履行合同而要求行使合同解除权并追究违约责任。

中珠股份：一家上市公司，意图收购康静医院以开拓多元化业务领域，协议签订后支付了5000万元定金，但随后单方面公告宣布终止收购。

【基本案情】*

2018年3月31日，江某（甲方）与中珠股份（乙方）签订《框架协议》，约定：（1）乙方暂定按总额11.375亿元受让甲方持有的目标公司

---

* 案情根据最高法院真实案例提炼。

100%股权。（2）**乙方支付定金5000万元**至双方指定的共管账户。（3）甲乙双方签订正式收购协议并经相关上市公司合法程序生效后，双方按照正式收购协议的约定履行付款及其他义务。（4）**乙方承诺本次收购为不可撤销收购**，不得终止本协议，并须保证本次交易在本协议生效后3个月内完成（由乙方或乙方关联方完成本次收购）；**如在3个月约定期限内未完成交易，则本协议书解除，5000万元定金归属甲方所有**。

《框架协议》签订后，中珠股份支付了5000万元定金。

2018年4月27日，中珠股份与康静医院签订《资产协议》，除延续了《框架协议》相关约定外，还约定：（1）**本协议自下述条件全部成就后立即生效：①本协议经各方有效签署；②中珠股份董事会、股东大会批准同意本协议及本次交易的相关议案；③经有权政府主管部门批准（如需）**。（2）出现下列一项或多项情形的，除非各方另行达成一致意见，本协议即予解除，并终止实施：①有权管理部门、司法机构对本协议的内容和履行提出异议；②本协议所依赖的法律、法规和规章发生变化，致使本协议的主要内容成为非法或无法履行；③因证券监管部门或机构的原因，本次交易失败或无法进行……（3）**若本协议未能生效，中珠股份已支付的5000万元予以返还**。

同日，双方还签订了《补充协议》，约定：（1）《框架协议》交易对价增加7860万元，由11.375亿元调整为12.161亿元。（2）**若《资产协议》未能生效，中珠股份已经支付的5000万元不予退还**。

次日，中珠股份董事会召开会议并作出公告：本次重大资产购买的相关议案尚需提交公司股东大会审议。

2018年6月15日，中珠股份董事会发布拟终止重大资产重组事项的公告，称：鉴于“继续推进本次重大资产重组事项面临一定的不确定因素；公司与康静医院股东就交易事项进行多次磋商，**双方就交易标的估值、业绩承诺等核心条款的调整未能达成一致意见**”等原因，公司拟**终止本次重大资产重组事项**。

随后，中珠股份发函要求江某返还已付的5000万元定金，江某予以拒绝，双方为此发生纠纷并诉至法院。**江某提出诉讼请求如下：**（1）解除案涉《框架协议》《资产协议》《补充协议》；（2）定金5000万元不予返还中珠股份。**中珠股份提出反诉请求如下：**江某向中珠股份返还5000万元定金并支付资金占用利息。

【审理与裁判】

一审法院认为：

《资产协议》经各方签署，**已经成立**，但因协议约定需经中珠股份董事会、股东大会批准同意该协议及案涉交易相关议案后该协议才生效，而前述条件并未成就，故该协议因生效条件未成就而**未生效**。**各方当事人对此均无异议**……**《框架协议》《补充协议》**经各方协商一致订立，未违反法律、行政法规的禁止性规定，且协议约定“自签署之日起生效”，**故均已依法成立并生效**，对协议各方均有约束力。……诉讼中，**中珠股份**未举证证明江某存在违反《框架协议》的情形，而中珠股份不仅未在《框架协议》生效后3个月内完成案涉股权收购，且单方面公告终止了案涉股权收购，**违反了其在《框架协议》中所作的承诺与保证，构成违约**。另外，《补充协议》亦约定，各方一致同意，若《资产协议》未能生效，中珠股份已经支付的5000万元不予退还。因为中珠股份未按约履行义务，《资产协议》亦未能生效，故无论是依照原《合同法》第115条的规定，还是按照《框架协议》以及《补充协议》的约定，中珠股份要求返还5000万元定金及利息的主张均不能成立。此外，中珠股份诉讼前已经单方面公告终止收购，无意继续履行协议，江某也明确表示同意解除协议，故**对江某要求解除三份协议、不予返还5000万元定金的诉讼请求予以支持**。

一审判决作出后，**中珠股份不服并上诉称：**（1）原判决一方面认定《资产协议》“未生效”；另一方面又判决“解除协议”，认定事实与判决结果相互矛盾……合同的解除，是使合同关系归于消灭的法律行为，是合同权利义务的终止，而**《资产协议》因生效条件未成就而自始未生效，权利义务尚未开始，不存在合同消灭的问题，因而不产生合同解除问题**。（2）原判决认定《框架协议》《补充协议》已依法成立并生效属于认定事实错误……作为双务合同，由中珠股份单方保证在3个月内完成本次收购，从时间上看是不切实际的，《框架协议》签订之时中珠股份即陷入了不能履行的境地。江某意图通过协议约定规避监管部门的监管举措，其目的就是通过设置“合同陷阱”侵吞中珠股份支付的5000万元定金……**上述协议因违反《合同法》《证券法》及上市公司系列监管规定，应认定为无效**。（3）《补充协议》是《资产协议》的补充，既然已认定《资产协议》未生效，**《补充协议》对《资产协议》补充的部分也不能发生法律效力**。

最高人民法院终审认定：

（1）关于《框架协议》《补充协议》是否无效问题……上述协议相关条款内容属于**当事人之间意思自治**的产物，而约定的**定金不予退还或双倍返还的法律后果也是定金法律制度的基本特征**……而中珠股份并未提交江某在缔约时有规避监管的主观恶意的其他证据……不能证明江某意图通过案涉协议约定损害社会公共利益。故**对中珠股份关于《框架协议》《补充协议》无效的上诉主张不予支持**。

（2）关于《框架协议》《补充协议》是否生效问题……不能得出双方已约定只将《资产协议》提交中珠股份相关机构表决的结论。事实上，**中珠股份相关机构表决哪些协议，均由其自主决定**。**相应地，中珠股份表决协议时，是否存在规避监管的问题，也与江某无关**。此外，由于《资产协议》约定的生效条件尚未成就，处于成立尚未生效状态，**故《补充协议》中与《资产协议》相关的补充条款也应属于成立尚未生效状态**。因此，《补充协议》中“各方一致同意，《资产协议》未能生效的，中珠股份已经支付的5000万元不予退还”是关于《资产协议》不生效法律后果的约定，而**该约定亦属于《补充协议》中关于《资产协议》的补充条款**。**故原判决未对此作出区分，直接认定《补充协议》生效确有不当，应予纠正**。

（3）关于《资产协议》的解除问题：**虽然《资产协议》因生效条件未成就而处于成立未生效状态，但并不意味着绝对不能解除**。事实上，**已经成立的合同具有形式拘束力**，受到双方合意的拘束，除当事人同意或有解除、撤销原因外，不允许任何一方随意解除或撤销，但当事人不得请求履行合同约定的义务。而成立后的合同产生效力则表现为当事人应当按照合同约定履行义务，否则将承担债务不履行的法律责任。因此，从当事人解除合同的目的看，固然主要是通过解除成立且有效的合同，让自己不再需要履行合同义务，但由于合同成立未生效时也对当事人有形式上的拘束力，故也不排除当事人通过解除成立未生效合同以摆脱合同形式拘束力的需要和可能。对此，参照《最高人民法院关于审理矿业权纠纷案件适用法律若干问题的解释》第8条以及《最高人民法院关于审理外商投资企业纠纷案件若干问题的规定（一）》第5条，对于**成立尚未生效的合同，合同当事人有权请求解除**。

（4）关于中珠股份是否有权要求返还案涉5000万元：中珠股份无权要求返还案涉5000万元。江某的违约行为不影响中珠股份合同目的的实现，也不是中珠股份不能在《框架协议》生效后3个月内完成案涉交易的真正原因，中珠股份将此作为要求退回案涉5000万元的依据，不能支持。

据此，最高人民法院终审判决：驳回上诉，维持原判。

【白律师析法】

对比一审与终审判决，两级法院虽然均确认三份案涉合同应予以解除，并确认江某有权不予返还案涉5000万元，但**两级法院作出判决结果的裁判理由并不相同**。

一审法院实际上绕开了当事人在《资产协议》已成立但尚未生效阶段能否行使法定解除权以及解除合同的法律后果问题，而是将双方争议的《框架协议》和《补充协议》认定为“成立且生效”，并基于被认定为已生效的《补充协议》的明确约定，认定江某有权不予返还5000万元。

但在最高人民法院二审期间，由于中珠股份明确提出了“未生效合同不产生合同解除问题、不具有法律约束力”的观点，因此最高人民法院对此争议焦点问题明确予以解答，其认为：补充协议是对原协议的补充，在原协议未生效的情况下补充协议同样未生效，据此对一审观点予以纠正。此外，最高人民法院进一步明确阐述了“成立未生效合同同样适用法定解除制度”，以及“成立未生效合同同样产生约束力和违约责任”的裁判观点。

尽管最高人民法院在该判例中的裁判观点非常明确，但并不代表学术界乃至司法实务中对此问题没有争议。以下，我们将结合调研情况阐述我们对此问题的分析。

1. 合同未生效与合同未成立、合同无效

《民法典》第502条第1款规定："依法成立的合同，自成立时生效，但是法律另有规定或者当事人另有约定的除外。"据此，合同原则上自成立时生效，但也有两种例外，一种是**法定的生效条件未成就**，另一种是**约定的生效条件未成就或未届至生效期限**。同时，除了有效合同和无效合同的划分方式之外，也可以将合同进一步划分为未成立合同、已成立但未生效合同、已成立已生效合同和无效合同。

"合同无效"、"合同未成立"和"合同成立未生效"实际是三种不同的合同状态。**合同成立**意味着合同双方在订立合同时已就主要条款达成一致，体现出民法意思自治的原则，其关键在于判断合同存在，**是一种事实判断；合同有效**意味着达成合意的意思表示得到了完全的表达，产生了相应的法律后果，反之则属于无效，其关键在于合同是否符合法律规定，**是一种价值判断；合同生效**则意味着合同满足生效要件，**当事人约定的相关权利和义务从合同生效时产生**。

司法实践中，大家的共识是合同生效且有效的状态下具有相应的法律拘束力，合同未成立或无效的状态下不具有法律拘束力。但是**针对成立未生效的合同，有些人认为应当等同于合同未成立或者无效，不具有法律拘束力。但我们认为，无论从最高人民法院作出的判例还是从司法解释、司法观点来看，这种观点显然是错误的**。

《中华人民共和国民法典合同编理解与适用（一）》即明确指出："**在这一段时间（指民事法律行为成立后未生效前），仍然具有拘束力，其法理依据就是诚实信用原则**。也就是说，具备本法第143条[①]规定的有效要件，但还不具备法律规定或者当事人约定的生效条件的，根据诚信原则，任何一方当事人也不得擅自变更或者解除民事法律行为。这完全符合当事人从事民事法律行为的预期。特别需要注意的是，不能做这样的理解：既然还没有生效，

---

① 《民法典》第143条规定："具备下列条件的民事法律行为有效：（一）行为人具有相应的民事行为能力；（二）意思表示真实；（三）不违反法律、行政法规的强制性规定，不违背公序良俗。"

那就没有法律拘束力，生效了才有拘束力。我们认为，这样理解过于机械，忽略了《民法典》总则编中规定的诚信原则的统领功能。”①

2. 成立未生效合同是否适用法定解除制度

尽管最高人民法院已经明确了“成立未生效合同同样具有法律约束力”的观点，但**关于成立未生效合同是否适用法定解除制度的问题，最高人民法院也承认学术界仍持有不同观点**。② 而产生分歧的原因在于，原《合同法》和《民法通则》并没有明确限制适用合同解除制度的对象究竟必须处于何种合同效力状态，《民法典》亦延续了上述传统，并未进行明确规定。

（1）学术界观点分歧

以韩世远教授为代表的学者认为，未生效合同不适用于合同解除制度。理由在于：（1）合同虽已成立但未生效，不具备法律效力，对当事人还没有发生效力，通常并不发生违约等问题，不存在解除权基础，故无从提出解除。（2）如果法律、行政法规或者司法解释有特别规定，自然可以作为特别规则，不必将其过度一般化，或者过度渲染。例如《最高人民法院关于审理外商投资企业纠纷案件若干问题的规定（一）》第5条所规定的解除合同，当事人真正的用意不仅在于解除所谓“合同的形式拘束力”，而是要从该附款条款所具有的实质拘束力中“挣脱”出来。因此这种情形解除的不是“未生效合同”，而是一份“未完全生效合同”。（3）基于合同发生的请求权，在合同或者相关条款生效前，可能存在当事人不能够向法院诉请履行的情况。不解除合同，亦可通过不当得利等方式达成其要求返还的目的。③

以崔建远教授为代表的学者认为，未生效合同能够适用合同解除制度。理由在于：（1）我国现行法并未明文规定被解除的合同必须是已经生效的合同，没有禁止解除已经成立但未生效的合同。（2）在主客观情况发生变化，继续严守合同会带来不适当后果的情形下，法律也允许当事人解除合同。既

---

① 最高人民法院民法典贯彻实施工作领导小组主编：《中华人民共和国民法典合同编理解与适用（一）》，人民法院出版社2020年版，第698页。

② 参见最高人民法院民法典贯彻实施工作领导小组主编：《中华人民共和国民法典合同编理解与适用（一）》，人民法院出版社2020年版，第636页。

③ 参见韩世远：《合同法总论》，法律出版社2018年版，第868页。

然已经发生法律效力的合同尚且可以解除，不再受合同严守原则的束缚，那么，举重明轻，尚未生效的合同，约束力弱甚至没有约束力，就更应当允许解除。（3）对尚未生效的合同若不允许解除，该合同要么较长时间地停止在这种状态，要么发展到生效履行的阶段。而这两种结果对于无辜的当事人均不利，该当事人强行废除该合同，至少构成缔约过失责任，并不适当。①

（2）**最高人民法院观点的变化**

我们调研发现，《九民纪要》出台前，有一部分最高人民法院判例支持未生效合同不适用法定解除制度的观点。例如，**（2017）最高法民申 4627 号**裁定书中，法院认为："……解除合同的对象，应当是已经依法成立并发生法律效力的合同，尚未生效的合同对各方当事人未产生法律效力，不具有相应拘束力，因而不属于可以依法解除的对象。二审判决认为解除合同不以合同生效为前提，系对法律规定的错误适用。在合同缔约程序尚未履行完毕的情况下，该合同内容无论是否违反《中华人民共和国合同法》第五十二条之规定，均不能发生法律效力。"

《九民纪要》第 38 条明确规定："须经行政机关批准生效的合同，对报批义务及未履行报批义务的违约责任等相关内容作出专门约定的，该约定独立生效。一方因另一方不履行报批义务，请求解除合同并请求其承担合同约定的相应违约责任的，人民法院依法予以支持。"

《中华人民共和国民法典合同编理解与适用（一）》也指出："**未生效的合同并非一概不能适用合同解除制度，需办理批准手续才生效的合同即属于例外情形**。上述结论是以一方当事人不履行作为合同生效要件的报批义务为解除条件的，**在其他合同未生效的场合，一方当事人不履行其他义务的，相对人能否援用上述规定主张合同解除，仍有进一步讨论之余地**。"②

由此可见，在《九民纪要》和《民法典》陆续出台后，最高人民法院已经明确了需办理批准手续才生效的未生效合同可以适用合同解除制度，而对

---

① 参见崔建远：《合同解除的疑问与释答》，载《法学》2005 年第 9 期。

② 参见最高人民法院民法典贯彻实施工作领导小组主编：《中华人民共和国民法典合同编理解与适用（一）》，人民法院出版社 2020 年版，第 636 页。

于此种情形之外的未生效合同能否适用合同解除制度，还需要根据具体情况而定。

3. 未报批未生效合同的履行与解除

相较于原《合同法》和《民法通则》的相关规定，《民法典》在第502条第2款中新增了以下规定："依照法律、行政法规的规定，合同应当办理批准等手续的，依照其规定。未办理批准等手续影响合同生效的，不影响合同中履行报批等义务条款以及相关条款的效力。应当办理申请批准等手续的当事人未履行义务的，对方可以请求其承担违反该义务的责任。"

此外，在先出台的《九民纪要》还作出了以下规定："须经行政机关批准生效的合同，对报批义务及未履行报批义务的违约责任等相关内容作出专门约定的，该约定独立生效。一方因另一方不履行报批义务，请求解除合同并请求其承担合同约定的相应违约责任的，人民法院依法予以支持。""须经行政机关批准生效的合同，一方请求另一方履行合同主要权利义务的，人民法院应当向其释明，将诉讼请求变更为请求履行报批义务。一方变更诉讼请求的，人民法院依法予以支持；经释明后当事人拒绝变更的，应当驳回其诉讼请求，但不影响其另行提起诉讼。""人民法院判决一方履行报批义务后，该当事人拒绝履行，经人民法院强制执行仍未履行，对方请求其承担合同违约责任的，人民法院依法予以支持。一方依据判决履行报批义务，行政机关予以批准，合同发生完全的法律效力，其请求对方履行合同的，人民法院依法予以支持；行政机关没有批准，合同不具有法律上的可履行性，一方请求解除合同的，人民法院依法予以支持。"

据此，最高人民法院明确了以下观点和司法流程：（1）合同中的报批条款是独立于未生效合同的条款，报批条款本身已生效，当事人可以据此要求对方履行报批义务。（2）由于合同在报批前尚未生效，而报批条款已生效，如果一方不履行报批义务，相对方要求解除合同并主张违约责任，法院应当支持；但相对方要求继续履行合同时，法院要主动释明变更诉请为履行报批义务，否则法院有权予以驳回。（3）能否履行报批义务需要根据结果而定，法院应根据三种情形分别处理。

4. 当事人约定附条件、附期限未生效合同争议解决的司法流程

如前所述，《民法典》和相关司法解释已对“未报批未生效”类合同的履行与解除问题进行了明确规定，对于当事人自行约定附条件、附期限而产生的未生效合同的履行与解除问题，未作明确规定，因此需要根据具体案情而定。

通过对相关案例进行梳理，以下三种情形中法院可以判决解除合同并对合同解除的责任进行认定。**其一**，合同约定了解除条款，法院认定解除条件成就，如（2016）**最高法民终** 802 **号**案和（2017）**黔** 01 **民初** 810 **号**案；**其二**，合同已无继续履行的可能，应当解除，如（2020）**最高法民终** 1081 **号**案、（2020）**最高法民终** 200 **号**案；**其三**，为避免当事人的合同权利长期处于停滞的不利状态，可以解除，如（2019）**吉民终** 412 **号**案和（2018）**粤民申** 5887 **号**案。在以上三种情形中，如果因单方违约导致合同解除，可根据合同约定认定违约方应承担的责任；如果是双方原因或者不可归咎于某一方的原因导致合同解除，则可能认定双方责任或双方互不承担责任。

此外，《民法典》第 159 条规定：“附条件的民事法律行为，当事人为自己的利益不正当地阻止条件成就的，视为条件已经成就；不正当地促成条件成就的，视为条件不成就。”在有些案件中，法院也可能直接认定合同已生效，不一定仅在合同未生效的状态下认定责任。

5. 关于本案的进一步分析

回到本案，结合前述分析，我们认为有两点值得注意。

一是最高人民法院判决江某有权解除合同的本意。最高人民法院认为，合同成立即对当事人具有拘束力，**在合同因一方原因不能生效的情形下，如合同仍约束另一方，则将导致交易陷入僵局状态，既不符合市场效率原则，也有违诚实信用原则，应允许当事人解除该成立未生效合同**。[①]

二是江某依法解除未生效合同所产生的法律后果。由于最高人民法院在该案中确立了未生效合同同样可以适用法定解除制度的裁判观点，根据《民

---

① 参见肖峰：《成立未生效合同可以解除》，载《人民司法》2021 年第 23 期。

法典》第566条第2款的规定，“合同因违约解除的，解除权人可以请求违约方承担违约责任，但是当事人另有约定的除外”，江某有权要求不予返还对方已支付的定金。特别需要强调的是，**违约责任不同于缔约过失责任，未生效合同解除后违约方承担的是合同约定的违约责任，江某无须在本案中举证证明自己在合同生效前存在哪些损失，法院直接适用定金条款的约定作出了判决**。

【复盘时间】

1. 掌控合同生效条件的当事人要纠正“未生效不担责”的错误认识

如前所述，有些合同当事人误以为“合同生效前不涉及解除问题和责任承担问题”，特别是掌握合同生效条件的一方，误以为“合同生效与否取决于我，只要我在合同生效之前终止履行，就不会产生违约责任，顶多赔偿对方准备过程中的一些损失”。基于这种错误认识，有的当事人会胡乱答应对方提出的定金数额或者违约金标准，最终很可能被这种“毒药条款”所害。因此，即便是法定生效或者当事人约定附条件生效的合同，违约责任也不能盲目设置，法务人员需要明确提示其可能带来的风险。

2. 设定未生效合同的解除条件

当前，无论学术界还是司法实践中对于个别类型的未生效合同可否适用法定解除制度依然存在争议，为了避免合同长期无法生效造成的交易僵局，最好的办法是设定未生效合同的解除条件，比如合同无法生效的状态达到了一定时间，或者因某些具体原因导致合同无法生效，则双方当事人自愿解除合同。从现有判例看，如果存在当事人的意思自治，法院就不会再纠结未生效合同可否解除的问题。

争点 11：审查合同效力时有无必要扩展到规章层面

【本集提要】

违反行政规章的合同是否无效？这是司法实践中争议较大的问题。但从近年最高人民法院指导案例所体现的裁判精神来看，至少在国务院部委制定的金融规章层面，因其更多牵涉到国家金融市场秩序、广大投资者权益，与国家和社会公共利益紧密相关，所以违反金融规章的合同被认定无效的可能性很大。由于国务院部门规章属于适用于全国的行政性法律规范文件，对发生于中国境内的民事法律行为具有普适性，所以规章虽不直接导致民事法律行为无效，但根据《民法典》第 153 条第 2 款“违背公序良俗的民事法律行为无效”之规定，行政规章会被作为判断是否违背公序良俗的依据。尤其是与国家利益、社会公共利益联系更加紧密的金融规章，在这方面体现得更为突出。因此，本集举示案例作为全国首例“与股票市值挂钩的对赌回购计算公式无效”案，并成功入选“2022 年全国法院十大商事案件”，具有很强的司法导向作用，能够提示法务人员在审查合同效力时应当注意的问题。

【交易结构图】

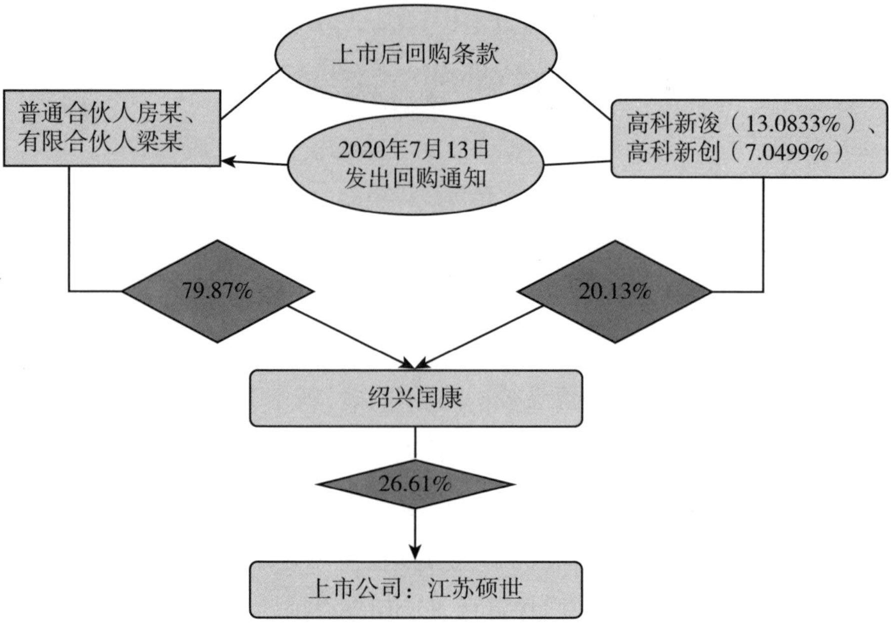

【基本案情】

2016 年 12 月 21 日，房某、梁某与作为投资方的南京高科新浚成长一期股权投资合伙企业（有限合伙）（以下简称**高科新浚**）、南京高科新创投资有限公司（以下简称**高科新创**）签订《修订认购协议》《修订合伙人协议》，约定高科新浚、高科新创认购绍兴闰康医药股权投资合伙企业（有限合伙）（以下简称**绍兴闰康**）新增出资共计 10,000 万元，该笔新增出资仅用于对江苏硕世进行股权投资。《修订合伙人协议》第 4.2 条约定：**上市后回售权**：在江苏硕世完成合格首次公开发行之日起 6 个月届满之日，投资方有权要求任一回售义务人按照规定的价格购买其全部或部分合伙份额对应的收益权。上市后回售价款以发出回售通知之日前 30 个交易日江苏硕世在二级市场收盘价算术平均值作为依据计算。

2019 年 12 月 5 日，江苏硕世在上海证券交易所科创板上市，其中，高科新浚持有的绍兴闰康 13.0833% 的合伙份额，对应江苏硕世已发行的 204.0995 万股股份。

2020 年 7 月 13 日，高科新浚、高科新创向房某、梁某、绍兴闰康发出《回售通知书》，要求对方根据《修订合伙人协议》第 4.2 条约定的计算方式回购高科新浚、高科新创所持全部合伙份额。

因房某、梁某、绍兴闰康未于收到通知后 3 个月内支付相应回售价款，高科新浚、高科新创分别向上海市第二中级人民法院提起诉讼。其中，**高科新浚诉讼请求为**：（1）房某、梁某、绍兴闰康共同向高科新浚支付合伙份额的回售价款人民币 4.99 亿余元及逾期支付回售价款导致的利息损失；（2）房某、梁某、绍兴闰康协助高科新浚办理江苏硕世 204.0995 万股股份的质押登记手续。

房某、梁某、绍兴闰康共同辩称：（1）案涉《修订合伙人协议》规避对应所持有江苏硕世股份的 36 个月锁定交易期限，违规提前套现，违反《证券法》第 36 条的明确规定。（2）对赌协议与市值挂钩，违反上海证券交易所上市审核要求。因此，原告主张破坏证券市场监管规则，损害公众投资者权益和公共利益，有违公序良俗，应属无效行为。

【审理与裁判】

上海市第二中级人民法院一审判决认定：

1. 目前司法实践中，较为多见的估值调整协议，主要是针对目标企业未能上市或未能达到约定业绩的情形，对融资方股东进行必要补偿的约定。此类估值调整协议的效力及履行，对上市公司股权稳定以及金融交易安全的影响较小。而**本案系争回购条款是针对目标公司上市后的回购约定，对该条款效力的认定，不仅涉及公司内部关系的调整，还涉及证券监管要求以及证券市场交易秩序和公共利益、公序良俗的考虑**。

2. 《证券法》第 12 条第 2 款系授权性条款，即授权国务院证券监督管理机构对上市公司发行新股制定具体办法。而根据中国证券监督管理委员会制定的《科创板首次公开发行股票注册管理办法（试行）》（已失效）第 4 条的规定，目标公司在科创板上市必须符合上海证券交易所发行上市审核的具体要求。因此，**上海证券交易所基于该办法的授权制定的关于证券市场主体准入资格的审核规则，对参与证券发行上市的各方投资主体均具有约束力**。

3. 本案系争回购条款所约定回售价格的计算方式，直接与江苏硕世二级市场短期内的股票交易市值挂钩，**涉及金融市场交易秩序和国家金融安全**。上海证券交易所将此类对赌条款纳入上市前必须规制清理的范围，旨在防止投资人为追求自身投资利益而故意在行权期内操纵二级市场的股票交易价格，致使二级市场的股票交易价格背离目标公司的正常市场交易估值，造成股票交易市场的其他公众投资者因参与该股票的买卖交易而不当受损，进而**对股票市场的交易秩序、公众投资者的财产性权益等公共利益构成损害**。因此，**系争回购条款所约定的价格计算方式，涉及破坏证券市场秩序，损害社会公共利益，违反公序良俗之情形，属于合同无效之情形，应属无效条款**。

4. 在系争回购条款被隐瞒、未披露，江苏硕世已获取上市发行资格的情况下，高科新浚依据应当被清理的系争回购条款来主张权利，不应予以支持。

5. **高科新浚在禁售期内可就其所持合伙企业份额按约主张房某、梁某共同承担回售义务，但对应回售价款应由当事各方在符合法律规定的范围内予以重新协商确定**。如协商不成，基于案涉《修订认购协议》赋予高科新浚的“未上市回售权”和“上市后回售权”，高科新浚可以选择按“未上市回售权”所约定的回售价格的计算方式，主张房某、梁某共同承担对应回售价款的给付义务；亦可选择于合伙企业持有的江苏硕世股份禁售期届满之日，就其基于合伙企业份额所对应持有的江苏硕世204.2万股股份权益，通知绍兴闰康按约在二级股票市场履行相应抛售义务并给付所得价款。

据此，**上海市第二中级人民法院一审判决**：驳回高科新浚的全部诉讼请求。一审判决后，高科新浚不服提起上诉，上海市高级人民法院**二审判决**：驳回上诉，维持原判。

【白律师析法】

《上海证券交易所科创板股票发行上市审核问答（二）》（已失效）第10条指出：“PE、VC等机构在投资时约定估值调整机制（一般称为对赌协议）

情形的，原则上要求发行人在申报前清理对赌协议，但同时满足以下要求的对赌协议可以不清理：一是发行人不作为对赌协议当事人；二是对赌协议不存在可能导致公司控制权变化的约定；**三是对赌协议不与市值挂钩**；四是对赌协议不存在严重影响发行人持续经营能力或者其他严重影响投资者权益的情形。保荐人及发行人律师应当就对赌协议是否符合上述要求发表专项核查意见。”

本案中，法院在援引上述金融规章作为裁判依据的同时，还重点阐述了上述规定的出台背景，即与市值挂钩的对赌协议会严重破坏证券市场秩序，损害社会公共利益，违反公序良俗，据此认定高科新浚以与市值挂钩的对赌条款的计算公式主张回购价款的法律行为无效。

需要明确的是，《民法典》第153条第1款规定：“违反法律、行政法规的强制性规定的民事法律行为无效。但是，该强制性规定不导致该民事法律行为无效的除外。”民事法律行为只有违反法律、行政法规层级中效力性、强制性的规定时才会被认定无效，违反非效力性、强制性法律法规，或者违反规章及以下层级规范性文件的规定，并不能直接认定该民事法律行为无效。这说明立法者制定《民法典》时依然秉持鼓励交易的原则，对于确认合同无效持更为谨慎的态度。

但从本案可见，由于国务院部门规章属于适用于全国的行政性法律规范文件，对发生于中国境内的一切民事法律行为具有普适性，所以违反规章虽不直接导致民事法律行为无效，但根据《民法典》第153条第2款“违背公序良俗的民事法律行为无效”之规定，行政规章会被作为判断是否违背公序良俗的依据。尤其是与国家利益、社会公共利益联系更加紧密的金融规章，在这方面体现得更为突出。

因此，该案作为全国首例“与股票市值挂钩的对赌回购计算公式无效”案，并成功入选“2022年全国法院十大商事案件”，具有很强的司法导向作用。中国政法大学民商经济法学院教授、博士生导师李建伟对本案点评道：“本案的典型意义在于：一是对违反证券监管规则的行为效力作出妥当的司法认定，以使金融政策实现完善金融市场治理的使命……二是形成司法裁判与证券监管的协同互动，实现优势互补，并以此提升金融市场风险治理的绩效。”除此之外，笔者认为，本案还是《民法典》确立“背俗无效”制度之后运用规章的强制性规定判断法律行为是否违背公序良俗的典型案例，对裁判机构判断违反规章的合同条款的效力起到了示范作用。

以下重点分析金融规章与“背俗无效”法律制度之间的关系，并尝试探讨法院在运用“背俗无效”规则审查合同条款效力时的一些最新导向。

1. 金融规章与“背俗无效”规则的联系更紧密

根据《立法法》的规定，规章分为国务院部门规章和地方政府规章。《立法法》第 91 条第 1 款规定：“国务院各部、委员会、中国人民银行、审计署和具有行政管理职能的直属机构以及法律规定的机构，可以根据法律和国务院的行政法规、决定、命令，在本部门的权限范围内，制定规章。”而本集所指金融规章，如中国人民银行、中国银保监会、中国证监会制定的规章，属于国务院部门规章，其效力层级低于法律、法规。

我国《民法典》采用了民商合一的立法体例。全国人大常委会在对《民法典草案》进行说明时已经明确：“我国民事法律制度建设一直秉持民商合一的传统，把许多商事法律规范纳入民法之中。”据此，《民法典》的规定同样适用于包括金融商事行为在内的各类商事行为。

但我国又不属于完全民商合一的立法体例，在《民法典》之外，我国还单独制定了《信托法》《企业破产法》《票据法》《商业银行法》等法律规范。《民法典》第 11 条规定：“其他法律对民事关系有特别规定的，依照其规定。”

与此同时，以笔者的理解，金融商事行为在我国形成体系的时间较晚，发展又非常迅速，所以在金融法律、法规之外，又存在大量的金融规章，而在规范民商事主体的法律行为方面，金融规章的作用相比其他规章层级的文件更为重要。

2019 年，最高人民法院出台了《九民纪要》，其第 31 条即明确指出：**“违反规章一般情况下不影响合同效力，但该规章的内容涉及金融安全、市场秩序、国家宏观政策等公序良俗的，应当认定合同无效**。人民法院在认定规章是否涉及公序良俗时，要在考察规范对象基础上，兼顾监管强度、交易安全保护以及社会影响等方面进行慎重考量，并在裁判文书中进行充分说理。”

由此可见，金融规章相比于其他行政规章，因其内容更多涉及国家政策、市场秩序和社会公共利益，所以与“背俗无效”规则的联系更为紧密。

2023 年 1 月 10 日，最高人民法院专委刘贵祥大法官在全国法院金融审判工作会议上进一步明确了金融规章与“背俗无效”规则之间的关系，其在讲话中指出：“结合《民法典》第 11 条及立法法有关法律适用规则的规定，可以认为，在民法典、金融行政法律、行政法规没有规定的情况下，人民法院审理金融民商事案件，原则上可以适用或参考金融监管规章的规定。但在适用或参照金融规章时要区别情况，精准把握。……第一，金融规章一般不能作为认定金融合同无效的直接依据，但可以作为判断是否违背公序良俗的重要依据或裁判理由……”

显然，公序良俗作为一个极度抽象、极富弹性的法律概念，法院在根据其判断合同条款效力时需要更加明确的依据。而由于金融规章包含大量的维护金融市场基本秩序、维护金融安全、防控系统性金融风险和保护投资者合法权益方面的规定，法院将其作为判断法律行为是否违背公序良俗的重要依据，降低了司法认定的主观性，也能与国家政策和国家意志实现同步。

有律师甚至发文提出，根据 2023 年全国法院金融审判工作会议向外界传递出的会议精神，“金融规章位阶升格”①。

2. 法院针对“背俗无效”规则的适用范围和判断依据可能进一步扩大

（1）法院对上市公司“定增保底”条款效力的认定态度的转变

投资机构与上市公司股东等主体签署“定增保底”条款的情况在 2020 年以前大量存在，其曾被投融资双方视为一种非常实用和有保障的融资渠道。而在 2020 年《上市公司非公开发行股票实施细则》（已失效）出台前，当时只有《证券法》第 3 条规定“证券的发行、交易活动，必须遵循公开、公

① 转引自史羽鸿、陆希立、张景庭：《新形势下上市公司“定增保底”条款的效力认定》，载搜狐网 2023 年 5 月 2 日。

平、公正的原则”，至于什么是违反“三公原则”的具体情形，当时并没有形成配套法律文件。

2020年，《上市公司非公开发行股票实施细则》（已失效）出台，其第29条规定：“上市公司及其控股股东、实际控制人、主要股东不得向发行对象作出保底保收益或变相保底保收益承诺，且不得直接或通过利益相关方向发行对象提供财务资助或者补偿。”

但该实施细则的出台并未对法院认定“定增保底”条款的效力产生根本性影响，主要是因为该实施细则不属于法律、行政法规层级的强制性规定，而且对于细则出台前已经订立的“定增保底”条款，法院认为对其并无溯及力，代表性案例如（2020）**最高法民终**1295**号**、（2021）**最高法民终**423**号**。法院依然是从证据角度审查是否存在损害金融安全和证券市场交易秩序的情形，并以证据不足为由确认“定增保底”条款依然有效。

2022年，最高人民法院印发《关于为深化新三板改革、设立北京证券交易所提供司法保障的若干意见》，其第9条规定：“在上市公司定向增发等再融资过程中，对于投资方利用优势地位与上市公司及其控股股东、实际控制人或者主要股东订立的‘定增保底’性质条款，因其赋予了投资方优越于其他同种类股东的保证收益特殊权利，变相推高了中小企业融资成本，违反了证券法公平原则和相关监管规定，**人民法院应依法认定该条款无效**……”

而最高人民法院出台的上述规定一方面与《证券法》第3条直接关联，另一方面又将“背俗无效”规则与“相关监管规定”挂钩，相当于认定“定增保底”条款同时违反了《民法典》第153条第1款和第2款，即无论按“违反法律、行政法规”还是“违背公序良俗”，“定增保底”条款均应认定无效。

而这一规定未能解答的两个问题是：**第一，该司法政策文件和规章政策文件出台前已经形成的“定增保底”条款是否一律认定无效？第二，对于该司法政策文件和规章政策文件出台前已经履行完毕的协议，义务人以“定增保底”条款无效为由要求返还差补款项的，法院如何处理？**

笔者认为，与本案确立的“与股票市值挂钩的对赌回购计算公式无效”的裁判观点相比，法院在认定“定增保底”条款效力时应当更为审慎，原因

就在于两种情形下认定无效的法律后果差别巨大。

有不少文章将本案命名为“与股票市值挂钩的对赌条款无效”，但笔者仔细研读案例后发现这种命名是错误的。根据一审判决最后一段的表述，高科新浚只是因与股票市值挂钩的回购款计算公式无效，导致其据此计算的回购款项不被法院支持；但法院同时指出，相关被告依然应当承担回购合伙企业份额的义务，回购价款或者按照“未上市会回购”计算方式计算，或者在禁售期满后以实际抛售股票所得价款作为高科新浚应得款项，总之高科新浚主张回购价款时只要不与股票市值挂钩，仍然是可以获得支持的。因此，该案并非确认“对赌条款”整体无效，一些文章在宣传本案影响性时存在一定程度的夸大成分，或者至少在法律分析方面不够专业。

而与该案投资方至少可以获得固定利率回报相比，“定增保底”条款一旦被确认无效，投资方将丧失按投资额的固定利率取得固定收益的机会，这对于投资方的影响无疑更为重大。值得进一步思考的问题是，大多数投资定增项目的资金系投资机构从社会公众募集而来，一旦项目发生亏损，社会公众投资者因为“定增保底”条款无效而成为受害者，是否公允？假设社会公众投资者因损失问题与发行、销售定增产品的投资机构、销售机构对簿公堂，大概率投资机构、销售机构会败诉，然而在当时并无效力性强制性法律法规和司法解释规定“定增保底”条款无效的情况下，认定投资机构、销售机构存在过错是否公允？

（2）最高人民法院可能进一步降低可作为认定“背俗无效”依据的监管规定的层级

2023 年 4 月，有微信公众号登载了《全国法院金融审判工作会议纪要（征求意见稿）》，其中第 1 点指出：“1.【强制规定和公序良俗】民法典第一百五十三条明确了法律、行政法规的强制性规定和公序良俗是判断合同效力的依据。在案件审理中，对于银行业、证券业、保险业等金融业务领域发生的纠纷，应优先适用法律、行政法规认定合同效力。**地方性法规、行政规章或者国家金融监管政策的规范内容涉及金融安全、市场秩序、国家宏观政策等公共秩序的**，人民法院应当按照《全国法院民商事审判工作会议纪要》（法〔2019〕254 号）第 31 条的要求，依据民法典第一百五十三条第二款的规定认定合同效力。如，在上市公司非公开发行股票过程中，上市公司或其控股股东、实际控制人、主要股东违反监管规定向参与认购的投资者作出保底保收益或变相保底保收益承诺，这种行为不仅扭曲了证券市场以供求关系为基础的定价机制，而且其释放的错误价格信息会干扰其他投资者的判断，扰乱证券市场秩序，应当认定为违反公序良俗的无效行为。除前款规定情形外，当事人以合同违反地方性法规、行政规章的强制性规定为由主张合同全部或者部分无效的，人民法院不予支持。”

如果该会议纪要按上述内容正式公布，则说明，可作为“背俗无效”判断依据的不仅是国务院部门制定的金融规章，还可能包含地方性法规或者其他效力层级低于国务院部门规章的“金融监管政策”。

然而，笔者在支持裁判机构将金融规章作为“背俗无效”判断依据的同时，亦认为不应再降低金融监管规定的层级。

如前所述，国务院部门规章属于适用于全国的行政性法律规范文件，对发生于中国境内的一切民事法律行为具有普适性，所以将国务院部门制定的金融规章作为判断是否违反国家利益、社会公共利益也即公序良俗的依据，具有层级上的对应性。而《立法法》第 80 条规定：“省、自治区、直辖市的人民代表大会及其常务委员会根据本行政区域的具体情况和实际需要，在不同宪法、法律、行政法规相抵触的前提下，可以制定地方性法规。”可见地方性法规是根据“本行政区域的具体情况和实际需要”制定的，并不具有全国普适性。而将地方性法规作为“背俗无效”判断依据的最大问题在于，假设某一类行为在某个或某一部分地方性法规中不被允许，应以何等标准判断该法律行为只发生在该地？比如合同签订地与合同履行地不一致，以何为准？还有，如果根据某一地方性法规认定了某一类合同或者合同条款无效，那其他地区是否一并适用？

最高人民法院发布金融审判工作会议纪要的目的之一是统一裁判尺度，笔者认为这类问题需要考虑得更为周到、细致。至于会议纪要最终会如何措辞，会议纪要出台后会对金融类合同或条款的效力产生何等影响，只能用时间来证明。

【复盘时间】

1. 审查合同效力时建议扩展到国务院部门规章层面

合同及其相关条款的效力问题无疑是法务人员审查合同时的一大重点。很多法务人员在审查合同时会同步关联相关法律、法规层级的文件，这一点值得肯定。但通过前述分析可见，《民法典》确立“背俗无效”规则后，最高人民法院进一步确立了“规章可作为‘背俗无效’重要判断依据”的司法观点，并且已经应用于司法审判实践中。

由此可见，法务人员审查合同及其条款效力时不得不“与时俱进”，在法律、法规层面以外，需要进一步关注国务院部门制定的相关规章，同时还需要就其是否属于强制性规范和影响国家利益、社会公共利益作出判断。相较于规定更为明确，效力更为持续的法律、法规，规章的规定则更为模糊，且其同时存在不易查找、数量多、易变动等问题。对于判断某一规章的规定是否可能引致“背俗无效”，法务人员显然需要花费更多的时间和精力。这就要求法务人员深度掌握相关行业法律规范，以合同条款所处行业作为条线对相关法律、法规、规章进行横向、纵向铺展延伸，注重日常点滴积累。

而对于律师而言，法律服务领域的不断细分早已成为趋势，除非诉和诉讼的传统划分外，按行业划分法律服务领域将在未来的法律服务市场体现得更为突出。无论是初级律师还是资深律师，学习永远是伴随终身的。笔者认为，律师的头等任务是努力成为某一行业或某几个关联行业的法律专家，“全能”在未来只能沦为形容律师无能的笑称。

2. 进行合同审查要注重裁判文书检索工作

回到合同效力审查的问题上，好消息是，随着司法公开及裁判文书公开的常态化，在某一规章的规定是否可作为违背公序良俗的判断依据的问题上，最高人民法院必然会出台一系列指导案例。所以笔者给出的另一个建议是，即便是做非诉类的合同审查工作，法务人员也应当多进行裁判文书检索，将相关指导案例或者典型判例进行归纳、梳理和总结，并以此作为审查合同效力的工作底稿。

第三部分

合同主要条款

导言

合同条款是指合同中经双方当事人协商一致、约定双方当事人权利义务的具体条文。合同的条款是否齐备、准确，决定了合同能否成立、生效以及能否顺利地履行、实现签订合同的目的。但并不是说当事人签订的合同中缺了其中任何一项就会导致合同不成立或者无效。类型与性质不同的合同，其主要条款或者必备条款可能是不同的，合同的内容主要由当事人约定，一般包括主要条款与其他条款，但不限于这些条款。对此，本书将合同条款分为主要条款与其他条款，本部分将从标的条款，数量、质量条款，履行条款，权利义务条款，违约责任条款，合同解除条款等方面探讨我们在对合同中这类条款进行审查时应当注意的法律风险点，希望读者通过阅读本部分能对上述条款的审查有较为深入的理解。

1. 标的条款

争点 12：选择合同标的时应当注意的问题

【本集提要】

“背俗无效”规则如何适用是在考察合同效力时经常需要考虑的问题，但通常在考察合同效力时，应先考察是否违反了强制性规范，只有在不存在强制性规范时，才能适用“背俗无效”规则。实践中，由于“背俗无效”规则在理解上比较抽象，**裁判机构通常会参考国家出台的公共政策文件作为判断依据，但并非所有政策文件都可以作为适用“背俗无效”规则的依据，需要**区分政策的层级与种类、政策的不同法律意义、政策的规范对象进行判断。本集案例系一例合同标的额仅 6 万余元的简单民事纠纷，却成功入选 2022 年度全国法院十大商事案例，其背后是法院对民法“背俗无效”规则的诠释，以及司法判例对商事行为所体现的警示效应。该案例提示法务人员审查合同时不仅要考虑是否违法违规，也要考虑是否违背公序良俗。

【基本案情】

2021 年 10 月 18 日，胡某与王某通过微信聊天方式达成买卖协议，胡某向王某购买三台神马 M20S 型机器（又名“矿机”，特指在网络上挖比特币的专用计算机设备）。随后，胡某向王某支付了设备款 62,220 元，胡某收到机器后发现机器无法使用，便对机器进行了拆机检查，并联系王某要求其处理。2021 年 10 月 25 日之后，王某不再与胡某联系。

于是，胡某向四川省井研县人民法院起诉，**诉讼请求为：**（1）要求王某返还设备款62,220元及资金占用利息；（2）诉讼费、保全费、公告费由王某承担。

【审理与裁判】

1. 关于买卖协议效力问题

本案原、被告双方所交易的“矿机”，实为在网络上“挖矿”（挖比特币）的专用计算机设备，原告购买“矿机”，其目的也是用“矿机”计算生产虚拟货币。此类“挖矿”活动能源消耗和碳排放量大，不利于国家产业结构优化、节能减排，亦不利于实现碳达峰、碳中和的目标，不利于节约资源、保护生态环境，且虚拟货币生产、交易环节衍生的虚假资产风险、经营失败风险、投资炒作风险等多重风险突出，有损社会公共利益。**原告在明知“挖矿”的社会危害性及相关部门明确禁止虚拟货币相关交易的情况下，仍继续购买“矿机”进行“挖矿”，原告与被告之间就购买“矿机”形成的协议损害社会公共利益，不利于节约资源、保护生态环境，应属无效。**

2. 关于财物返还问题

本案原、被告形成的“矿机”买卖协议无效，自始没有法律约束力，双方因无效的民事法律行为所取得、占有的对方财产无合法根据，应当予以返还，故被告应返还原告货款62,220元，原告应返还被告三台“矿机”。

庭审中，被告对法院认定本案原、被告“矿机”买卖民事法律行为无效无异议，但被告主张原告已经实际使用“矿机”，并单方面拆机，原告应折价补偿被告。民事法律行为无效，返还财产系当事人的义务，原物存在的应返还原物，**折价补偿系返还财产的另一种形式，其前提是原物不能返还或者没有必要返还**。本案原告收到被告的“矿机”后进行使用，发现问题后拆机检查，合乎常理；本案被告没有举证证明原告单方面拆机使“矿机”灭失且无替代品，或者毁损严重无法修复等不能返还或者没有必要返还的情形，故被告主张折价补偿证据不足，不予支持。

庭审中，原告主张货款的资金占用利息。本案民事法律行为无效，货款返还、货物返还互为对待给付，原、被告双方应当同时返还，**货物使用费可**

与被告占用货款的资金占用费相互抵销，故被告方仅须返还货款本金无须支付利息，本案原告要求被告支付资金占用利息的诉讼请求缺乏事实依据和法律依据，不予支持。

据此，**法院判决**：（1）被告王某返还原告胡某 62,220 元；（2）原告胡某返还被告王某三台“矿机”；（3）驳回原告其他诉讼请求。

一审判决作出后，原、被告均未上诉，一审判决生效。

2023 年 1 月，最高人民法院民二庭评选出 2022 年度全国法院十大商事案例，本案榜上有名。

【白律师析法】

本案案情非常简单，诉讼标的额和审判层级也不高，但因为具有重大社会影响和标志性意义，因而成功入选十大商事案例。清华大学法学院程啸教授点评道：“第一，本案体现了人民法院有效防范金融风险的积极作用；第二，也是对《民法典》规定的生态文明原则的有力贯彻；第三，本案对于各类市场主体起到很好的价值引领和提示警醒作用。”

就法理内涵而言，本案则是适用“背俗无效”规则的具体案例，具有一定代表性，因此本集重点讨论“背俗无效”规则的适用。

1. 《民法典》合同无效规则的演进

原《合同法》第 52 条规定了合同无效的五种情形：（1）一方以欺诈、胁迫的手段订立合同，损害国家利益；（2）恶意串通，损害国家、集体或者第三人利益；（3）以合法形式掩盖非法目的；（4）损害社会公共利益；（5）违反法律、行政法规的强制性规定。

《民法典》对原《合同法》的合同无效情形进行了重大修改，有关合同无效的规定分散在不同章节。具体包括：**第 388 条**主债权债务合同无效、担保合同无效。**第 497 条**格式条款无效的具体情形。**第 506 条**免责条款无效的具体情形。**第 705 条**租赁期限超过 20 年部分无效。**第 737 条**当事人以虚构租赁物方式订立的融资租赁合同无效。除上述合同无效情形外，由于《民法典》总则编第六章已经对民事法律行为的效力作出规定，所以认定其他合同无效统一适用总则编第六章关于民事法律行为无效的规定，包括：**第 144 条**无民事行为能力人实施的民事法律行为无效。**第 146 条**行为人与相对人以虚假的意思表示实施的民事法律行为无效。以虚假的意思表示隐藏的民事法律行为的效力，依照有关法律规定处理。**第 153 条**违反法律、行政法规的强制性规定的民事法律行为无效。但是，该强制性规定不导致该民事法律行为无效的除外。**违背公序良俗的民事法律行为无效**。**第 154 条**行为人与相对人恶意串通，损害他人合法权益的民事法律行为无效。

通过对比可见，原《合同法》第 52 条第 2 项“恶意串通，损害国家、集体或者第三人利益”的无效事由在《民法典》中予以保留；第 5 项“违反法律、行政法规的强制性规定”吸收入《民法典》第 153 条，但进行了除外补充；第 1 项“一方以欺诈、胁迫的手段订立合同，损害国家利益”在《民法典》中变为可撤销事由；第 3 项“以合法形式掩盖非法目的”直接予以删除；至于第 4 项“损害社会公共利益”，则被“违背公序良俗”替代，原因是“社会公共利益”的提法不足以涵盖“国家利益”，为使概念更为周延，《民法典》采用了传统民法上“公序良俗”的概念。[①]

2. “背俗无效”规则的适用

“公序良俗”包括公共秩序与善良风俗两个方面。其中“公序”即社会一般利益，包括国家利益、社会经济秩序和社会公共利益；“良俗”即一般道德观念或良好道德风尚，包括社会公德、商业道德和社会良好风尚。在合同法领域，“背俗无效”规则的本质体现为对契约自由进行限制，意在为契约自由划定界限，逾越界限的法律行为将不能达到预期的法律效果。

梁慧星教授认为，依照我国现实，违背公序良俗的类型有：①危害国家公序行为类型；②危害家庭关系行为类型；③违反性道德行为类型；④射幸行为类型；⑤违反人权和人格尊重的行为类型；⑥限制经济自由的行为类型；⑦违反公平竞争行为类型；⑧违反消费者保护的行为类型；⑨违反劳动者保护的行为类型；⑩暴利行为类型。

---

① 最高人民法院民法典贯彻实施工作领导小组主编：《中华人民共和国民法典总则编理解与适用（下）》，人民法院出版社 2020 年版，第 760 页。

从上述排序可见，危害国家公序是最应当被确认无效的一种违背公序良俗的情形，而本案中的“矿机”买卖行为已经危害了国家公序，因而被认定无效。

我国目前的立法体系已经较为完善，针对很多危害国家公序的行为已经出台了明确的法律、法规等强制性规范，因此适用“背俗无效”规则时要注意与“违法无效”规则相区别。《民法典》第153条将“违反法律、行政法规的强制性规定的民事法律行为无效”列为第1款，将“违背公序良俗的民事法律行为无效”列为第2款，显然“违法无效”规则应当优先适用。其原因在于：“背俗无效”规则导致的是更为抽象的法律原则乃至法外道德，其较之于“违法无效”规则更加抽象、更加具有不确定性。为避免出现向更抽象的一般条款逃逸的现象，**在考察合同效力时，应先考察其是否违反了强制性规范，只有在不存在强制性规范时，才能适用“背俗无效”规则**。也就是说，在能够以“违法无效”规则认定合同无效的情况下，应尽量避免用“背俗无效”规则来认定合同无效。①

实践中，由于“背俗无效”规则在理解上比较抽象，**裁判机构通常会参考国家出台的公共政策文件作为判断依据，但并非所有政策文件都可以作为适用“背俗无效”规则的依据**。首先，要注意区分政策的层级与种类，违反部门政策、地方政策，一般不宜以违背公序良俗为由认定合同无效。其次，要区分政策的不同法律意义，缔约后出台的政策并不导致合同无效，而应作为情势变更导致合同变更或解除的情形进行考察。最后，要区分政策的规范对象，在考察违反政策是否违背公序良俗时，也要考察政策的规范对象究竟是禁止从事某类交易行为，还是对某一方主体的资格进行限制，或者是对某一类交易的场所、时间、数量等进行限制，从而参照适用前述有关违反规章是否违背善良风俗的判断规则来进行相应的判断。②

---

① 最高人民法院民法典贯彻实施工作领导小组主编：《中华人民共和国民法典总则编理解与适用（下）》，人民法院出版社2020年版，第764页。

② 最高人民法院民法典贯彻实施工作领导小组主编：《中华人民共和国民法典总则编理解与适用（下）》，人民法院出版社2020年版，第766～767页。

3. 根据“背俗无效”规则对本案进行再分析

案涉交易发生时的一个重大背景是：2021 年 9 月 3 日，国家发展改革委等 11 部门联合发布《关于整治虚拟货币“挖矿”活动的通知》，明确指出：虚拟货币“挖矿”活动“能源消耗和碳排放量大，对国民经济贡献度低，对产业发展、科技进步等带动作用有限，加之虚拟货币生产、交易环节衍生的风险越发突出，其盲目无序发展对推动经济社会高质量发展和节能减排带来不利影响”。2021 年 9 月 15 日，中国人民银行等 10 部门又联合发布了《关于进一步防范和处置虚拟货币交易炒作风险的通知》，从金融秩序角度指出：“虚拟货币交易炒作活动抬头，扰乱经济金融秩序，滋生赌博、非法集资、诈骗、传销、洗钱等违法犯罪活动，严重危害人民群众财产安全。”

从上述政策性文件内容可见，虚拟货币“挖矿”、交易行为已被国家有关部门认定为严重危害国家公序的行为，一方面是其对国家资源和生态环境的破坏，另一方面是其对国家金融秩序的损害。所以，法院明显是根据上述国家公共政策性文件，结合《民法典》“背俗无效”的规定，将“矿机”买卖行为认定为违反公序良俗的无效民事法律行为。

值得注意的是，胡某、王某买卖“矿机”的行为恰恰发生在上述政策文件出台后不久，可谓“顶风作案”，所以该案被选入 2022 年度全国法院十大商事案例，恰恰体现了司法判例的宣传警示功能，对整个虚拟货币产业链的从业者都起到了广泛的警示作用。

通过该案例，结合最高人民法院关于“背俗无效”规则的理解与适用，笔者认为，需要着重探讨的是“背俗无效”规则与政策文件之间的关系。

其一，“背俗无效”规则是“违法无效”规则的有效补充。国家法律、法规的制定具有稳定性、严谨性和滞后性，而公共政策文件的出台则更有针对性、及时性和灵活性。例如，本案所涉虚拟货币交易链条，当国家决定对其进行整顿时，往往不是等待法律、法规的出台，而是以部委作出的公共政策文件加以规制，所以此时司法裁判若要实现同国家政策的统一，就需要在“违法无效”规则之外另寻依据，这就是“背俗无效”规则。

其二，适用“背俗无效”规则需要考虑缔约时间与政策文件出台时间的

先后顺序。假设缔约时间在政策文件出台时间后，应当适用“缔约无效”规则进行考量；假设缔约时间在政策文件出台时间前，也没有其他明显违背公序良俗的情形，应当适用“情势变更”规则进行考量。本案中，胡某、王某之间的“矿机”买卖行为恰好发生于政策文件出台后不久，所以法院认定当事人在明知国家有关部门已经明确禁止虚拟货币相关交易的情况下仍然进行交易，该行为应当认定无效。假设案涉交易提前一个多月，在当时并没有公共政策文件对案涉交易明确作出否定评价的情况下，笔者认为，则不宜直接认定合同无效，但可以考虑从情势变更角度确认解除合同。

4. 违背公序良俗的法律后果

《民法典》第 157 条规定：“民事法律行为无效、被撤销或者确定不发生效力后，行为人因该行为取得的财产，应当予以**返还**；不能返还或者没有必要返还的，应当**折价补偿**。有过错的一方应当赔偿对方由此所受到的损失；各方都有过错的，应当各自承担相应的责任。法律另有规定的，依照其规定。”

根据上述规定，本案中，法院虽然没有明确认定双方当事人对于合同无效是否均存在过错，但从“货物使用费可与被告占用货款的资金占用费相互抵销”的认定结果可见，法院实际认定了买卖双方均违背公序良俗，均存在过错，应当各自承担相应责任。另外，由于法院认定被告无证据证明“矿机”拆解后不可修复，所以按照返还优先于折价补偿的原则，最终认定原告、被告之间按照货款、货物双返处理。

但需要强调的是，**违背公序良俗并非绝对导致合同无效，而是涉及违背公序良俗的条款无效**。例如，《九民纪要》第 92 条规定：“信托公司、商业银行等金融机构作为资产管理产品的受托人与受益人订立的含有保证本息固定回报、保证本金不受损失等**保底或者刚兑条款**的合同，人民法院应当认定该条款无效。受益人请求受托人对其损失承担与其过错相适应的赔偿责任的，人民法院依法予以支持。”

资管机构的刚兑行为因为变相抬高了无风险收益率水平，影响了资金价格，同时增加了自身风险，而该等风险有可能转嫁给其他投资者造成更大的金融市场风险，因此属于扰乱国家金融秩序的行为，违背公序良俗。但从《九民纪要》的规定可见，“刚兑无效”的法律后果是投资者与资管机构签订的刚兑条款无效，双方之间资管合同的效力并不受影响。投资者因为市场风险等因素正常发生的投资损失，随着刚兑条款的无效并不能向资管机构进行索要，但额外损失可以根据过错比例要求资管机构承担或者分担。

例如，被称为“刚兑无效”首案的（2020）**湘民终** 1598 **号**判决中，湖南省高级人民法院认定：“安信信托公司及高速财务公司均属于中国银行保险监督管理委员会的被监管单位，在明知且应当知晓金融机构开展资产管理业务时不得保本保收益的基本原则的情况下，依然签订了上述协议，双方对于上述两协议的无效均有过错，应承担相应的责任。本院酌情认定各方对于律师代理费、律师咨询费及差旅费各承担 50% 的责任。”同时，湖南省高级人民法院驳回了高速财务公司要求安信信托支付信托受益权转让价款本金 4 亿元、信托资金收益及违约金的诉讼请求。

5. 案涉“矿机”及货款是否应当被收缴

“背俗无效”合同往往意味着当事人一方或双方对国家利益、社会公共利益的损害。在部分案件中，法院不但认定了合同无效，还会对违法所得予以收缴。例如，在（2020）**浙** 0402 **民初** 4728 **号**案中，法院认定原告出借该笔款项的目的即在于让被告招揽“小妹”从事有偿陪侍经营，严重违背公序良俗，所以不但驳回了原告的诉讼请求，同时对被告的非法获利予以收缴。

针对用于虚拟货币“挖矿”活动的“矿机”，有人认为应当根据《节约能源法》第 70 条“生产、进口、销售不符合强制性能源效率标准的用能产品、设备的，由市场监督管理部门责令停止生产、进口、销售，**没收**违法生产、进口、销售的用能产品、设备和违法所得，并处违法所得一倍以上五倍以下罚款；情节严重的，吊销营业执照”等规定予以没收。但也有不同意见认为，相关法律规定出台时间较早，而禁止虚拟货币“挖矿”的政策文件刚刚出台，不宜一律予以没收，而且“矿机”本身可以转为正当用途。

笔者认为，本案中法院并未责令收缴“矿机”和货款而是判令各自返还是正确的，一方面交易行为发生在政策出台后不久，如果直接收缴对于普通民众而言过于苛刻，另一方面法院查明“矿机”并未投入使用，也即并未产生社会危害。

【复盘时间】

各方在订立合同前不仅要考虑是否违法违规，也要考虑是否违背公序良俗

遵守法律法规是从事民商事活动的底线，但尊重公共秩序与善良风俗同样是订立合同的前提。尽管公序良俗是一个较为抽象的法律概念，但通过本集分析可见，是否违背公序良俗的判断通常与国家政策文件相关联。例如，本案中的交易双方，事实上知晓或者理应知晓国家发展改革委等部门刚刚出台对于虚拟货币“挖矿”行为进行整顿的文件，却不顾后果依然进行交易，这就是典型的“顶风作案”。因此，法务人员参与起草、订立合同时，在缔约前不但要关注相关法律、法规的强制性规定，还要进一步关注部门规章或者国家公共政策文件的规定，这样方可确保合同效力不发生问题，避免因合同无效导致的严重法律后果。

2. 数量、质量条款

争点 13：质量条款约定不明可能引发的法律风险

【本集提要】

合同质量条款在各种合同类型中普遍存在，而关于质量标准、质量检测方法、违反质量条款的责任承担方式等约定不明的问题则在交易类合同纠纷中占据非常大的比例。本集通过一则湖南省高级人民法院再审改判案例对相关法律风险和合同条款设置方法进行提示。

【基本案情】

2017 年 3 月 27 日，斯威森公司作为买方与卖方三禾田公司就马铃果籽的买卖签订《产品购销合同》，除对货品交付、分期付款的支付条件及金额、违约责任等内容进行约定外，就货品质量问题双方约定：马铃果籽中它波宁含量≥2%，水分≤8%。它波宁含量检测方法以双方认可的检测方法为准，若双方存在分歧以第三方权威检测机构数据为准。

合同签订后，斯威森公司依约向三禾田公司支付了首期货款，三禾田公司则先后从非洲进口并向斯威森公司交付了第一批、第二批马铃果籽。2017 年 7 月 15 日和 8 月 8 日，斯威森公司用"提取法"检测了第一批、第二批马铃果籽，其它波宁含量分别为 1.45% 和 1.48%。三禾田公司对检测结果有异议，随即派技术员至斯威森公司实验室用"高效液相法"对两批样品的它波宁含量进行了检测，结果为两批马铃果籽的它波宁含量均≥2%。但双方始终对对方采用不同方法检测的结果持有异议，坚持认为己方检测的结果有效。

为此，双方就尾款支付问题产生争议，三禾田公司随即向湖南省祁阳县人民法院提起诉讼，**诉讼请求为**：（1）要求斯威森公司支付欠付货款 446,227.2 元；（2）要求斯威森公司支付逾期付款违约金 57,563.31 元。

【审理与裁判】

一审法院认为：由于双方签订的《产品购销合同》中并未明确检测方法，检测方法问题也无国家规定、行业规定，且并无权威机构认证何种方法更科学，据此，应当根据合同目的、交易习惯来确定检测方法……关于交易习惯问题，非洲马铃果籽交易在我国并不常见，要认定某一交易习惯并不现实。斯威森公司提出的几次交易虽然交易次数不多，但时间跨度较长，**应当可以认定它波宁含量需方自检为交易习惯**。……因此，三禾田公司存在逾期交货和交货质量不符合约定的违约行为，因质量不符合约定，应当按比例减少价款，除已预付的货款外，斯威森公司应当继续就剩余货款履行支付义务。双方在交货违约问题解决前，被告停付剩余货款的行为应不违约。

据此，**一审判决**：（1）斯威森公司支付货款 175,454.4 元；（2）驳回三禾田公司其他诉讼请求。

本案上诉至湖南省永州市中级人民法院后，二审法院基本认可了一审法院的裁判观点，判决驳回三禾田公司的上诉。

随后，三禾田公司向湖南省高级人民法院申请再审，**湖南省高级人民法院再审**认定：依照双方合同约定，本案应当委托第三方权威检测机构依法进行鉴定。采用何种检测方法进行检测，属于鉴定机构选择的专业性问题。原审法院认为即使选择第三方权威检测机构，不确定检测方法，第三方权威检测机构也无法解决含量问题，是**将应当由鉴定部门确定的问题当作法律问题，最终采信斯威森公司自行检测的结果，认定主要事实缺乏证据证明**。斯威森公司既不同意三禾田公司委托鉴定的意见，自己也未申请鉴定，导致产品是否存在质量问题的事实不清。对此，**斯威森公司应当承担举证不能的后果，应推定产品质量符合双方合同约定**。原审法院按照斯威森公司的检测结果减少合同价款的处理缺乏事实和法律依据，应予以纠正。双方按照各自的检测方法对货物质量进行检测，结果不一致，由此产生纠纷，三禾田公司要求斯威森公司承担迟延付款的违约责任，不应予以支持。

据此，**湖南省高级人民法院改判为：**（1）撤销原审一审、二审判决；（2）斯威森公司支付货款446,227.2元。

【白律师析法】

本案中，双方当事人虽然在合同中对货品数量、质量标准以及检验程序作出了明确约定，但却唯独忽略了质量检验的具体方法，由此发生了一系列争议。自斯威森公司收货至湖南省高级人民法院再审判决已过去两年之久，这对双方而言均是极大的成本消耗，且再审的改判也体现出因合同质量问题发生争议时判决结果存在很大的不确定性。因此，本集将从质量条款相关法律规定出发，分析质量条款应从哪些方面进行约定方可避免发生此类争议。

1. 确定质量标准的法律规定

《民法典》第510条规定："合同生效后，当事人就质量、价款或者报酬、履行地点等内容没有约定或者约定不明确的，可以协议补充；不能达成补充协议的，按照合同相关条款或者交易习惯确定。"第616条规定："当事人对标的物的质量要求没有约定或者约定不明确，依据本法第五百一十条的规定仍不能确定的，适用本法第五百一十一条第一项的规定。"第511条规定："当事人就有关合同内容约定不明确，依据前条规定仍不能确定的，适用下列规定：（一）质量要求不明确的，按照强制性国家标准履行；没有强制性国家标准的，按照推荐性国家标准履行；没有推荐性国家标准的，按照行业标准履行；没有国家标准、行业标准的，按照通常标准或者符合合同目的的特定标准履行……"

根据上述法律规定，合同质量标准的确定顺序如下：（1）主协议或者补充协议；（2）通过合同上下文或交易习惯推断；（3）强制性国家标准；（4）推荐性国家标准；（5）行业标准；（6）通常标准或符合合同目的的特定标准。

回到本案，双方发生争议的根本原因在于双方均对对方的检验结果不予认可，而合同明确约定双方存在分歧时应以第三方权威检测机构数据为准。

原审法院事实上也没有直接将双方自测的结果作为定案依据，而认为应该通过法律规定的质量标准认定顺序来寻找答案。但原审法院发现，关于货品它波宁含量的检测方法问题，合同没有约定，双方又是第一次交易，没有交易惯例可循，而在此类交易中我国尚未出台国家标准或者行业标准，所以原审法院认为问题即使抛给第三方鉴定机构同样没有结果。于是，原审法院通过行使自由裁量权认定需方自检的方式更符合交易习惯，继而认定货品质量不符合合同约定。

但湖南省高级人民法院的核心观点是：以何种方法进行质量检测不应该由法院替代鉴定机构得出结论，专业问题应该交由专业机构处理，且根据“谁主张，谁举证”的一般原则，既然是需方提出存在质量问题，应当由需方承担鉴定责任和不同意鉴定所发生的不利后果。

笔者赞同湖南省高级人民法院的裁判观点，理由在于：既然当事人约定应该以第三方检测结果为准，法院就不应该先于鉴定机构自行得出方法不明时无法检测的结论。但假设鉴定机构得出这样的结论而拒绝接受委托鉴定，或者鉴定机构要求法院先行明确检测方法，此时才是法院行使自由裁量权的阶段。

因此，笔者认为，合同质量约定不明问题在当前《民法典》更为详细的顺序确定规定之下法官已能较为容易地根据规则作出正确判断。但是如果按照规定顺序仍旧无法直接得出结论，则还需鉴定机构或者法院自由裁量，质量约定不明问题依然对合同当事人构成很大风险。

2. 质量检验验收条款

《民法典》第620条规定：“买受人收到标的物时应当在约定的检验期限内检验。没有约定检验期限的，应当及时检验。”第621条规定：“当事人约定检验期限的，买受人应当在检验期限内将标的物的数量或者质量不符合约定的情形通知出卖人。买受人怠于通知的，视为标的物的数量或者质量符合约定。当事人没有约定检验期限的，买受人应当在发现或者应当发现标的物的数量或者质量不符合约定的合理期限内通知出卖人。买受人在合理期限内未通知或者自收到标的物之日起二年内未通知出卖人的，视为标的物的数量或者质量符合约定；但是，对标的物有质量保证期的，适用质量保证期，不适用该二年的规定。出卖人知道或者应当知道提供的标的物不符合约定的，买受人不受前两款规定的通知时间的限制。”第622条规定：“当事人约定的检验期限过短，根据标的物的性质和交易习惯，买受人在检验期限内难以完成全面检验的，该期限仅视为买受人对标的物的外观瑕疵提出异议的期限。约定的检验期限或者质量保证期短于法律、行政法规规定期限的，应当以法律、行政法规规定的期限为准。”第623条规定：“当事人对检验期限未作约定，买受人签收的送货单、确认单等载明标的物数量、型号、规格的，推定买受人已经对数量和外观瑕疵进行检验，但是有相关证据足以推翻的除外。”

根据《民法典》上述四条规定可以作如下总结：

第一，双方明确约定检验期限的，买受人应当在检验期限内将数量或质量不符合约定的情形通知出卖人。买受人怠于通知的，视为符合约定。

第二，当事人约定的检验期限不得短于法律、行政法规规定的期限，约定的检验期限过短不足以全面检验的，则该期限仅视为买受人对标的物的外观瑕疵提出异议的期限。

第三，未约定检验期限的，买受人应当及时检验，并在发现或者应当发现数量或质量不符合约定的合理期限内通知出卖人。如果买受人自收到标的物之日起两年内未通知出卖人，视为符合约定。出卖人知道或应当知道质量瑕疵的，不受通知期限限制。买受人签收的单据载明数量、型号、规格的，推定其已对数量和外观进行了检验。

本案中，双方在协议中约定斯威森公司应在收货后15个工作日内确定货物质量，而事实上斯威森公司确实在检验期限内用其自行认可的“提取法”进行了检测并将结果通知了对方，所以应当认定斯威森公司在限期内就质量问题提出了异议，此项问题并非本案争议焦点。但现实中，大量存在买受人未在约定或法定期限内提出质量异议导致败诉的情形，此点仍需当事人引起注意。

3. 质量违约责任条款

《民法典》第610条规定：“因标的物不符合质量要求，致使不能实现合同目的的，买受人可以拒绝接受标的物或者解除合同。买受人拒绝接受标的物或者解除合同的，标的物毁损、灭失的风险由出卖人承担。”第617条规定：“出卖人交付的标的物不符合质量要求的，买受人可以依据本法第五百八十二条至第五百八十四条的规定请求承担违约责任。”第582条规定：“履行不符合约定的，应当按照当事人的约定承担违约责任。对违约责任没有约定或者约定不明确，依据本法第五百一十条的规定仍不能确定的，受损害方根据标的的性质以及损失的大小，可以合理选择请求对方承担修理、重作、更换、退货、减少价款或者报酬等违约责任。”第583条规定：“当事人一方不履行合同义务或者履行合同义务不符合约定的，在履行义务或者采取补救措施后，对方还有其他损失的，应当赔偿损失。”第584条规定：“当事人一方不履行合同义务或者履行合同义务不符合约定，造成对方损失的，损失赔偿额应当相当于因违约所造成的损失，包括合同履行后可以获得的利益；但是，不得超过违约一方订立合同时预见到或者应当预见到的因违约可能造成的损失。”

根据《民法典》的上述规定，出卖人如果发生质量违约，买受人有权要求其承担违约责任，且最重的违约责任可能导致合同直接解除和赔付违约金。

【复盘时间】

1. 在合同审查过程中应当重视质量条款如何实现的问题

买卖合同、建设工程施工合同、服务合同等类型化合同中，质量条款无疑是非常重要的条款，特别是买卖合同，因为涉及的具体行业、具体标的物类型差异很大，会存在多种多样的质量标准和检测标准。对于专门从事某一类产品生产、采购的企业，通常因为对本行业的熟悉程度而不会产生质量争议，但如本案当事人一般并非长期从事某一类产品买卖的企业，则需要在签订协议前对相关产品质量的国家标准、行业标准及检测标准进行全面了解，在合同条款设置方面充分考虑质量标准和检测如何实现等问题，并对检测期限、提出异议的期限等进行合理约定。

2. 质量违约条款应当全面考虑各种违约情形

有时买卖合同的当事人虽然约定了违约条款，但对违约情形的约定过于简单。当事人虽然对货品存在质量问题没有争议，但是究竟应该是修理、更换还是直接解除合同并赔付违约金，双方争议很大，加之一些商品存在保质期要求或者超过一定期限即失去使用功能，一旦双方针对能否解除合同发生争议，败诉方将受到更大的损失。关于违约责任承担方式问题，《消费者权益保护法》有更加细化的规定，但是对于不属于《消费者权益保护法》调整范围的买卖合同当事人，还是应当注重针对不同质量问题引发的违约责任进行具体约定。例如，针对某一类质量问题可以约定先进行修理或零件更换，经过一次/二次修理或更换仍无法达到质量要求时方可要求退货及赔付违约金。

3. 履行条款

争点14：合同义务履行顺序的约定有何实质意义

【本集提要】

互负债务的合同当事人必须了解本方与相对方履行债务的先后顺序，此点在“股权转让+业绩承诺”交易模式中更为凸显。本集即通过一则案例探讨先履行债务一方因合同条款设置不合理发生的惨痛教训，以及如何运用债务抵销条款、提存条款进行风险控制。

【本集出镜】

基建公司：意图通过受让智美公司股份实现转型升级。

安能公司：智美公司曾经的母公司，为了偿还外债将智美公司转让给基建公司，但后来还是发生破产。

智美公司：标的公司，成熟的生产制造企业，但在业绩对赌期表现不佳。

【基本案情】

2018年1月，基建公司与安能公司签订《股权转让协议》《业绩承诺与补偿协议》。《股权转让协议》主要约定：基建公司出资3.8亿元收购安能公司持有的智美公司100%的股权，股权转让款分三年付清，于协议签订后10日内支付第一笔1.8亿元，于2019年12月底前支付第二笔1亿元，**于2020年12月底前支付第三笔1亿元**。《业绩承诺与补偿协议》约定：安能公司对智美公司2018年至2020年三年的业绩进行承诺，即智美公司2018年度、

2019 年度、2020 年度净利润不低于人民币 5000 万元、6000 万元、7000 万元，三年合计不低于 1.8 亿元。**双方共同指定审计机构对上一年度净利润进行审计，业绩完成情况以审计报告为准，基建公司应于收到审计报告后 10 日内支付股权转让款**；如业绩达不到上述金额，安能公司应承担差额补足义务。

协议签订后，基建公司如约支付了前两期股权转让款，第三期 1 亿元股权转让款付款期即将于 2020 年 12 月届满，但至当月，基建公司估算智美公司当年净利润只有 3000 万元，三年总净利润则有高达 5000 万元的缺口。

基建公司面临的难题在于，根据合同约定，己方付款义务年底就到期，而安能公司业绩补偿义务只有在次年开展审计后才能确定。事实上，基建公司初始设计合同时考虑了股权转让款与业绩补偿款互抵的问题，所以约定了股权转让款分三年付清。然而不知是考虑不周，还是后增加了审计确认条款，结果就是己方付款义务在先到期，即便基建公司明知业绩缺口必然产生，但这毕竟是单方估算的数据，在未拿到审计报告时无法形成债务折抵。恰在此时，又传出安能公司财务状况不佳的消息，如果依约支付股权转让款，很可能无法顺利向对方索要业绩补偿款；如果拒绝支付，又找不到合同依据，面临向对方赔付违约金的风险。

最终，基建公司为了避免赔付违约金还是选择了如期支付股权转让款，但随即安能公司就进入了破产程序，基建公司已付款项被安能公司破产管理人用于公司整体清算，而安能公司应付业绩补偿款只能作为普通债权进行申报，回款遥遥无期。

【白律师析法】

1. 基建公司能否行使不安抗辩权

不安抗辩权是指合同成立后，有先后履行顺序的，先履行的一方有确切证据表明另一方丧失履行债务能力时，在对方没有恢复履行能力或者没有提供担保之前，有权中止履行合同。不安抗辩权的立法目的包括平衡当事人利益、避免先履行一方的履约风险、防止往复给付与循环诉讼、防止合同欺诈等。

本案中，基建公司能否以不安抗辩权为由中止履行，暂不支付股权转让款？这就需要明确基建公司主张不安抗辩权的条件是否成立。

首先，普遍观点认为，先履行义务一方行使不安抗辩权**须基于同一双务合同而产生的互负债务**。

其次，后履行义务一方的履行能力明显降低，有不能为对待给付的现实危险，先履行义务一方应充分证明相对人无能力履行债务。《民法典》第527条规定："应当先履行债务的当事人，有确切证据证明对方有下列情形之一的，可以中止履行：（一）经营状况严重恶化；（二）转移财产、抽逃资金，以逃避债务；（三）丧失商业信誉；（四）有丧失或者可能丧失履行债务能力的其他情形。当事人没有确切证据中止履行的，应当承担违约责任。"先履行义务一方如行使不安抗辩权，可从上述规定入手进行证据准备。不过须注意，司法实践中针对经营状况严重恶化、逃避债务、丧失商业信誉等无能力履行债务情形的证明要求相对严苛，相对方也会极力否认，所以对行权一方而言证明难度通常比较大。

最后，先履行义务一方的债务已至清偿期，且**后履行义务一方未提供担保**。《民法典》第528条规定："当事人依据前条规定中止履行的，应当及时通知对方。对方提供适当担保的，应当恢复履行。中止履行后，对方在合理期限内未恢复履行能力且未提供适当担保的，视为以自己的行为表明不履行主要债务，中止履行的一方可以解除合同并可以请求对方承担违约责任。"

行使不安抗辩权的法律效果为：（1）**暂时中止履行合同义务：**先履行义务一方在行使不安抗辩权后合同中止履行，但应及时通知对方；（2）**解除合同：**合同中止履行后，对方未在合理期限内恢复履行能力且未提供适当担保的，中止履行的一方可以行使合同解除权；（3）**无须承担违约责任：**如果行使不安抗辩权获得支持，先履行义务一方就中止履行或解除合同的行为无须承担违约责任；（4）**可要求对方承担违约责任：**先履行义务一方在依法行使不安抗辩权的同时，如果本方因合同中止履行或解除遭受损失，还可请求对方承担违约责任。

回到本案，基建公司已经发现安能公司存在破产风险而确定其无法履行业绩补偿义务，且安能公司也不可能提供履约担保，所以若基建公司行使不

安抗辩权，后两点行使条件是具备的。然而关键问题在于，基建公司与安能公司签订的《股权转让协议》《业绩承诺与补偿协议》虽系同时成立，但完全分属不同的合同，系不同权利义务关系形成的债权债务。基建公司支付股权转让款是基于《股权转让协议》，安能公司支付业绩补偿款则是基于《业绩承诺与补偿协议》，由于非基于同一双务合同，基建公司不符合“双方当事人因同一双务合同而互负债务”的不安抗辩权行使条件。如果因基建公司拒付款项导致双方产生纠纷，法院大概率不会支持基建公司行使不安抗辩权的主张，基建公司确实存在赔付违约金的风险。

2. 基建公司能否以提存公证来规避违约责任

提存是指由于债权人的原因而无法向其交付履行标的物时，债务人将该标的物交付给提存机关以消灭债务的行为。目前我国较为常见的提存方式为提存公证。

《提存公证规则》第 2 条规定：“提存公证是公证处依照法定条件和程序，对债务人或担保人为债权人的利益而交付的债之标的物或担保物（含担保物的替代物）进行寄托、保管，并在条件成就时交付债权人的活动。为履行清偿义务或担保义务而向公证处申请提存的人为提存人。提存之债的债权人为提存受领人。”

实践中，提存公证通常分为**以清偿为目的的提存公证**和**以担保为目的的提存公证**，以清偿为目的的提存公证具有债的消灭和债的标的物风险责任转移的法律效力，以担保为目的的提存公证具有保证债务履行和替代其他担保形式的法律效力。

提存公证的优势在于：其一，保障资金安全。支付条件成就前，提存人提存的资金仍归属于提存人，公证处的提存账户是提存业务专用账户，独立于公证处的基本账户，不会因为公证处负外债而被法院当作公证处的财产查封执行，也不会因为一方负外债而被法院查封执行。其二，保障交易安全。提存公证由双方约定，且提存资金的受领条件也可由双方商定，条件成就立即支付，条件未成就则不可支付。

关于可申请提存公证的情形，《提存公证规则》第 6 条规定：“有下列情况之一的，公证处可以根据当事人申请办理提存公证：（一）债的双方在合同（协议）中约定以提存方式给付的；（二）为了保护债权人利益，保证人、抵押人或质权人请求将担保物（金）或其替代物提存的；当事人申办前款所列提存公证，必须列明提存物给付条件，公证处应按提存人所附条件给付提存标的物。”

由此可见，除保证人、抵押人或质权人为了保护债权人利益可单方要求提存外，**提存公证需要双方共同与公证处签订书面提存协议，单方很难申请提存公证**。

具体到本案，基建公司在先债务已至清偿期，债权则需要等待审计方能确认，前后有三个月左右的时间差。基建公司可尝试与安能公司达成提存的合意，先将 1 亿元股权转让款在公证处提存，待对方应付业绩补偿款确定后，再形成债权、债务互抵，差额部分指令公证处支付给对方，剩余部分予以退还，这样即可避免承担违约责任，不失为一种不错的选择。当然，提存的前提必须是双方合意，如果安能公司不同意则无法实现，这在目前的提存公证制度之下尚无更好的解决办法。

【复盘时间】

1. 通盘考虑付款义务的履行顺序

实践中，大多数合同是双务合同，如本案所述，也有双方当事人基于不同合同关系相互负有债务的情况。这种情况下，需要通盘考虑合同履行流程，尤其要特别注意双方互负债务的付款期限、付款条件之间的钩稽关系。合同审查时，较为有效的一种做法是，**审查人将自己代入合同实际履行状态下，推演合同履行的每一步骤能否顺利进行，并查找其中可能发生的不利情况，这样才能做到有的放矢、对症下药**。

参考（2020）沪 01 民终 6979 号案，中安消公司于承诺期间每一会计年度结束后，根据会计师事务所就标的公司出具的《专项审计报告》后 10 个工作日内，且标的公司实际实现的净利润数符合协议约定的目标净利润数的前提下，向苏州亚商（本案安能公司的角色）支付股权转让款。显然，中安消公司设置的股权转让款支付条件非常合理，避免了先履行付款义务造成的被动。

2. 设置债务抵销条款或提存条款

如果商业谈判中己方不占优势，必须先于对方履行债务，则可以考虑设置债务抵销条款或者提存条款。以本案为例，如果基建公司能在《股权转让协议》中约定“如果根据前期数据预测业绩不达标，安能公司可能承担差补义务，基建公司可暂缓支付最后一期股权转让款”，或者“将股权转让款予以提存，待净利润审计报告作出后进行款项抵销，多退少补”，其就可以暂缓支付或者进行提存，而不必顾虑违约责任问题。

争点 15：履行“附条件”和“附期限”为何存在本质不同

【本集提要】

“民事法律行为附条件和附期限”与“履行附条件和附期限”系不同的民法概念，《民法典》仅就“民事法律行为附条件和附期限”作出明确规定，对“履行附条件和附期限”却未提及。本集重点就上述两组概念的不同点进行区分，并结合案例深入分析履行“附条件”和“附期限”之间认定的不同对案件结果所造成的影响。

【本集出镜】

西弗置业：一家立足新井市本地的房地产公司，在完成新井市河西地块前期拆迁工作并成功拿到二级开发资格后选择“见好就收”，为此与新业地产签订了《项目转让协议》。

新业地产：在全国有一定影响力的房地产开发企业，因看好新井市房价上涨前景，于是从西弗置业手中接盘了河西地块开发资格，随即投资开发建设“新业 8 号住宅小区”。

【基本案情】

2014 年 8 月，西弗置业与新井市某区政府签订合作协议，约定河西地块分一期、二期项目进行拆迁和开发，由西弗置业负责河西地块居民拆迁的资金投入。

2016 年 11 月，河西地块一期拆迁工作完成。

2017 年 4 月，西弗置业与新业地产签订《项目转让协议》，主要约定：第一，河西地块开发项目实际投资人由西弗置业变更为新业地产，并由新业地产通过招拍挂的方式合法取得本项目开发建设的主体资格并完全负责项目运作，西弗置业不再负责项目开发建设。第二，新业地产认可西弗置业已向本项目实际投入资金共计 1 亿元，因此项目转让价组成部分为本项目成本费用 1 亿元及固定转让回报 4000 万元，支付时间为：（1）协议签订之日，支付第一笔成本费用 4000 万元；（2）新业地产摘得土地时，支付第二笔成本费用 6000 万元；（3）**项目完成一期销售时，支付第一笔固定回报 2000 万元**；（4）**项目完成二期销售时，支付第二笔固定回报 2000 万元**。

协议签订后，新业地产顺利拍得河西地块一期土地，并分两笔向西弗置业付清了成本费用 1 亿元，随后开始在该地块投资建设"新业 8 号住宅小区"。

2018 年，部分楼栋达到预售条件，新业地产申领了预售许可证并开始对外销售。2020 年，全部楼栋均已封顶，但销售情况并未达到新业地产的预期，进展缓慢，于是新业地产一直未申领其中 5 个楼栋的预售许可证，其余 23 个楼栋已取得预售许可证，小区整体售出率为 79%。河西地块二期土地由于种种原因一直未能完成拆迁，因此政府部门并未进行二期土地的招拍挂。

2021 年 4 月，西弗置业对新业地产提起诉讼，要求新业地产支付两笔固定回报共计 4000 万元。起诉同时，西弗置业还申请法院对"新业 8 号住宅小区"的 60 套房屋采取了保全措施。

西弗置业于庭审中提出，新业地产仅支付了 1 亿元的成本费用，转让协议签订 4 年后仍然未能支付固定回报款，何时能够完成销售系由新业地产控制，既然已经开始销售，新业地产就应该及时支付固定回报款。

新业地产则辩称，新业地产目前仅取得河西地块一期土地，二期土地根本未取得，所以合同约定"完成二期销售时支付 2000 万元"的付款条件未成就，该笔 2000 万元根本无须支付。至于一期土地上建成的"新业 8 号住宅小区"，目前尚未完成销售，合同并未约定开始销售即应付款，所以"完成一期销售时支付 2000 万元"的付款条件也未成就，当前并不具备付款条件。

【审理与裁判】

法院认为：根据已查明的事实，新业地产并未取得二期土地，目前开发建设的一期楼盘尚未完全取得预售许可证，已取得预售许可证的楼栋尚未销售完毕，故**支付固定回报 4000 万元的期限尚未届至**。据此，法院判决驳回西弗置业的全部诉讼请求。

【白律师析法】

从判决可见，法院将双方在《项目转让协议》中关于固定回报支付的约定认定为付款期限而不是付款条件，并以付款期限未届至为由驳回了原告的诉讼请求。但双方之间的约定究竟是“履行附条件”还是“履行附期限”？这一重要问题并没有在判决中得到详细论述。另外，西弗置业还提出，新业地产作为开发商故意不取得剩余楼栋预售许可证，系恶意阻却付款成就，西弗置业该项主张能否获得支持？为此，下文将围绕“履行附条件”与“履行附期限”的区别进行分析。

1. “履行附条件”与“履行附期限”的判断原则

首先要强调的是，“民事法律行为附条件和附期限”与“履行附条件和附期限”是两组不同的法律概念，前者讨论的是民事法律行为生效与否的问题，后者则讨论在民事法律行为生效的前提下，一方的合同义务应否及时履行的问题。[①] 由于《民法典》只就“民事法律行为附条件和附期限”进行了规定，所以司法实践中关于“履行附条件和附期限”的讨论通常参考《民法典》关于“民事法律行为附条件和附期限”的规定。

《民法典》第 158 条规定：“民事法律行为可以附条件，但是根据其性质不得附条件的除外。附生效条件的民事法律行为，自条件成就时生效。附解除条件的民事法律行为，自条件成就时失效。”第 160 条规定：“民事法律行为可以附期限，但是根据其性质不得附期限的除外。附生效期限的民事法律

① 参见 warmingchen：《“背靠背”付款约定是否有效？是附条件还是附期限？最高院法官会议纪要两次深入探讨》，载微信公众号“明知 LEGAL 公众号”。

行为，自期限届至时生效。附终止期限的民事法律行为，自期限届满时失效。”

最高人民法院编著的《民法典理解与适用》提出，所谓附条件的民事法律行为，是指当事人以未来客观上不确定发生的事实，作为民事法律行为效力的附款。民事法律行为所附的条件具有以下特点：条件是一种将来的或然事实，该事实未来可能发生，未来也可能不发生，具有或然性。换言之，以已经发生的以及将来确定不会发生的事实为条件，则视为当事人根本不希望实施该民事法律行为。如果当事人将已经发生的或者根本不可能发生的事实作为民事法律行为的条件，视为根本未附条件。[①] 所谓附期限的民事法律行为，是指当事人在民事法律行为中设定一定的期限，并将期限的到来作为民事法律行为效力发生或者消灭的根据。[②]

因此，**区分“附条件”和“附期限”的关键之处是判断所附事实是否必然发生**。如果是或然性事实，未来该事实可能发生也可能不发生，那就是“附条件”；如果是必然性事实，只是未来一定时间后才发生，则是“附期限”。

合同约定“以某一事实发生时”作为付款前提，这样的约定一定是“附期限”吗？合同约定“以某一事实发生”作为付款前提，这样的约定一定是“附条件”吗？答案均是否定的。在实践中法院不会只审查合同条款的字面意思，会根据该约定的内在本质进行判断，并从以下角度进行具体判断。

（1）**未来事实是否具有实现的必然性**

如果根据合同约定判断相关义务所附条件具有实现的必然性，则相关条款应视为对期限的约定；反之，则属于附条件。

在（2021）**最高法民终861号**案件中，最高人民法院认为：“从案涉《债权转让合同》第四条的字面含义看……该约定将紫荆公司能否取得转让债权所附抵押权作为案涉债权转让是否解除的条件……抵押权具有从属性，

① 参见最高人民法院民法典贯彻实施工作领导小组主编：《中华人民共和国民法典总则编理解与适用》，人民法院出版社2020年版，第793～794页。

② 参见最高人民法院民法典贯彻实施工作领导小组主编：《中华人民共和国民法典总则编理解与适用》，人民法院出版社2020年版，第799页。

债权人转让主债权的，抵押权一般应一并转让，其目的在于保障受让人债权得以实现。本案中，在当事人并未就抵押权与债权一并转让作出其他约定的情况下，案涉抵押权应随主债权于《债权转让合同》生效之日起一并转让至受让人紫荆公司，**上述法律效果并不因当事人的认识或者意志而处于不确定的状态**，即便抵押权未变更登记至紫荆公司名下，亦不影响其成为案涉债权的实际抵押权人并行使抵押权。由于该从权利的转让与否不足以影响主债权转让行为的效力，故案涉抵押权是否变更登记至紫荆公司名下并不构成债权转让行为所附之条件，《债权转让合同》的效力不受该条约定的影响。……第四条实际约定的是农行宜兴支行协助办理变更抵押登记之义务的履行期限以及不能履行的后果。"

（2）意思表示是否清晰、准确

关于"附条件"还是"附期限"的认定，法院会结合该条款的具体内容及协议上下文进行判断。从最高人民法院判例体现的裁判规则来看，最高人民法院认为，如果合同当事人对条款理解有分歧，法院亦难以做出判断，一般原则是认定为"附期限"。如果合同约定非常清晰、明确，可以推导出某一事实是否发生具有或然性，则认定为"附条件"。

在（2021）**最高法民申** 5750 **号**案中，最高人民法院认为："如果连环交易中的某一合同约定，一方合同义务（包括支付价款在内）的履行须在其他连环交易主体的履行行为完成后进行，当对这一条款的理解存在分歧时，**法律适用的一般原则是，应将该条款理解为关于履行期间的具体约定，而非关于履行条件的约定**。因为在一般情况下，合同签订以后，合同一方期待合同对方在合理期间内向其履行是合同应有之义，而不会去考虑对方是否能够向自己履行还要取决于一定的前置条件是否成就。……但是，如果某一连环交易合同的双方当事人经过充分磋商，明确约定一方合同义务的履行以合同以外的其他连环交易主体向其履行的行为成就作为前置条件，在合同中使用了类似'只有在第三人向被告作出相应履行后，被告才向原告履行'表述的条款，那么应将此类合同条款理解为附条件条款。"

（3）遵从合同本意并考虑是否符合公平原则

如果根据合同约定，双方之间权利义务关系确定且符合等价有偿原则，则相关约定应当认定为双务合同，不应认定为附条件的民事法律行为。司法实践中也有部分法院通过引入“履行期限附条件”的概念对此类约定进行解读，认为“履行期限附条件”并非“履行附条件”。

在（2016）**最高法民终** 811 **号**判决中，最高人民法院认为：“因案涉工程已经竣工验收并实际交付使用，无论支付的工程款来源是开发商自筹，还是银行贷款，亿杰公司均为付款义务人，即对于双方约定的 4000 万工程款，其支付行为应为确定的、必然的，而非可以支付，也可以不支付。根据《民法通则》第六十二条的规定，附条件的民事法律行为在条件成就时生效。如果将‘施工单位协助开发商办理贷款到帐’的约定视为附条件，则条件成就时，亿杰公司应履行付款义务；条件不成就时，亿杰公司则无需支付工程款。因此，该约定不能认为是亿杰公司支付行为所附条件，亿杰公司支付 4000 万元只是时间的早晚问题，而非是否支付的问题，一审法院将其视为对付款义务履行期限的约定并无不当。”

在（2016）**最高法民申** 2324 **号**案中，对于“乙方欠甲方的 2300 万元借款本金排在乙方其他债务之后清偿”这一约定是“附条件”还是“附期限”，最高人民法院认为：“雄苑公司是否清偿其他债务这一情形并不构成其偿还所欠艺术学院借款的条件。若将该条款理解为附条件约定，则令艺术学院债权的实现完全依赖于雄苑公司对外偿债行为，从而处于债务人控制之下。**这与双方当事人关于 2300 万元借款本金应当归还的合意不符，亦有悖于诚实信用和有效合同全面履行的原则**。二审法院认定该条款并非合同法中所规定的附生效条件的合同条款，而系履行期限不明的约定，并无不当。”

此外，在（2021）**沪民终** 258 **号**判决中，上海市高级人民法院认为：“船检公司将‘甲方收款到账后’解释为船检公司收到熔盛公司案外承揽合同项下的相应检测费，符合双方磋商拟定该条款的本意。但船检公司能否按时、足额收到案外承揽合同项下的检测费，在涉案合同签订当时尚属于不确定的事实，‘甲方收款到账后’的约定实质为船检公司支付检测费的履行期限附加了条件……**但履行期限附条件，不等同于履行附条件**，居正公司同意船检公司支付检测费的时间可晚于船检公司从熔盛公司处收到相应批次检测费的时间，不等同于船检公司在不能收到熔盛公司款项的情况下可不再履行涉案合同项下的报酬支付义务。换言之，前述条款为履行期限附加了条件，并不因此改变涉案《技术服务合同》双务合同的属性，也未改变涉案合同与案外承揽合同系两个相互独立合同的事实。故船检公司关于该条款属于‘分摊风险’条款，若船检公司不能收回案外承揽合同项下的款项，根据该条款可免除其向居正公司支付涉案款项的观点，不能成立。”

2. 最高人民法院关于“履行附条件”“履行附期限”的认定规则的变化

在“以第三人的履行作为一方履行债务的条件”究竟是“附条件”还是“附期限”问题上，最高人民法院的认定规则存在明显变化。

《最高人民法院民事审判第二庭法官会议纪要（第一辑）》的观点是：“当事人对已经存在的确须履行的债务，约定当未来的某一不确定事实发生时履行，此类约定形式上看是有关履行条件的约定，但就其本质而言则是有关履行期限的约定，只不过约定的是不确定的履行期限。”

这样“一刀切”式的认定虽然有利于裁判观点统一，但未免过分倾向于债权人，对债务人而言则未必公平。

《最高人民法院第二巡回法庭法官会议纪要（第三辑）》提出要根据合同具体约定来分情况判断，其指出：“**对于该条款到底属于附条件还是附期限，实际上要根据案件的具体情形进行分析**，具体可作两类情况分析：第一种情况是，如果第三方给付事宜是确定的，时间也是确定的，双方对此明知，只是合同中没有详细列明，则该条款属于附期限条款，而且是属于附生效期限的条款，期限届至，则合同义务产生，债务人按期应当履行付款义务；第二种情况是，如果第三方给付事宜并不确定，只是具有可能性，时间也不确定，则该条款不仅是附期限的问题，本身也有附条件的含义，也即首先要完成第三方给付条件，在该现实性条件成就后，方可计算以其为起点的期限，这时，可以理解为该条款是附条件和附期限的结合体。

“假使债务人并无第三方向其实际履行的可能，或债务人并不实际向第三方主张，则理论上，可能出现债权人被认定无限期让渡履行期限、债权无限期被拖延的恶果。因此，如果确实出现了上述第二种情况中难以判断第三方履行的确定性和期限的问题，人民法院不能简单地依据债务人以此条款为抗辩，把合同推向不确定或事实上永久拖延的僵局，而是**要先予审查‘第三方履行在先’条款的内容，以及双方当事人的明知情况（特别是现实性、数额、期限），再回到法律规定上，依据法律有关证明责任负担规则和当事人合同内容约定不明确的处理规则来处理，以认定合理和确定的期限，尽量使双方权利义务边界清晰，合同能够正常履行**。”

从上述认定规则的变化可见，现实中存在大量的需要就“附条件”还是“附期限”先行作出判断的案例，而这一判断直接关系着案件的胜负，且该问题属于比较深奥和复杂的一类法律问题，所以即便是最高人民法院的法官在判断标准的表述方面也是非常谨慎的。

3. 区分“附条件”和“附期限”有何现实意义

在付款前提问题上区分“附条件”还是“附期限”的重要意义在于：如果是附条件，条件可能成就也可能不成就，只有在条件成就时债务人才应当向债权人支付约定的款项；但如果是附期限，则支付款项的义务是确定的，只是支付时间早晚问题。

《民法典》第511条第4项规定：“履行期限不明确的，债务人可以随时履行，债权人也可以随时请求履行，但是应当给对方必要的准备时间。”

如果合同条款被认定为“附期限”，债权人有可能依据上述法条主张履行期限不明确，继而以确定的债务应当立即履行为由提出付款主张。

因此，合同条款是“附条件”还是“附期限”，对于双方当事人而言都是必争的焦点问题。

4. 恶意阻碍或促成条件成就的判断规则

本案中，西弗置业还提出新业地产故意不申领预售许可证、故意不完成房产销售，其实际是援引了《民法典》第159条的规定。

《民法典》第159条规定：“附条件的民事法律行为，当事人为自己的利益不正当地阻止条件成就的，视为条件已经成就；不正当地促成条件成就的，视为条件不成就。”

最高人民法院《中华人民共和国民法典理解与适用》指出，该条规定中的“视为”是一种法律拟制，包含以下内容：第一，从主观方面来看，当事人有行为的故意，表现在促成条件成就或阻止条件成就方面；第二，从客观方面来看，一方当事人实施了上述行为；第三，从对该行为的评价来看，该行为具有不正当性、可谴责性。附条件的民事法律行为中的条件本来就具有或然性，如果一方没有“顺其自然”，则构成违背诚信原则，法律应当对其给予否定评价。需要注意的是，只要当事人为自己的利益不正当地阻止条件成就，法律后果就是确定的、不容推翻的，即条件已成就，相反也是同一道理。不正当行为的后果对另一方不存在实际损害并不能形成有效的抗辩。[①]

5. 关于本案的分析

回到本案，首先是“附条件”还是“附期限”的认定问题。我们认为，本案中一项关键事实是，西弗置业在项目未拿地未开发的情况下将项目整体进行转让，其从转让行为中获取的款项分为成本和固定回报两部分，其中成本根据固定时间收回，而固定回报的支付则与项目销售情况相挂钩。新业地产辩称，之所以达成固定回报在销售完成时支付的约定，就是考虑新业地产只有在项目销售完成后才能获得投资收益，此时向西弗置业支付额外收益才是公平合理的。我们认为，新业地产的答辩意见更加符合商业逻辑和公平原则，特别是合同约定4000万元固定回报分别在一期、二期销售完毕的时点各支付2000万元，说明固定回报的支付确实是与拿地和销售获益情况相关联的。在新业地产尚未拿到土地使用权，甚至一直未取得二期土地使用权和开发权的情况下，证明该事实具有或然性，向西弗置业支付固定回报款的义务也并非必然发生，应认定该条款属于“履行期限附条件”的约定。

其次，关于新业地产是否恶意阻碍条件成就的问题。我们认为，关于一期土地，同一住宅楼盘的多个楼栋分先后顺序进行建设、拿证和销售，是符合房地产开发惯例的，其目的是节省资金占用时间以取得最大利益，不能因为新业地产在房屋建成后未申请预售许可证就认为其恶意阻碍条件成就。截至案件审理时，案涉楼盘销售率只有79%，加之西弗置业提出诉讼保全还查

① 参见最高人民法院民法典贯彻实施工作领导小组主编：《中华人民共和国民法典总则编理解与适用》，人民法院出版社2020年版，第798页。

封了60套房屋，说明新业地产并不是为了不支付回报款而恶意停止楼盘销售。至于二期土地，其尚未完成拆迁，且政府须通过招拍挂形式进行土地使用权出让，新业地产能否拿到二期土地是不确定的，因此更不存在恶意阻止条件成就的问题。

【复盘时间】

1. 债权人设置合同条款时应尽量设定为“附期限”

如前所述，“附期限”的付款前提下，付款义务是确定发生的；而“附条件”则不确定，当条件不成就时，债务人无付款义务。因此，对于债权人而言，如果是一项确定发生的债权债务关系，就要避免合同条款被解读为“附条件”的可能性。比如以合同当事人以外的第三方付款为本合同债务履行的前提，以及在双务合同中约定以债权人的附随义务的完成作为付款前提，这些都可能致使债务履行变得不确定。法务人员在进行合同审查时一定要代入具体情境中去考虑履行前提的设置是否会对本方不利。

2. 无论起草“附条件”还是“附期限”条款，都应明确、具体

正如最高人民法院关于“附期限”还是“附条件”的解读规则的变化所体现的，这一问题在司法实践中是比较深奥和复杂的问题，不同法院、法官在理解上可能存在很大分歧。因此，为尽可能避免将来发生诉讼时出现理解分歧，法务人员在条款书写上不仅要对“附条件”或“附期限”进行明确的文字标注，更要注意其具体内容不要产生歧义，必要时还可通过对交易背景、合同目的、协商过程的描述来辅证该条款的真实内涵。

4. 权利义务条款

争点 16：股东转让股权时回购义务是否随之径行转让

【本集提要】

对赌协议项下回购义务的产生基于合同约定，该义务不是股东法定义务，因此受让方因股权转让并非必然负担对赌回购义务，还需综合考察各方当事人是否就对赌回购义务达成转让合意，尤其是股权受让人与投资人是否就对赌回购义务的转让知情且同意。在本集举示案例中，原股东在对赌协议履行期间通过股权转让方式退出公司，后投资人要求其承担对赌回购义务时，原股东称其已丧失股东身份且已退出公司，这能否形成有效抗辩？受让方是否因股权转让必然承继原股东作出的对赌回购承诺？股权转让协议应当如何约定才能明确各方权利义务？

【基本案情】

2012 年 10 月 12 日，华澳有限合伙（投资方）与名游公司（目标企业）签订了《增资协议》，约定投资方同意向目标企业支付增资价款 10,000,000 元，本次增资后投资方持股比例为 6.25%。同日，华澳有限合伙与名游公司经营者股东王某航、李某善、徐某、吕某斌签订了《增资协议之补充协议》，约定：如目标企业未能在 2016 年 12 月 31 日前实现上市，投资方**有权要求经营者股东**以增资价款的金额外加 10% 的利率计算的年息作为对价，受让投资方持有的目标企业股权。

2012 年 10 月 30 日，华澳有限合伙向名游公司转账 10,000,000 元，附言

“投资款”。

2015年6月18日，徐某（转让方、甲方）与李某善（受让方、乙方）签订了《股权转让协议》，约定徐某将其持有的名游公司14.81%的股权转让给李某善；**转让方本次股权转让之前与名游公司其他股东签订了相关的投资入股协议，其中转让方的相应义务依据本协议由受让方继承，包括但不限于名游公司未如期上市时对投资人的股份回购义务等**。同日，吕某斌（转让方、甲方）与李某善（受让方、乙方）签订了《股权转让协议》，约定**吕某斌将其持有的名游公司3.56%的股权转让给李某善；本协议生效后，李某善按受让股权的比例分享公司的利润，承担相应的风险及亏损**。华澳有限合伙认为，徐某的转让协议未征得华澳有限合伙同意，对华澳有限合伙不具有约束力；吕某斌的转让协议未提及回购义务事宜，也未征得华澳有限合伙同意，对华澳有限合伙不具有约束力。

2016年9月2日，华澳有限合伙向王某航、李某善及名游公司发出《股权回购联络函》，该函载明：名游公司由于自身经营原因，截至本联络函发出之日尚未启动任何上市程序，提醒公司现有经营者王某航、李某善提早作出规划并安排资金，于2016年12月31日前，按照增资协议及其补充协议约定的价款对华澳有限合伙持有的名游公司全部股权履行回购义务。

后华澳有限合伙向法院起诉，诉讼请求为：（1）王某航、李某善、徐某、吕某斌对华澳有限合伙持有的名游公司的全部股权进行回购，并按约定支付华澳有限合伙回购款本金10,000,000元，利息4,780,821.918元（利息暂计至2017年8月10日）；（2）王某航、李某善、徐某、吕某斌支付律师费70,000元；（3）王某航、李某善、徐某、吕某斌承担诉讼费用。

一审庭审中，徐某、吕某斌辩称，**两人退出了公司，不应承担回购义务**。

【审理与裁判】

1. 对赌协议项下回购义务基于合同约定产生

本案案由是合同纠纷而不是股权纠纷，其事实基础是华澳有限合伙与李某善、王某航、徐某、吕某斌签订的回购协议，这是合同当事人的真实意思表示，且没有违反法律的强制性规定，也没有损害公共利益，是合法有效的。调整该争议的法律是《合同法》而不是《公司法》。华澳有限合伙要求李某善、王某航履行的是回购股权支付对价的合同义务，李某善、王某航所阐述的章程规定及《公司法》的相关规定只能调整公司及股东之间与公司事务相关的法律纠纷，而本案并不属于此类纠纷。

2. 徐某、吕某斌就回购义务转让事宜并未取得投资人的明示同意

首先，原《合同法》第 84 条规定，债务人将合同的义务全部或部分转移给第三人的，应当经债权人同意。根据补充协议第 4 条的约定，本补充协议的任何修改或补充均须经各方签署书面文件达成一致后方可生效。徐某、吕某斌提交的名游公司变更决议、股权转让见证书并没有华澳有限合伙的签章。**因徐某、吕某斌未与华澳有限合伙就转移回购义务事宜达成一致的书面意见，故，即使华澳有限合伙知情且同意徐某、吕某斌转让股权，也不可直接推定华澳有限合伙同意徐某、吕某斌将股权回购的合同义务转移给王某航、李某善承担**。

其次，华澳有限合伙在《股权回购联络函》中未提及徐某、吕某斌，一审法院认为，**该函视为华澳有限合伙向王某航、李某善主张了权利，不能推定华澳有限合伙放弃了对徐某、吕某斌主张股权回购的权利**。

据此，一审判决如下：（1）王某航、李某善、徐某、吕某斌应于一审判决生效之日起十日内回购华澳有限合伙所持有的名游公司的全部股权；（2）王某航、李某善、徐某、吕某斌应于一审判决生效之日起十日内向华澳有限合伙支付利息 4, 378, 904. 11 元；（3）王某航、李某善、徐某、吕某斌应于一审判决生效之日起十日内向华澳有限合伙支付律师费 70, 000 元；（4）驳回华澳有限合伙的其他诉讼请求。

徐某、吕某斌未提起上诉。

【白律师析法】

本案争议焦点是徐某、吕某斌在已丧失股东身份、退出公司的情况下是否还应承担回购股权义务，本案一审法院首先认定了股权回购义务系基于合同约定产生，而回购义务的转让又未经过投资人明示同意，因此股权转让方徐某、吕某斌即使退出公司仍应履行增资协议项下义务。

1. 回购义务是否属于股东的法定义务

《公司法》明确规定的股东的法定义务包括：（1）出资义务，具体包括按期足额缴纳出资（第28条），不得出逃出资（第35条）、虚假出资（第198条），出资差额补足义务；（2）不得滥用股东权利、公司法人独立地位及股东有限责任义务（第20条）；（3）担保事项的回避表决义务（第16条）。上述法定义务中并未包含基于对赌协议产生的回购义务。

《九民纪要》也进一步明确对赌协议的性质为“投资方与融资方在达成股权性融资协议时，为解决交易双方对目标公司未来发展的不确定性、信息不对称以及代理成本而设计的包含了股权回购、金钱补偿等对未来目标公司的估值进行调整的协议”，且对于投资方与目标公司的股东或实际控制人订立的对赌协议，如无其他无效事由，采“认定有效并支持实际履行”的司法观点。

根据上述法律规定，对赌回购义务并非《公司法》项下的法定义务，并非基于股东身份产生，其本质上是目标公司股东、实际控制人为吸引融资，对投资人作出的特别承诺。而在股权转让协议未明确约定的情况下，受让方承继的义务应仅为股东在《公司法》项下的法定义务，并不包括转让方持股期间承担的其他个人义务。如公司向银行贷款，原股东作为保证人承担的义务，或股东向第三人作出的个人承诺等，均属于原股东的个人义务，均不属于股权转让时的股东权利和义务。

2. 原股东通过股权转让退出后，是否必然豁免对赌协议项下义务

原公司股东或实际控制人通过股权转让退出公司后，其是否完全豁免对赌协议项下义务，在司法实践中仍有不同的裁判观点。

一种观点认为，投资人与目标公司股东或实际控制人签署对赌协议的目的是通过该种投资模式发挥对公司相关管理人员的激励功能，**公司股东身份的丧失将导致其不再承担对赌协议项下义务**。例如，在（2018）鲁09民终346号案中，投资人与目标公司全体股东对赌，其间股东之一王某国将其所

持股权进行内部转让，就“王某国是否应依《增资扩股协议书》承担回购义务”的问题，法院认为，《股权转让协议书》已明确约定并经股东会决议通过，王某国已将股权依法转让给任某阁、刘某、乔某泉，且已变更工商登记，故其在剑泉网络的权利、义务均由其他股东承担，被告王某国不再承担剑泉网络的债权债务。

但也有裁判观点认为，**对赌义务项下义务是否随股权转让一并转移需要从协议订立的背景、目的，各方当事人是否达成转让合意等多方面考察**。笔者认为，该观点更具有合理性。例如，在（2021）京02民终638号案中，公司股东张某、姜某强共同在《增资扩股协议》中对投资人创益优选中心作出关于业绩承诺的对赌，对赌失败后创益优选中心要求张某、姜某强共同承担回购义务，姜某强抗辩称其已退出公司，各股东在股东会决议中确认其将股权转让给张某，不应承担回购责任。据此，二审法院认为：当事人对自己提出的诉讼请求所依据的事实或者反驳对方诉讼请求所依据的事实，应当提供证据加以证明。当事人未能提供证据或者证据不足以证明其事实主张的，由负有举证证明责任的当事人承担不利的后果。因涉案股权转让协议及承诺书中并无免除姜某强回购义务的内容，且姜某强并未提供创益优选中心同意免除其回购义务的证据，故对于姜某强的该项上诉主张，本院不予支持。

3. 回购义务是否随股权转让而转移

本案的特殊之处在于双方当事人已在股权转让协议中明确，受让方承继的义务包含目标公司未如期上市时对投资人的股份回购义务等。由此衍生出的问题是，若股权转让协议并未明确约定股权受让方承继该对赌回购义务，则其是否因受让案涉股权、继受股东身份而必然承担该回购义务？笔者认为，受让方是否因受让股权而必然负担对赌回购义务，还需要考察各方当事人是否就对赌回购义务达成转让合意。

（1）股权受让人对对赌回购义务转让的知情和同意

《民法典》第555条规定：“当事人一方经对方同意，可以将自己在合同中的权利和义务一并转让给第三人。”根据该规定，权利义务的概括移转需经各方当事人，尤其是受让人明确表示同意。

本案正是由于受让方已通过签署《股权转让协议》的方式承诺受让原股东在目标公司未如期上市时对投资人负担的股份回购义务，因此法院最终判决受让方也应承担相应责任。由此可见，**司法裁判中，一般认为只有在受让人对对赌回购义务知情且同意的情况下才能认定股权受让人承继回购义务。**例如，在（2019）浙民再212号案中，法院认为：受让方星莱和公司对于股权回购约定有充分了解，且再审申请人（星莱和公司）在再审审查期间的调查中，也**自认对对赌协议等知情**，星莱和公司在明知莱恩公司控股股东负有回购义务的情况下也未在股权转让过程中作出将该项义务予以排除的意思表示，不足以认定杨仲雄和星莱和公司就股权回购义务在股权转让后仍由杨仲雄保留一节达成合意。

相反，**若股权转让协议并未明确约定承继对赌回购义务，受让人对股东法定的权利义务外的此等特殊义务亦不知悉，则不能直接推定受让方承担该等义务。**例如，在（2020）粤0112民初2774号案中，就“股权受让方谭某华是否应当履行《投资协议》项下回购义务”这一问题，法院认为，《投资协议》项下回购义务约束的是合同签订方，即爱蒲娱乐公司原股东互火公司，除非股权受让方（谭某华）和承诺相对方（投资人黄埔文化公司）达成了债务转移的协议或者承诺相对方豁免了其回购义务。**本案证据不足以反映谭某华受让股权时知道且同意承担转让股权的回购义务，或者在事后作出同意承担该义务的意思追认**，则该股权回购义务应由原股东互火公司承担。因此，黄埔文化公司请求谭某华承担对应的2.143%股权回购义务，没有事实和法律依据，本院不予支持。

（2）投资人对对赌回购义务转让的明示同意

《民法典》第551条规定：“债务人将债务的全部或者部分转移给第三人的，应当经债权人同意。债务人或者第三人可以催告债权人在合理期限内予以同意，债权人未作表示的，视为不同意。”根据该规定，对赌回购义务的转让也需要债权人，即投资人的明示同意。本案裁判观点对“投资人对回购义务转让作出明示同意”确定了较为严苛的认定标准——**投资人对股权转让作出同意的意思表示并不能直接推定投资人同意对赌回购义务的转让，进而完全豁免股权转让方的回购义务。**

类似观点如在（2019）闽0206民初5944号案中，“关于离任股东叶某碰、苏某云、杨某艺、陈某容、叶某川失去鑫化宏公司的股东身份后，是否仍应承担回购义务”的问题，法院认为，股权投资协议系离任股东的真实意思表示，且不违反法律、行政法规的强制性规定，该回购义务不因股东将股权转让之事实而免除。投资人在股东会决议通过离任股东的股权转让并非对其履行股权转让协议约定的回购义务作出免除承诺。离任股东**亦没有提交证据证明厦门科技公司放弃**了对离任股东在今后成果转化基金投入期满3年后的回购要求。故离任股东关于因离任而免除股权回购义务的抗辩，没有合同和法律依据。

【复盘时间】

公司股东、实际控制人签署对赌协议后，又通过与第三方签署《股权转让协议》的方式退出公司，后续对赌失败投资人追责时，不可“想当然”地认为其早已退出公司，因此应当豁免其在对赌协议项下的义务。首先，对赌回购义务系原股东代表融资方向投资方作出的特殊承诺，系特殊合同义务而非股东法定义务，在《股权转让协议》未明确约定受让方承继义务范围的情况下，受让方承继的仅是《公司法》项下股东法定的权利义务，并不包含原股东对投资人作出的对赌承诺。其次，即使《股权转让协议》约定了权利义务的概括转移，也不能直接推定对赌回购义务由受让方承担，还要看受让方是否对对赌回购义务知情，及投资方是否对对赌回购义务转移作出了同意的意思表示。其中，受让方同意股权转让无法直接推定同意对赌回购义务转让，未经投资方对对赌回购义务转让作出明示同意，原股东仍然存在承担对赌回购义务的风险。

争点17：以物抵债协议未履行时债权人可否主张旧债

【本集提要】

签订以物抵债协议后债务人并未交付标的物，此时债权人是只能主张交付标的物，还是可以回溯主张以物抵债协议签订前的债权？此问题涉及新债是否自然消灭旧债的问题，本集通过一则最高人民法院案例分析以物抵债协议中新债与旧债的关系，并以此提示抵债协议签署中的法律风险。

【基本案情】

兴华地产系供水财富大厦工程发包人，通州建总系总承包人，双方于2005年签订《建设工程施工合同》。合同签订后，通州建总完成了施工任务，于2010年年底将该大厦交付兴华地产投入使用。随后，由于兴华地产拖欠工程款，双方决定以供水财富大厦部分房屋折抵部分工程欠款，于是双方于2012年1月13日签订《房屋抵顶工程款协议书》，共同确定了抵顶房屋的具体位置、面积、单价，明确了应在结算时互相补办手续并签订正式合同等，同时双方共同**确认房屋抵顶工程款金额为1095万元**。

二审诉讼中，兴华地产认可《房屋抵顶工程款协议书》签订后，供水财富大厦A座9层尚未办理房屋所有权首次登记及任何转移登记，亦并未实际交付通州建总使用。

【审理与裁判】

2012年，通州建总向内蒙古自治区高级人民法院起诉，**诉讼请求为**：要求兴华地产向其支付工程欠款59,423,053元，并支付相应利息、违约金等。

内蒙古高级人民法院一审认定：

内蒙古高级人民法院一审中，法院委托鉴定机构就案涉建设工程进行了造价鉴定，鉴定结果为案涉土建及安装工程造价为111,535,186元。根据该鉴定结果及法院确认的已付工程款总额，**内蒙古高级人民法院一审判决**：兴华地产给付通州建总工程欠款26,004,559.35元及利息。

一审判决后，**兴华地产不服并提起上诉称**：兴华地产在一审开庭时提交了《房屋抵顶工程款协议书》，该协议既未被双方解除，也未被法院确认无效或撤销，故对双方均有约束力，该房屋已经属于通州建总所有。因此，该1095万元应当从应付工程款中扣除。

通州建总二审答辩称：兴华地产在一审中出示《房屋抵顶工程款协议书》的目的在于证明其有履行付款义务的意思，而非主张用以抵顶工程款，并且该协议并未履行，不可能抵顶已付工程款。

最高人民法院二审认为：

（1）关于以房抵债协议的效力

以物抵债系当事人之间对于债务清偿做出的安排，对以物抵债协议的效力、履行等问题的认定，应**以尊重当事人的意思自治为基本原则**。除当事人明确约定外，当事人于债务清偿期届满后签订的以物抵债协议，并不以债权人现实地受领抵债物或取得抵债物所有权、使用权等财产权利为成立或生效要件。本案中，兴华地产与通州建总签订的以房抵债协议是双方当事人的真实意思表示，不存在违反法律、行政法规规定的情形，故**该协议书有效**。

（2）关于旧债是否因以物抵债协议签订而消灭

当事人于债务清偿期届满后达成的以物抵债协议，**可能构成债的更改**，即成立新债务，同时消灭旧债务；**亦可能属于新债清偿**，即成立新债务，与旧债务并存。基于保护债权的理念，**债的更改一般需有当事人明确消灭旧债的合意**，否则，当事人于债务清偿期届满后达成的以物抵债协议，性质一般应为新债清偿。本案中，双方当事人签订了以房抵债协议，但并未约定因此而消灭相应金额的工程款债务，故**该协议在性质上应属于新债清偿**。

（3）**债务人既不履行旧债，亦不积极履行新债，有违诚信原则，债权人有权主张旧债**

一方面，若债务人未实际履行以物抵债协议，则债权人与债务人之间的旧债务并未消灭。本案中，仅凭当事人签订《房屋抵顶工程款协议书》的事实，尚不足以认定该协议书约定的供水财富大厦A座9层房屋所抵顶的工程款计入已付工程款，从而消灭相应金额的工程款债务，是否应计入已付工程款并在欠付工程款金额中予以相应扣除，**还应根据该协议书的实际履行情况加以判定**。因供水财富大厦A座9层房屋既未交付通州建总实际占有使用，亦未办理所有权转移登记，兴华地产并未履行《房屋抵顶工程款协议书》约定的义务，故通州建总对于该协议书约定的拟以房抵顶的相应工程款债权并未消灭。

另一方面，当事人应当遵循诚实信用原则，按照约定全面履行自己的义务。在债权人与债务人达成以物抵债协议、新债务与旧债务并存时，确定债权人应通过主张履行新债务抑或旧债务以实现债权，亦应以此作为出发点和立足点。**若新债务届期不履行，致使以物抵债协议目的不能实现，债权人有权请求债务人履行旧债务**；而且**该请求权的行使并不以以物抵债协议无效、被撤销或者被解除为前提**。本案中**兴华地产在未依约即时结算并支付工程款时**，试图通过以部分房屋抵顶工程款的方式加以履行，遂与通州建总协商后签订以房抵债协议，**更应当积极履行相应义务**。协议签订后，兴华地产就曾欲变更协议约定的抵债房屋的位置，在未得到通州建总同意的情况下，兴华地产既未及时主动向通州建总交付约定的抵债房屋，也未恢复对旧债务的履行即向通州建总支付相应的工程欠款。虽然该协议书未明确约定履行期限，但**协议签订已有四年多，兴华地产的工程款债务早已届清偿期，其未履行协议约定义务的行为有违诚实信用原则，致使通州建总签署以房抵债协议的目的无法实现**。在这种情况下，通州建总请求兴华地产直接给付工程欠款符合法律规定的精神及本案实际。

综上，**最高人民法院终审判决：兴华地产上诉理由不能成立**。

【白律师析法】

本案作为最高人民法院公报案例，最高人民法院以《房屋抵顶工程款协议书》系双方当事人真实意思表示为由，认定该协议有效，同时确立了“新债消灭旧债需要双方明确作出意思表示，否则属于新、旧债并存”的裁判观点。但实践中，并非所有的以物抵债协议只要系双方真实意思表示即为有效，还需要同时具备其他前提。因此，本文先讨论以物抵债协议的效力应如何进行区分，再分析本案判决结果。

1. 以物抵债协议效力的认定原则

《九民纪要》第44条第1款规定：“当事人在债务履行期限届满后达成以物抵债协议，抵债物尚未交付债权人，债权人请求债务人交付的，人民法院要着重审查以物抵债协议**是否存在恶意损害第三人合法权益**等情形，避免虚假诉讼的发生。经审查，不存在以上情况，且无其他无效事由的，人民法院依法予以支持。”**第45条规定**：“当事人在债务履行期届满前达成以物抵债协议，抵债物尚未交付债权人，债权人请求债务人交付的，因此种情况不同于本纪要第71条规定的让与担保，人民法院应当向其释明，其应当根据原债权债务关系提起诉讼。**经释明后当事人仍拒绝变更诉讼请求的，应当驳回其诉讼请求**，但不影响其根据原债权债务关系另行提起诉讼。”

由此可见，对于债务履行期限届满后达成的以物抵债协议，其生效需要同时满足“系双方真实意思表示”和“不存在恶意损害第三人合法权益”两项条件。特别是第二项条件，现实中一些债务人为了逃避对第三人的债务而将其名下有价值的财产无偿转让给关联方，如自然人作为债务人将房产无偿过户给其亲属，法人作为债务人将其所持公司股权、资产以零对价或者超低价转让给其关联公司等，这时债务人通常还会伪造一份倒签的以物抵债协议以对抗第三人，导致第三人对债务人财产的强制执行无法进行。因此，《九民纪要》出台后，法院在审查以物抵债协议效力时更加审慎，会重点审查以物抵债协议签订时间、抵债双方关系、形成旧债有无对价及对价的合理性等问题，对以物抵债协议双方的举证要求很高。

至于履行期限届满前双方达成的以物抵债协议，如果已完成抵债物变更公示，应按让与担保处理；如果未完成抵债物变更公示且债权人要求债务人交付，最高人民法院的要求是一律驳回其诉讼请求。而最高人民法院之所以作出如此规定，主要是基于禁止流质、流押的明确法律规定，同时考虑到抵债物在以物抵债协议订立时与实现时的价值变化可能导致双方利益显著失衡。

因此，若债权人有意以其享有的债权与债务人的所有物进行价值折抵，需要对折抵时间、对价合理性、是否损害第三人利益等问题进行通盘考虑，防止出现以物抵债协议被认定为无效的情形。

2. 以物抵债协议签署后新债与旧债的关系

类似本案中出现的情况，实务中有些当事人签署以物抵债协议时不会对以物抵债形成的新债与旧债的关系作出明确约定，此时就会产生新债的产生是否会导致旧债消灭的争议。

一种观点为债务更新说，该说认为以物抵债在成立新债的同时，旧债及其上的担保也自动随之消灭。**另一种观点为新债清偿说**，该说认为以物抵债成立后，同时存在新旧两债，如果双方在签署以物抵债协议时希望以新债消灭原有旧债，应当在协议中明确做出约定，否则应推定旧债务于新债务履行之前不消灭，旧债务和新债务处于衔接并存的状态。当债务人不履行以物抵债协议时，债权人既可以请求继续履行以物抵债协议，也可以请求恢复履行旧债。[①] 通过本案例可见，最高人民法院显然支持第二种观点。

至于以物抵债协议产生的新债与旧债的关系，由于实务中通常债务人在达成以物抵债协议时资信情况已经较差，所以债权人通常会选择主张新债，即要求债务人交付抵债物。对于此等主张，法院在认定以物抵债协议有效并确认抵债物确属债务人所有的前提下，通常会予以支持。例如，（2021）最高法民申 1460 号案中，最高人民法院认为：“当事人在债务履行期限届满后达成以物抵债协议，抵债物未交付债权人，债权人请求债务人交付的，经审

① 参见最高人民法院民事审判第二庭编著：《〈全国法院民商事审判工作会议纪要〉理解与适用》，人民法院出版社 2019 年版，第 301 页。

查不存在恶意损害第三人合法权益等虚假诉讼情形，且无其他无效事由的，依法应予以支持。”

不过，现实中也有类似本案的情形，即债权人虽然签订了以物抵债协议，但因为种种原因并不主张新债而是回溯主张旧债，所以下一部分将结合对本案的分析，探讨债权人选择要求债务人履行旧债的前置条件。

3. 债权人选择要求债务人履行旧债的前置条件

本案中，一个关键事实是：兴华地产在长达四年的时间里既未配合办理房屋所有权变更，也未交付房屋，也即以物抵债协议并未得到任何履行。

根据最高人民法院有关“新债清偿说”的最新观点，债权人并非可以直接选择要求债务人履行新债务或旧债务。由于成立新债是履行旧债的方法，债权人原则上应先请求履行新债，债务人不履行新债的，债权人既可以根据新债主张继续履行、要求承担违约责任，也可以恢复主张旧债。① 由此，**债权人选择主张旧债的前置条件应当是新债并未得到任何实际履行，且债权人曾催告债务人履行新债**。

假设本案中兴华地产已经向通州建总实际交付房屋，且房屋始终处于通州建总实际占有状态，只是未办理过户手续，此时以物抵债协议已经得到部分履行，我们判断通州建总回溯主张旧债难以得到支持，法院大概率会向其释明继续主张新债。

另外，根据本案案情，暂无法看出通州建总于起诉前是否催告过债务人交付房屋并办理过户手续，而最高人民法院则是根据以物抵债协议长期未得到履行的事实径行认定“通州建总签订以房抵债协议的目的无法实现”。我们理解，最高人民法院主要是依据诚信原则作出这样的认定，由此在本案中债权人对履行新债抑或旧债享有选择权，并不以新债是否已不具备履行条件为判断，这点与“新债清偿说”的一般观点有所不同，笔者针对本案中这一问题持保留意见。

最后，还有一种情况是，债权人选择主张旧债并获得法院支持，但通过

---

① 参见最高人民法院民事审判第二庭编著：《〈全国法院民商事审判工作会议纪要〉理解与适用》，人民法院出版社 2019 年版，第 304 页。

强制执行程序未能实现债权，此时债权人可否放弃旧债而主张新债？我们认为：**债权人对旧债的主张在经过法院生效判决确认后，应认定其关于新债、旧债的选择已经明确，此时旧债已经消灭新债，债权人无权反复主张，否则将增加诉累、耗费司法资源，还存在债务人重复履行债务的可能性。**

【复盘时间】

1. 签订以物抵债协议需谨慎

"钱不够，东西凑"，这是自古有之的传统交易方式，现实中非常普遍。然而随着《九民纪要》和《民法典》及其相关司法解释的出台，以物抵债协议的效力问题愈加凸显。如前文所述，真实享有债权的债权人签订以物抵债协议时需要非常谨慎，一方面要确保抵债物确系归属于债务人、无权利瑕疵，另一方面则要关注以物抵债协议签订前债务履行期是否已经届满、协议是否已经经过双方确认，同时要关注抵债价款是否合理等问题。假设债权人希望以低于抵债物价值的价格进行折抵，则更需要注意在协议中对此进行明确约定，确保该约定系出于债务人的真实意思表示以及并非恶意损害第三人利益。

2. 以物抵债协议中应明确约定新债是否消灭旧债

以物抵债协议是一种常见的反映新债、旧债关系的合同，此外也有一些其他类型的协议会存在新债、旧债选择权冲突的问题。根据最高人民法院确立的裁判观点，新债并非直接消灭旧债，而是需要根据当事人的意思表示确定。因此，最好的办法是在协议中对此加以明确，例如，当事人可约定："本协议签订后，双方因原协议确立的债权债务消灭（部分消灭），除非本协议解除。"

争点18：未届期股权转让，出让方、受让方的出资义务如何承担

【本集提要】

自股东出资修改为认缴制以来，出让方、受让方出资义务的承担引发的各类纠纷层出不穷，而司法判例对《最高人民法院关于适用〈中华人民共和国公司法〉若干问题的规定（三）》（以下简称《公司法解释三》）第18条的认识也是大相径庭。本集中，笔者结合《公司法》《公司法解释三》《公司法修订草案》以及相关司法判例对上述问题进行解读与分析，并对股权转让双方应当注意和规避的合同漏洞和尽调风险提供建议。

【法律关系图】

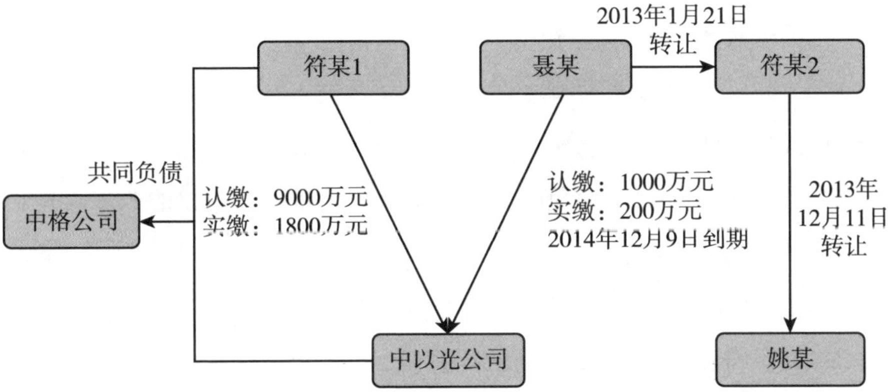

【基本案情】*

2012 年 12 月 13 日，符某 1 和聂某共同出资设立中以光公司，公司注册资本为 10,000 万元，其中符某 1 认缴出资 9000 万元，实缴出资 1800 万元，聂某认缴出资 1000 万元，实缴出资 200 万元。《公司章程》规定，聂某剩余的 800 万元认缴部分应于 2014 年 12 月 9 日缴纳。

2013 年 1 月 21 日，聂某将其全部股权转让给符某 2。2013 年 12 月 11 日，符某 2 又将股权转让给姚某。以上各方均未对未缴出资进行实缴。

2017 年 12 月，因中以光公司及其股东符某 1 对中格公司负有到期债务，同时中格公司认为中以光公司现有股东和历史股东应在未缴出资范围内对公司债务承担补充责任，中格公司向湖南省常德市中级人民法院提起诉讼，**诉讼请求为**：（1）中以光公司、符某 1 共同退还中格公司本金 545 万元并支付违约金和利息 630.855 万元；（2）聂某、符某 2、姚某在未缴纳的出资额范围内连带承担中以光公司对中格公司债务的补充责任。

【审理与裁判】

本案中，各级法院均认定中以光公司和符某 1 应承担共同还款责任，不再赘述。针对聂某、符某 2、姚某的出资责任问题，**一审法院认为**：

1. 关于聂某是否承担责任

根据《公司法解释三》第 13 条及第 18 条第 1 款的规定，有限责任公司股东对公司的出资义务为法定义务，未尽出资义务即转让股权，转让股权的股东的出资义务并不因此而免除，公司仍有权请求转让股权的股东承担相应责任。即使受让股东承诺补足出资，原股东法定出资义务也不免除。因此聂某虽转让了股权，但仍应当承担出资不实的责任。

2. 关于符某 2、姚某是否承担责任

就股权转让的受让方而言，核实转让股权是否存在瑕疵出资是受让方应

---

* 为简化案情，文中当事人相比真实案例有所删减。

尽的基本义务。如果其明知或者应当知道受让的股权存在瑕疵而仍接受转让，应当推定其知道该股权转让的法律后果……应当认定符某2、姚某均是中以光公司瑕疵股权的受让方，且均未补足出资……故聂某、符某2、姚某等人均应对中以光公司承担补缴出资的责任或对公司债务承担补充赔偿责任。

据此，**一审判决**：（1）中以光公司、符某1退还中格公司本金545万元并赔偿中格公司各项损失657.4万元；（2）聂某、符某2、姚某在未缴纳的出资额范围内承担中以光公司对中格公司债务不能清偿部分的补充赔偿责任。

一审判决后，中以光公司、符某1、符某2、姚某均未提起上诉，聂某单独提起上诉，**上诉理由为**：根据中以光公司的公司章程，聂某的认缴期限是2014年12月9日，根据相关法律规定，聂某在认缴出资义务尚未到期的情况下转让股权，之后就不应再对中以光公司承担出资义务。

湖南省高级人民法院二审认定：

关于聂某是否存在“未履行或者未全面履行出资义务”的问题。从一审查明的事实来看，中以光公司成立于2012年12月13日，聂某认缴出资1000万元，实缴出资200万元，剩余800万元的认缴时间应为2014年12月9日。聂某在2013年1月21日将全部股权转让给符某2，并于同年1月29日办理了工商变更登记。因聂某在认缴期限届满前没有缴纳该部分出资的行为并不违法，其在认缴期限届满前将股权全部转让给他人，该出资义务亦相应转移给股权受让方，故**聂某在出资义务尚未到期的情况下转让股权，不构成司法解释规定的“未履行或者未全面履行出资义务即转让股权”的情形**，聂某在本案中不应承担补充赔偿责任。

据此，**二审判决在维持一审其他判项之外改判聂某不承担赔偿责任**。

二审判决后，中格公司曾向最高人民法院申请再审，最高人民法院持二审判决相同理由驳回了中格公司的再审请求。

【白律师析法】

自实缴制变为认缴制以来，围绕股东出资引发的各类争议层出不穷，本案即是认缴出资未届期股东转让股权后是否仍应承担瑕疵出资责任的典型案例。本集中，笔者将结合《公司法》《公司法解释三》《公司法修订草案》，以及相关司法判例对上述问题进行解读与分析。

1. 针对《公司法解释三》第 18 条的解读

《公司法解释三》第 18 条规定："有限责任公司的股东未履行或者未全面履行出资义务即转让股权，受让人对此知道或者应当知道，公司请求该股东履行出资义务、受让人对此承担连带责任的，人民法院应予支持；公司债权人依照本规定第十三条第二款向该股东提起诉讼，同时请求前述受让人对此承担连带责任的，人民法院应予支持。受让人根据前款规定承担责任后，向该未履行或者未全面履行出资义务的股东追偿的，人民法院应予支持。但是，当事人另有约定的除外。"

笔者认为，《公司法解释三》第 18 条的规定存在几点不明确之处，具体分析如下。

（1）认缴出资未届期情况下发生股权转让应如何认定

本案一审、二审法院的实质分歧在于，公司原股东聂某转让全部股权时认缴出资尚未届期，但一审法院认为仍适用《公司法解释三》第 18 条"有限责任公司的股东未履行或者未全面履行出资义务即转让股权"的规定，而二审法院则持否定态度。

事实上，《公司法解释三》制定于 2011 年，当时注册资本认缴制还未出台，所以在当时并不会发生未实缴股权转让的情况，《公司法解释三》第 13 条也就不会存在理解上的分歧。然而问题在于，《公司法解释三》经过 2014 年、2020 年两次修正，其第 18 条并未因为认缴制的出台而进行任何修改，《公司法》及相关司法解释也未增加其他规定进行补充，导致出现了规定缺位的现象，这就造成了不同法官的理解分歧。笔者通过检索相关案例发现，这种观点分歧并非仅存在于本案的一审、二审法院之间，而是在司法实践中大量存在。

第一种裁判观点认为：《公司法解释三》第 18 条中"未履行或者未全面履行出资义务即转让股权"的表述未对出资期限届满前及届满后的股权转让进行区分，所以无论转让方是在出资期限届满前还是在出资期限届满后转让股权，均属于上述规定情形，原股东均应履行出资义务或对公司债权人承担补充赔偿责任。除本案一审法院持此种观点外，代表性案例还有（2021）**苏03民终7173号**案件。

第二种裁判观点认为：《公司法解释三》第18条针对的是股东已违反出资义务的情况下转让股权的行为，而在注册资本认缴制下，股东依法享有期限利益，所以未届期股东转让股权并不适用该规定。除本案二审法院、最高人民法院持此观点外，代表性案例还包括（2019）**最高法民终230号**案件等。

第三种裁判观点相比前两种较为绝对化的认识，更加注重考量未届出资期限转让股权的合法性和正当性，其核心观点是：股东未届出资期限转让股权不构成《公司法解释三》第18条规定的"未履行或者未全面履行出资义务即转让股权"的情形，但以转让股东存在恶意延长股东出资期限、恶意逃废债务的故意为例外。

持该观点的法官进一步指出：评判未届出资期限转让股权的合法性和正当性，仍不应脱离公司法人有限责任制度的基石，避免突破股东与债权人之间的风险分配机制，需严谨把握对诸前手转让股东直索责任的认定，避免利益失衡。应结合股权转让时间、股权转让对价、转让时公司经营和负债状况、转让行为对公司偿债能力的影响、受让股东的出资能力等方面综合审查，由公司债权人承担初步举证义务。转让股东以较低对价转让股权退出公司经营的决定，如系基于投资风险偏好作出，仍属于正常商业决策的范畴，亦不为法律所禁止，不宜单独作为认定未届出资期限转让股权的股东存在损害债权人利益的主观恶意的认定依据。①

笔者赞同第三种观点。同时笔者猜测，持第三种观点的法官可能受到了《九民纪要》第6条的影响。《九民纪要》第6条指出："在注册资本认缴制下，股东依法享有期限利益。债权人以公司不能清偿到期债务为由，请求未届出资期限的股东在未出资范围内对公司不能清偿的债务承担补充赔偿责任

① 转引自敖颖婕、杨莹：《未届出资期限转让股权后的责任承担》，微信公众号"上海一中法院"2023年5月16日。

的，人民法院不予支持。但是，下列情形除外：（1）公司作为被执行人的案件，人民法院穷尽执行措施无财产可供执行，已具备破产原因，但不申请破产的；（2）在公司债务产生后，公司股东（大）会决议或以其他方式延长股东出资期限的。”

笔者认为，股东未届出资期限转让股权的情形在认缴制出台若干年后已经大量存在，如果不问缘由地要求这类股东永远背负出资义务的“定时炸弹”，显然于法无据、于理不合。但在这类转让中，确实存在一些股东将股权以零对价或者超低价转让给没有履约能力的后手的情况，其根本目的并非进行正常的股权交易而是逃避债务，所以这类行为也应该通过司法裁判坚决予以否定。因此，结合股权转让时间、股权转让对价、转让时公司经营和负债状况、转让行为对公司偿债能力的影响、受让股东的出资能力等方面综合审查未届出资期限转让股权的合法性和正当性，也是确有必要的。

（2）关于“受让方知道或者应当知道”的理解

本案中，姚某作为公司现有股东，其在出资期限届满后仍未补足认缴出资，所以一审法院判令姚某承担补充赔偿责任当不存在争议。但问题在于，《公司法解释三》第 13 条第 2 款规定：“公司债权人请求未履行或者未全面履行出资义务的股东在未出资本息范围内对公司债务不能清偿的部分承担补充赔偿责任的，人民法院应予支持；未履行或者未全面履行出资义务的股东已经承担上述责任，其他债权人提出相同请求的，人民法院不予支持。”似乎法院以该规定为依据判令姚某承担责任就已足够，何种情况才会适用《公司法解释三》第 18 条来判断受让方是否在“知道或应当知道”的情况下承担责任呢？

一种情况是：原股东转让股权时已经发生了瑕疵出资的行为，比如原股东转让的股权已届期而没有认缴，或者原股东恶意增资或者减资后将股权转让给受让方。这些情况属于受让方明知或者应知受让的股权存在瑕疵，其应当承担连带责任。

另一种情况是：原股东为了逃避债务而故意将未届期股权转让给受让方，或者原股东为逃避债务而在转让股权之前作出延长出资期限的决议。如果受让方知道或者应当知道这些情况，则不应享有认缴出资的期限利益。

值得一提的是，针对第一种情况，在商事外观主义的前提下，出让方瑕疵出资问题一般已经通过工商登记或验资报告得以体现，明显属于任何受让方都应当知道的范畴，与受让方在尽职调查过程中的投资、调查专业能力无关，受让方很难以此提出抗辩。针对第二种情况，如何判断受让方知道或者应当知道则可能存在较大争议，受让方应重点从没有配合转让方逃废债务意图的角度进行证据收集和抗辩。

（3）连带责任还是补充责任

《公司法解释三》第 18 条采用了由受让方承担连带责任的措辞，特别是在公司债权人提起诉讼时受让方对此承担连带责任的表述非常模糊，难免使人产生受让方与债务人（公司）承担连带责任的理解。笔者认为，结合《公司法解释三》第 13 条的规定，受让方的责任应当从两个层面理解：**一是公司债权人仅有权请求受让方对公司债务不能清偿的部分承担补充赔偿责任；二是公司债权人可就公司债务不能清偿的部分产生的补充赔偿责任要求受让方、转让方共同承担连带责任**。

2. 股权多次转让问题应如何处理

本案的特殊之处在于案涉股权共发生过两次转让，即聂某转让给符某 2，符某 2 再转让给姚某，且两次转让均发生于认缴出资期限届满前。本案中，姚某作为现任股东被判决承担补充责任应没有任何争议，但在两次转让中分别作为受让方和转让方的符某 2 同样被认定就公司债务承担补充责任，笔者认为应做如下理解：

首先，如果采用一审法院的裁判观点，即股东未履行出资义务均构成《公司法解释三》第 18 条规定的情形。此时，两次股权转让均发生在出资期限届满前，均构成出资瑕疵，聂某和符某 2 作为两次转让的转让方均应承担补充赔偿责任。而从符某 2 作为受让股东的角度，其同样明确知晓标的股权在其受让时仍未完成出资，因此符某 2 无论作为受让股东还是转让股东均应当承担责任，这也是一审法院判决符某 2 承担补充赔偿责任的原因。

其次，如果采用二审法院的裁判观点，即出资未届期时不构成出资瑕疵的情形，则本案中两次股权转让时均不存在出资瑕疵的情形，也就不存在因股权转让时存在出资瑕疵导致转让方和受让方承担责任的基础。但在本案中，二审法院未对一审法院判决符某2承担责任的部分进行改判，系由于本案中仅聂某对于一审判决提出上诉，符某2并未上诉，因此二审法院无权就此问题进行审理，也就不存在进行改判的基础。

综上，笔者认为对于股权多次发生转让的情形，应分别对每次股权转让是否存在瑕疵出资进行认定，之后再将股东分别代入转让方与受让方的身份以确定其责任承担。

3. 对《公司法（修订草案)》新规定的理解

《公司法（修订草案)》（2021年12月24日发布）第89条第1款规定："股东转让已认缴出资但未届缴资期限的股权的，由受让人承担缴纳该出资的义务。"

《公司法（修订草案)（二次审议稿)》（2022年12月30日发布）第88条第1款规定："股东转让已认缴出资但未届缴资期限的股权的，由受让人承担缴纳该出资的义务；受让人未按期足额缴纳出资的，出让人对受让人未按期缴纳的出资承担补充责任。"

在《公司法》修订草案第一稿发布后，许多法律界人士认为该条规定意味着原股东只要转让股权即视为免除出资责任，将会助长股东转让股权规避出资义务的情况，不利于公司债权人的保护。也有观点认为该条仅系原则性规定，而例外情况应当由司法解释进一步予以明确。而后，二次审议稿在此基础上补充了"受让人未按期足额缴纳出资的，出让人对受让方未按期缴纳的出资承担补充责任"。

二次审议稿增加的内容与之前司法解释和司法判例中的观点均有很大不同，笔者认为，二次审议稿的内容有如下几处值得探讨：

第一，受让方承担出资义务不再以"知道或应当知道"为前提。如果股权转让时仍未届出资期限，受让方应当承担缴纳出资的义务，其中暗含受让方无条件承担出资义务和赔偿责任的意思。二次审议稿的修改以严格商事外观主义为倾向，正如前文所述，受让方在收购时通常会通过尽职调查了解股权的价值，在大多数情况下对出资义务的履行情况十分清楚。发生股权转让后，受让方经登记成为公司股东，自然也就受让了附随在股权上的出资义务。至于受让方因与出让方交易而被欺诈或隐瞒的情况，本来也属于双方之间合同关系的范畴，不应由公司法进行处理。笔者认为，该规定更加符合出资认缴制下的权利义务关系，强调股东出资义务，保护公司及债权人的利益，具备更强的合理性。至于受让方是否因配合原股东恶意逃废债务而不再享有出资期限利益的问题，则可以通过司法解释加以解决，不必在本条款中进行详述。

第二，将新老股东出资义务形成强烈的关联，转让方无法再通过转让未届出资期限股权免除出资义务。二次审议稿中新增加的规定对出让方采用严格的标准，即只要受让方未履行出资义务，出让方均应当承担补充责任。也就意味着股权转让时无论是否届期，转让方均不能免除出资义务，只要转让方曾经作为公司股东，无论何时其均应当承担未按期缴纳出资的补充责任。二次审议稿的上述规定打破了司法实务中长期形成的“转让股东原则上不承担出资责任、例外情形承担出资责任”的裁判趋势，司法裁判观点将发生180 度大转弯。如果《公司法》确实按二次审议稿进行修订，将对商事行为造成重大影响，未届期股权的转让行为可能因此大幅缩减，也可能导致转让对价发生大幅上涨。

第三，出让方承担补充责任的形式存在不明确之处，在实践操作中可能会出现双层补充责任的问题。最高人民法院在对《公司法解释三》进行条文解读时指出，补充责任是指债权人只有在公司不能清偿其债权时，才有权就不能清偿的部分请求上述责任主体承担赔偿责任。[①] 据此，对二次审议稿应作如下理解：受让方作为实际股东应当承担出资义务，出让方就受让方不履行出资义务的部分承担补充责任。依据上述解读，在公司请求股东履行出资义务时责任划分是明确的，但在公司债权人请求出让方、受让方承担责任时则可能产生分歧。债权人起诉时公司本身作为债务人，受让股东对公司债务在其未履行出资义务的范围内承担补充赔偿责任，如果出让股东再就受让股东出资义务承担补充责任，此时发生的双层补充责任无论从司法裁判还是执

① 最高人民法院民事审判第二庭编著：《最高人民法院关于公司法解释（三）、清算纪要理解与适用》，人民法院出版社 2011 年版，第 215 页。

行层面均难以实际操作。

笔者理解，《公司法（修订草案）（二次审议稿）》新增的上述规定是在尝试解决股东通过转让股权逃废债务的问题，但该规定存在过于绝对化和可操作性不强的问题，有可能引发新的问题。所以，《公司法》究竟如何修改并将对商事行为产生哪些影响，还需要静观其变。

【复盘时间】

1. 转让方应通过权利义务条款对受让方限期出资义务监督落实

如前所述，在认缴制出台之后未届出资期股权发生转让的情形大量存在，如果为了规避风险而要求转让方在转让前完成实缴，显然并不现实，也不利于促成交易。有些转让方会在股转协议中约定“受让方应在出资届期前履行出资义务，转让方不再承担出资义务”，但这种约定既不能对抗目标公司，也不能对抗公司债权人。假设《公司法（修订草案）（二次审议稿）》审议通过，转让方则需无条件承担受让方未实缴出资的补充责任。因此，建议对“受让方出资义务”条款进行细化约定，不但要明确应由受让方承担限期出资义务，还应当将此作为转让方有权解除合同或者追究其他形式违约责任的条件，通过这种督促方式使转让方有权对受让方的出资义务进行监督，使之落实到位。

2. 受让方受让股权时需要关注转让方有无恶意逃避债务的行为

根据《九民纪要》第 6 条的规定，以及前述关于是否适用《公司法解释三》第 18 条的第三种观点，恶意延长出资期限、恶意逃避债务的股东不享有期限利益，这种司法观点同样可能涉及未届出资期限的受让方股东。实践中，确实存在一些贪图便宜的受让方以零对价受让股权，却没有考虑清楚其中可能带给自身的麻烦，结果就是“零元购”变成了“一身债”。因此，建议受让方在受让股权之前扩大尽职调查的范围，特别是在零对价或低价受让未届期股权时，重点关注转让方的转让意图、目标公司债务发生时间和认缴出资期限是否发生延长等情况。

5. 违约责任条款

争点 19：未约定违约金标准时如何主张赔偿

【本集提要】

一份看似常规的上市对赌协议，却因为遗漏了逾期违约金条款，造成资管公司在主张损失时陷入被动。而为了促使投资者同意延期清算，资管公司只能自掏腰包补足投资者延期退出期间的预期收益。该案例折射出对赌协议与民间借贷协议在法律适用方面的差异，同时本集借此进一步探讨合同未约定违约金或违约金计算公式时的损失计算原则。

【法律关系图】

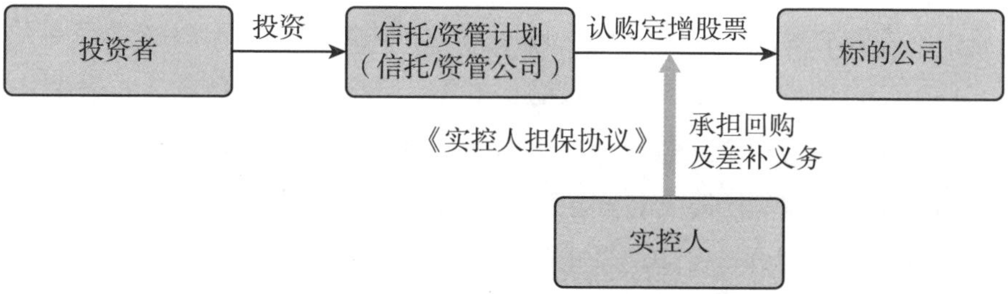

【基本案情】

2016 年 4 月，明珠资管与标的公司的实控人伟业集团签订《股权投资协议》，其中约定：（1）明珠资管通过增资形式入股标的公司，增资款为 2 亿元；（2）从增资之日起 3 年内，标的公司应实现在 A 股上市之目标，3 年到期时如果未能上市，伟业集团应一次性向明珠资管支付 2 亿元 ×（1 +

10.5%）×3 年的股权回购款；（3）违约条款内容为：**守约方可要求违约方补偿守约方的直接经济损失和可预见的间接经济损失**。

同月，明珠资管通过资管计划向投资者募集资金 2 亿元，《资管协议》中约定本项目投资者的预期收益率为 7.8%。资管计划成立后，明珠资管作为契约型基金的管理人向标的公司实际支付了 2 亿元增资款，《股权投资协议》进入实质履行阶段。

2019 年，标的公司上市失败。明珠资管观望一段时间后认为目标公司仍无上市希望，随即向伟业集团发出通知，要求其依照协议承担股权回购义务，但伟业集团并未履行。

为此，明珠资管开始准备诉讼。但在梳理合同条款时，明珠资管方才发现**回购款的计算公式只计算了 3 年对赌期内的固定回报，并没有约定收益计算至回购款支付完毕之日止，也没有考虑回购方逾期不履行回购义务时支付逾期违约金的问题**。此外，为了稳住投资者，使投资者同意资管计划延期退出，明珠资管承诺继续按照 7.8% 的利率在延期退出期间向投资者分配收益。但如果不向伟业集团主张逾期利息，明珠资管只能自掏腰包予以补足。

于是，明珠资管决定参照《最高人民法院关于审理民间借贷案件适用法律若干问题的规定》（以下简称《民间借贷司法解释》）第 28 条第 2 款第 2 项“约定了借期内利率但是未约定逾期利率，出借人主张借款人自逾期还款之日起按照借期内利率支付资金占用期间利息的，人民法院应予支持”的规定，起诉要求伟业集团除支付固定回购款以外，继续按 10.5% 的合同期内利率支付直至回购款本金付清之日止的损失。

由此引发了对赌协议纠纷可否适用《民间借贷司法解释》的法律争议。

【审理与裁判】

诉讼中，伟业集团未出庭应诉，放弃了答辩权利，但该案受理法院并未因为伟业集团未答辩就全部支持原告诉讼请求，关于明珠资管要求按 10.5% 期内利率支付损失费的诉讼请求，法院认为：

案涉协议性质为股权投资，因此原告要求参照《最高人民法院关于审理民间借贷案件适用法律若干问题的规定》计算损失，缺乏依据，本院酌定损失计算标准为银行同期贷款利率。

据此，法院判决：（1）被告于本判决生效后10日内向原告支付股权回购款2.63亿元；（2）被告向原告支付逾期支付股权回购款之日起至实际付清之日止的损失（以2.63亿元为基数，按中国人民银行授权全国银行间同业拆借中心公布的一年期贷款市场报价利率为标准进行计算）；（3）驳回原告其他诉讼请求。

【白律师析法】

1. 只有在认定“明股实债”的前提下才可能适用《民间借贷司法解释》的相关规定

“明股实债”是投资实务中形成的一个高度精练的描述业务形态的词汇，并非法律概念，不过在近年的司法判例中属于高频词汇。“明股实债”的主张往往由回购义务人一方提起，其主要目的要么是想推翻或部分推翻对赌协议回购价款计算方面的约定，要么是原股东希望争夺企业控制权，而投资人一方主动提出投资系“明股实债”的情况比较少见。

“明股实债”通常是指名义上是股权投资，实质为债权融资，投资方并不根据企业的投资收益或亏损进行收益分配，而是由公司或其实控人或其他关联方提供保本保收益承诺。

针对对赌协议是否构成“明股实债”问题，法院在作出裁判时一般会考虑以下几点：（1）对赌协议是否约定了固定退出期限和固定收益；（2）投资人是否参与公司日常经营管理和行使股权，是否承担风险；（3）股权转让价格是否合理。

如果法院认定构成“明股实债”，则可能根据《民间借贷司法解释》确立的相应裁判规则对投资方主张的相关款项进行具体计算。例如，在**（2020）京03民终6130号判决书**中，北京市第三中级人民法院认定：“对于法律关系的判断，应该根据当事人的行为以及形成的相关文件内容进行综合判断。……可以看出瑞通投中心向宛成派酒店注入资金的目的就是获得固定收益及运营费用年化利率，**该约定脱离了经营业绩和风险，是一起典型的‘明股实债’案件**。”最终，二审法院对一审法院适用《民间借贷司法解释》作出的判决结果予以维持。

不过，通过裁判文书检索，我们发现当前法院在认定“明股实债”问题上相对谨慎，最终未认定“明股实债”的判例占比更高。

例如，在（2022）**最高法民申418号再审审查裁定书**中，最高人民法院就业绩对赌是否构成“明股实债”问题认为：“《补充协议》本质上是投资方与融资方达成的股权性融资协议，其目的是解决交易双方对目标公司未来发展的不确定性、信息不对称以及代理成本而设计的包含了股权回购、金钱补偿等对未来目标公司的估值进行调整的协议，**系资本市场正常的激励竞争行为**，双方约定的补偿金计算方式是以年度净利润在预定的利润目标中的占比作为计算系数，体现了该种投资模式对实际控制人经营的激励功能，**符合股权投资中股东之间对赌的一般商业惯例，不构成‘明股实债’或显失公平的情形**，依法不应适用合同法第五条的公平原则对当事人约定的权利义务进行干预调整。”

在（2021）**京民终87号判决书**中，北京市高级人民法院亦未支持“明股实债”的主张，认为：“根据《增资协议》《增资协议之补充协议》《增资协议之补充协议二》《股权回购协议》可以看出，各方之间本次投资的模式是，投资人创业投资中心投资人民币600万元获得标的公司凯悦宁公司增资后0.88%股权，标的公司承诺履行一定义务或完成一定事项，否则在触发股权回购约定事项时，投资人创业投资中心可要求原股东吴某流等人回购其所持有的股权。其性质为在股权投资过程中，投资方与融资方签订增资协议，并约定一定的预期目标，当目标无法实现时，则融资方兑现对投资方的回购股权等承诺。由此可见，本案属于因对赌协议引发的投资纠纷，在此类投资行为中，若预期目标实现则不会触发回购股权。而民间借贷纠纷系借款方承诺对出借方在一定期限或一定条件成就后还本付息的行为。因此，案涉纠纷不属于民间借贷纠纷。”

回到本案，明珠资管希望法院支持回购日以后继续按10.5%利率计算的投资收益，但又缺乏合同依据，就只能将《民间借贷司法解释》第28条作为依据。但由于该司法解释只适用于借贷法律关系，所以除非对赌协议属于“明股实债”，这是明珠资管绕不过去的一个问题。如前述分析：一方面，投资方极少主动提出“明股实债”，因为自认投资系“明股实债”有可能给自身业务合规性甚至对赌协议效力问题制造风险隐患；另一方面，由于法院对对赌协议是否构成“明股实债”持谨慎判断的态度，即便明珠资管主动提出，由于本案所涉对赌协议关于上市退出、未上市对赌退出等交易安排与市场中的股权投资业务模式相符，所以“明股实债”观点被法院采纳的可能性几乎为零。

2. 未约定违约金计算标准应该如何主张损失

关于合同当事人没有约定逾期付款违约金标准的问题，最高人民法院早在 1999 年就颁布了《关于逾期付款违约金应当按照何种标准计算问题的批复》，其中规定：“对于合同当事人没有约定逾期付款违约金标准的，人民法院可以参照中国人民银行规定的金融机构计收逾期贷款利息的标准计算逾期付款违约金。中国人民银行调整金融机构计收逾期贷款利息的标准时，人民法院可以相应调整计算逾期付款违约金的计算标准。”

2021 年 1 月 1 日起《民法典》施行后，上述批复已被废止，取而代之的是按照不同合同类型分别出台的新司法解释，具体规定如下：

民间借贷方面，《民间借贷司法解释问题的规定》第 28 条第 2 款规定：“未约定逾期利率或者约定不明的，人民法院可以区分不同情况处理：（一）既未约定借期内利率，也未约定逾期利率，出借人主张借款人自逾期还款之日起**参照当时一年期贷款市场报价利率标准计算的利息**承担逾期还款违约责任的，人民法院应予支持；（二）约定了借期内利率但是未约定逾期利率，出借人主张借款人自逾期还款之日起按照借期内利率支付资金占用期间利息的，人民法院应予支持。”

买卖合同方面，《最高人民法院关于审理买卖合同纠纷案件适用法律问题的解释》第 18 条第 4 款规定：买卖合同没有约定逾期付款违约金或者该违约金的计算方法，出卖人以买受人违约为由主张赔偿逾期付款损失，违约行为发生在 2019 年 8 月 19 日之前的，人民法院可以中国人民银行同期同类人民币贷款基准利率为基础，参照逾期罚息利率标准计算；违约行为发生在2019年8月20日之后的，人民法院可以违约行为发生时中国人民银行授权全国银行间同业拆借中心公布的**一年期贷款市场报价利率**（LPR）标准为基础，**加**30%~50%计算逾期付款损失。

商品房买卖合同方面，《商品房买卖合同司法解释》第13条规定："商品房买卖合同没有约定违约金数额或者损失赔偿额计算方法，违约金数额或者损失赔偿额可以参照以下标准确定：逾期付款的，按照未付购房款总额，参照中国人民银行规定的**金融机构计收逾期贷款利息**的标准计算……"

建设工程合同方面，《最高人民法院关于审理建设工程施工合同纠纷案件适用法律问题的解释（一）》第26条规定："当事人对欠付工程价款利息计付标准有约定的，按照约定处理。没有约定的，按照**同期同类贷款利率**或者**同期贷款市场报价利率**计息。"

从上述规定可见，最新一批司法解释在不同类型合同的逾期利息的参照标准问题上规定不一。但造成这一局面的原因，究竟是最高人民法院考虑到不同合同类型在界定损失上存在差异，还是为了沿用旧司法解释的表述而不再统一规定？我们确实不得而知。

不过由此产生的一个问题是，已颁布专门司法解释的相关合同纠纷可以按其规定主张逾期利息，没有对应司法解释的应该如何主张？比如本案所涉对赌协议，其实质是关于股权的买卖合同法律关系，那可否按照司法解释在LPR基础上加计30%~50%？就此问题，我们还没有检索到权威判例或者学术观点，预计在司法实践中也会存在较大争议，有可能不同法院、法官会存在不同理解，难以预判在对赌纠纷中提出相关主张会产生何种判决结果。不过我们认为，尽管合同未约定违约金计算标准，但回购义务人未能按期履行回购义务毕竟是一种违约行为，违约金亦带有一定的惩戒违约行为的功能，因此在LPR基础上加计30%~50%并不过分。

当然，此等探讨依然是建立在对赌协议既未约定违约金也未约定回购款计算至实际给付之日这一基础之上的。如果协议约定回购款中的收益部分计算至实际给付之日，说明合同当事人已经于协议中考虑到资金占用费的问题，投资人的逾期回款损失已通过持续计算的回购款加以弥补，因此不存在额外按照 LPR 支付利息的问题。

3. 违约金过高的认定原则

假设合同中约定了违约金计算标准，当事人认为过高或者过低均可请求裁判机构予以调整。以下简要介绍违约金过高的认定原则。

《民法典》第 585 条规定："当事人可以约定一方违约时应当根据违约情况向对方支付一定数额的违约金，也可以约定因违约产生的损失赔偿额的计算方法。约定的违约金低于造成的损失的，人民法院或者仲裁机构可以根据当事人的请求予以增加；约定的违约金过分高于造成的损失的，人民法院或者仲裁机构可以根据当事人的请求予以适当减少。当事人就迟延履行约定违约金的，违约方支付违约金后，还应当履行债务。"

《九民纪要》第 50 条则对违约金过高的认定标准和举证责任问题在一定程度上确立了裁判规则，该条规定："认定约定违约金是否过高，一般应当以《合同法》第 113 条规定的损失为基础进行判断，这里的损失包括合同履行后可以获得的利益。除借款合同外的双务合同，作为对价的价款或者报酬给付之债，并非借款合同项下的还款义务，不能以受法律保护的民间借贷利率上限作为判断违约金是否过高的标准，而应当兼顾合同履行情况、当事人过错程度以及预期利益等因素综合确定。**主张违约金过高的违约方应当对违约金是否过高承担举证责任**。"

除依据上述规定外，法院在审判实践中还会从以下几方面判断违约金是否过高：一是应查明实际损失，确定基本标准（超过损失的 30% 为过高）。二是应考虑合同履行情况（接近履行完毕还是尚未履行）。三是应考虑当事人的过错程度（恶意违约还是过失违约）。四是应考虑当事人缔约时对可得利益的预见。此外，调整违约金金额时，也应考虑当事人是否为商事主体，该交易是否为商事交易。如果属于商事主体从事的商事交易，则在认定违约金过高或过低时，应更为谨慎。①

---

① 最高人民法院民法典贯彻实施工作领导小组主编：《中华人民共和国民法典合同编理解与适用（二）》，人民法院出版社 2020 年版，第 780、781、786 页。

【复盘时间】

1. 任何合同都要重视违约条款设置

违约条款是守约方实现合同救济权的重要途径，也是法务人员审查合同时的重中之重。我们发现，在借贷协议、买卖协议等常见协议中通常不会遗漏违约条款，这大概是因为相关合同范本传播非常广泛，合同当事人对违约条款的接受度也比较高。但是在对赌协议等专业性较强的协议中，可能因为对回购款的计算存在约定俗成的理解，回购往往按照固定期限进行计算，加之签约时合作双方尚处于“蜜月期”，谈违约“伤感情”，于是双方就主动放弃了违约条款的设置。但如同本案出现的情形，一旦缺少违约条款，不仅在确定损失计算标准上会给守约方制造很大难度，由于缺少有效震慑，还会极大增加对手方恶意违约的风险。因此我们在此提醒，**无论合作双方关系再紧密，违约条款都不可不设**。

2. 违约金标准应当明确可计算，且与违约行为应当形成对应关系

约定的违约金计算标准应当是明确具体的，当发生诉讼时，主张违约金的一方可以根据违约条款计算得出具体金额，这样才可能获得裁判机构的全额支持。此外，当预计合同履行中可能发生不同种类、不同情形的违约事由时，违约条款最好不要笼统表述，而是针对不同违约事由分别设定违约金金额或者计算标准。例如，当发生债务清偿逾期时，可以约定按应还款金额的一定标准计算违约金；当义务人不履行某项合同义务时，可以约定违约方在纠正违约行为之前以“日”为单位支付违约金；当发生解除合同的情形时，可以根据合同总金额的百分比设定违约金。这样做的好处在于，对守约方而言，可以最大限度地使本方的违约金主张获得支持，避免因为违约事由与违约金约定不匹配，造成裁判机构强行干预调整违约金；而对于违约方而言，同样可起到确保违约赔付金额适当，与实际损失匹配的作用。在《九民纪要》确立的规则下，违约方对违约金过高问题负有举证责任，这无疑增加了违约方的赔付压力，所以通过对违约条款进行细化，就可以降低因微小的违约行为招致巨额赔付的可能性。

争点 20：裁判机构对违约金约定过高问题如何调整

【本集提要】

违约金和损失的认定与增减一直是司法实践中争议较大的问题，关于违约金过高的举证责任以及调减比例考量因素更是争议不断，存在一定程度的裁判尺度不统一问题。本集以一则最高人民法院于 2022 年作出二审判决的案例为切入点，从相关规定与判例层面就这一问题进行探讨，并试图寻找更为合理的违约金条款设置方式。

【基本案情】

2016 年 9 月，华策公司为了收购张某持有的力高公司 100% 的股权，从而实现对力高公司名下一宗土地的使用，于是双方签订了《股权转让协议》，主要约定：（1）张某与华策公司同意共同推进项目资产的用地手续完善事宜。（2）华策公司共分四期支付本次股权转让的总价款（前三期合计 6.75 亿元，第四期尾款根据双方约定的公式计算）。（3）如出现如下情形之一，华策公司有权解除合同，也有权选择继续履行合同……张某在 2016 年 12 月 22 日前未取得相关行政主管部门对本项目用地规划指标的行政批复，且在 2017 年 1 月 22 日前仍未取得。（4）如出现第五章第 1 条约定的情形导致华策公司行使协议解除权，张某应在华策公司行使协议解除权之日起 5 日内将已收取的股权转让款（含履约定金）返还给华策公司；如逾期，张某应**以该返还款项为基数按日千分之一的标准**向华策公司支付违约金以及华策公司为实现债权而支出的费用。

上述合同签订后，华策公司依约支付了前三期股权转让款合计6.75亿元。

2017年7月10日，华策公司以案涉项目用地规划指标的行政批复超期未能取得为由，认为合同目的已经无法实现，且认为已具备法定和约定的解除条件，于是向张某发出《关于解除合同的通知函》，通知对方从即日起《股权转让协议》解除，并要求其于5日内向华策公司返还已支付的6.75亿元股权转让款。但张某认为未能如期取得政府批复并非其自身违约所致，而且该事项目前仍在推进中，合同应当继续履行，因此并未向华策公司返还已收取的股权转让款。

为此，华策公司诉至广东省高级人民法院，**诉讼请求为**：（1）判令张某返还已付款6.75亿元；（2）判令张某赔偿因违约给华策公司造成的资金占用损失及融资成本损失，暂计至2017年7月19日为2.49亿元；（3）判令张某赔偿因违约给华策公司造成的预期利益损失，暂计为1亿元；（4）判令张某向华策公司支付逾期还款违约金（以6.75亿元为基数，自2017年7月17日起，按每日千分之一的标准计至实际清偿之日止，暂计至2017年8月1日，为1080万元）；（5）判令张某赔偿律师费、保全保险费等诉讼支出。

【审理与裁判】

关于本案，双方主要争议焦点在于华策公司单方行使约定解除权是否有效，张某在合同解除前和合同解除后是否均构成违约，华策公司提出的返还已付款、资金占用损失、融资成本损失、逾期利益损失以及逾期还款违约金等各项主张及其金额能否获得支持。

广东省高级人民法院一审判决：

（1）合同应否解除及解除时间

根据原《合同法》第93条第2款的规定及《股权转让协议》第五章第1条的约定，鉴于张某在2017年1月22日前未取得案涉土地规划指标的行政批复，故华策公司解除合同的条件自该日起已成就，华策公司有权单方解除合同。华策公司于2017年7月10日向张某发出《关于解除合同的通知函》，张某于2017年7月11日签收该通知函，故案涉合同于2017年7月11日解除。

（2）张某是否构成违约

华策公司主张张某未在约定期限内取得土地部门行政批复，致使其不能实现合同目的，已构成根本违约，应当赔偿由此给其造成的损失。但合同明确约定华策公司和张某共同负有完善用地手续的义务。当张某在指定期间内未取得案涉土地规划指标的行政批复时，华策公司享有解除合同及请求对方承担合同解除的后果的权利。……（根据现有证据）在没有充分证据证明张某怠于履行合同义务的情况下，不能仅以其未能取得相关行政批复为由认定其构成违约。

（3）华策公司主张的各项损失及违约金能否得到支持

鉴于张某在本案合同解除前并不存在违约行为，故华策公司以张某违约为由主张张某向其赔偿融资利息损失及预期利益损失，缺乏事实及法律依据，均不予支持。

关于逾期还款违约金。根据案涉协议的约定，在华策公司行使约定解除权的情况下，张某应于2017年7月16日前履行上述还款义务。但张某并未依约履行该项还款义务，违反了合同约定，应承担相应的违约责任。案涉协议约定了逾期还款违约金的计算方法。**张某提出逾期还款违约金标准过高**。依照原《合同法》第114条第2款以及原《合同法司法解释二》第29条的规定，**应综合考虑张某在华策公司行使合同解除权之前有无违约行为，华策公司因张某逾期还款所产生的损失等实际情况衡量本案违约金的标准**。

首先，张某未在2017年7月16日之前返还股权转让款6.75亿元，会造成华策公司的资金占用损失，该损失应从2017年7月16日起计算。但华策公司主张应从其付款之日起计付资金占用损失至2017年7月10日，缺乏事实及法律依据，不予支持。

其次，华策公司向金融机构融资并支付的三笔利息与本案有关，但鉴于三笔利息均产生于张某逾期还款前，华策公司亦未提交其他证据证明该笔融资款在张某逾期还款后产生的损失，故华策公司主张的融资利息损失并非张某逾期还款所造成，依法不应由张某承担。

最后，华策公司主张的预期利益损失亦非张某逾期返还股权转让款所造成，亦不应由张某承担。

因此，**本案股权转让合同约定的违约金计算标准与华策公司能够举证证明的实际损失相比明显偏高，张某主张按照中国人民银行同期同类人民币贷款基准利率的1.3倍计算违约金，具有事实和法律依据，予以采信**。

据此，**一审判决**：（1）张某于判决生效之日起15日内返还股权转让款6.75亿元；（2）张某于判决生效之日起15日内支付以6.75亿元为基数，从2017年7月16日起至实际还款之日止的逾期还款违约金（按中国人民银行同期贷款利率的130%计算）；（3）张某于判决生效之日起15日内支付律师费200万元。

一审判决后，双方当事人均提起上诉。最高人民法院对本案进行了审理，并于2022年3月30日作出终审判决，**最终支持了一审法院关于华策公司享有合同约定的单方解除权和张某在合同解除前不构成违约等裁判观点**。

最高人民法院二审判决：

（1）逾期还款违约金

如前所述，张某逾期返还华策公司支付的股权转让款，构成违约，依约应承担相应的违约责任。《股权转让协议》约定了逾期还款违约金的计算方法，张某提出约定的违约金标准过高，请求予以减少。鉴于此，一审判决依照原《合同法》第114条第1款、第114条第2款以及《合同法司法解释二》第29条的规定，**综合考虑张某在华策公司行使合同解除权之前有无违约行为，华策公司因张某逾期还款所产生的损失等实际情况，认为《股权转让协议》约定的日千分之一的违约金计算标准与华策公司能够举证证明的实际损失相比明显偏高，酌情调整为按中国人民银行同期贷款利率、全国银行间同业拆借中心公布的同期贷款市场报价利率的1.3倍计算，并无明显不当**。华策公司上诉主张按中国人民银行同期贷款利率或全国银行间同业拆借中心公布的同期贷款市场报价利率的4倍计算违约金，缺乏充分的事实和法律依据，不予支持。

（2）从付款日到合同解除之日的资金占用损失

原《合同法》第97条规定："合同解除后，尚未履行的，终止履行；已经履行的，根据履行情况和合同性质，当事人可以要求恢复原状、采取其他补救措施，并有权要求赔偿损失。”据此，华策公司在行使合同解除权后，有权要求恢复原状和赔偿损失。华策公司通过珠海华策集团分别于2016年9月23日、9月29日、11月21日支付5000万元、2.2亿元、4.05亿元，华策公司主张的其付款之日起至合同解除之日2017年7月11日止按中国人民银行同期贷款利率计算的资金占用损失，属于**法定孳息**，应予支持。一审判决对华策公司此部分主张未予支持不当，予以纠正。

（3）**预期利益损失**

华策公司主张的预期利益损失并非张某逾期返还股权转让款所造成，华策公司以张某违约为由向其主张赔偿预期利益损失，缺乏事实和法律依据，一审判决未予支持，并无不当。

（4）**融资成本损失**

华策公司主张其依据《债权收购暨债务重组协议》向金融机构支付的融资利息损失应由张某承担，但是未能提交证据证明其所主张的融资利息损失与本案具有关联性，且系张某逾期返还6.75亿元股权转让款所造成。因此，一审判决对华策公司主张的融资利息损失未予支持，并无不当。

（5）**为实现债权所支付的费用**

《股权转让协议》并未就公证费、认证费、翻译费的承担问题作出明确约定，且华策公司提交的收条、公证书、报价单等证据亦不足以证明该公司为本案诉讼实际支付了公证、认证费港币13,860元、英镑650元及翻译费3630元，故华策公司请求张某承担上述费用缺乏事实依据，一审判决未予支持，并无不当。**至于华策公司主张的诉讼财产保全责任保险费用35万元，并非华策公司为实现本案债权所必须支出的费用**，且双方对此费用的承担也未作出明确约定，一审判决未予支持，亦无不当。

【白律师析法】

违约金和损失的认定与增减一直是司法实践中争议较大的问题，其中又包含裁判机构调整违约金是否应当基于当事人的申请、违约金过高的举证责任和调减违约金的考量因素等问题。

1. 违约金过高的申请与认定

《民法典》第585条规定："当事人可以约定一方违约时应当根据违约情况向对方支付一定数额的违约金，也可以约定因违约产生的损失赔偿额的计算方法。约定的违约金低于造成的损失的，人民法院或者仲裁机构可以**根据当事人的请求**予以增加；约定的违约金**过分高于造成的损失**的，人民法院或者仲裁机构可以**根据当事人的请求**予以适当减少。当事人就迟延履行约定违约金的，违约方支付违约金后，还应当履行债务。"

《全国法院贯彻实施民法典工作会议纪要》（法〔2021〕94号）（以下简称《民法典纪要》）第11条规定："民法典第五百八十五条第二款规定的损失范围应当按照民法典第五百八十四条规定确定，包括合同履行后可以获得的利益，但不得超过违约一方订立合同时预见到或者应当预见到的因违约可能造成的损失……约定的违约金超过根据民法典第五百八十四条规定确定的损失的**百分之三十**的，一般可以认定为民法典第五百八十五条第二款规定的'过分高于造成的损失'……"

《民法典》及《民法典纪要》的上述规定相比《合同法》及其司法解释并未发生本质修改，体现出我国违约金制度"**以补偿为主，以惩罚为辅**"的理念，对违约方的惩罚功能并不十分突出。基于此，在民商事诉讼中违约方针对守约方提出违约金过高的主张非常普遍，而法院在案件审判中通常也会对守约方的实际损失加以重点关注。

《关于当前形势下审理民商事合同纠纷案件若干问题的指导意见》第8条规定："为减轻当事人诉累，妥当解决违约金纠纷，违约方以合同不成立、合同未生效、合同无效或者不构成违约进行免责抗辩而未提出违约金调整请求的，人民法院可以就当事人是否需要主张违约金过高问题进行释明……"据此，现实中很多法官会在庭审中主动释明当事人是否主张违约金过高的问题，但这一释明并非必须的，假设当事人在一审中未主动提出，法院通常会按照"不告不理"原则不加处理，即使当事人在二审中补充提出主张，通常也难以获得改判。

另外，《民法典纪要》中关于"约定违约金不得超过实际损失百分之三十”的规定源自《商品房买卖合同司法解释》和原《合同法司法解释二》。这一量化规定由来已久，在法官心目中已经形成普遍性认识，可以说从一定程度上实现了司法统一，但此种量化方式针对金钱债务产生的违约金具有比较强的适用性，针对非金钱债务的可操作性并不强。

2. 违约金过高的举证责任分配

违约金过高的举证责任问题在现实中一直是一大难题。根据“谁主张，谁举证”的一般性原则，违约方应就违约金过高承担举证责任似乎更加合乎法理，但违约方经常抗辩认为，苛求违约方对守约方自身发生的损失进行举证，难免有失公正，也难以实现。笔者通过梳理既往规定发现，**违约方承担违约金过高的举证责任并无争议，但是否要求守约方共担举证责任，这个问题在各项规定中反复不定**。例如，2009 年下发的《关于当前形势下审理民商事合同纠纷案件若干问题的指导意见》第 8 条规定：“……人民法院要正确确定举证责任，违约方对于违约金约定过高的主张承担举证责任，非违约方主张违约金约定合理的，亦应提供相应的证据……”但 2019 年出台的《九民纪要》第 50 条则改为：“……主张违约金过高的违约方应当对违约金是否过高承担举证责任。”但《民法典纪要》又改回了共担举证责任，其中第 11 条第 3 款规定：“……当事人主张约定的违约金过高请求予以适当减少的，应当承担举证责任；相对人主张违约金约定合理的，也应提供相应的证据。”

在上述规定之外，我们对《民法典》生效后的案例进行检索，也发现法院对守约方的举证责任存在实质要求。

例如，（2022）**黔 03 民再 39 号案**中，法院认为：“衡量违约金是否过高的最重要标准是违约造成的损失，申请人作为守约方应更了解被申请人违约造成损失的事实和相关证据，从而具有更强的举证能力。因此，违约方的举证责任不能绝对化，守约方也要提供相应的证据。”最终，在双方均未提供证据的情况下，法院综合考虑各项因素对违约金进行了调整。

再如，（2021）**新 01 民终 2144 号案**中，法院认为：“守约方的举证责任首先是证明违约方存在违约行为及过错程度，如果不能证明对方的行为违约，其主张违约金的请求将得不到支持。其次守约方还需要证明约定违约金的合理性，即因违约方的违约行为导致的实际损失和其遭受的可得利益损失总额及必要的交易成本。违约方一般应当承担非违约方没有采取合理减损措施而导致损失扩大，守约方因违约而获得利益以及守约方亦有过失的举证责任，同时违约方对于违约金约定过高的主张承担举证责任。违约金的举证责任应当由违约方提供其认为违约金过高的证据，当其提供了初步证据和说明后，守约方应当提供证据说明约定违约金与其实际损失相当。”

要求守约方共同承担违约金是否过高的举证责任，有可能更利于法官查明实际损失情况，但其弊端在于，当双方均无法证明实际损失情况时，合同约定的违约金依然存在很大的被任意调减的可能，此时违约金条款的效力将被架空，违约金制度将得不到应有的尊重。

我们注意到，《合同编解释》（征）第 68 条第 2 款规定：“非违约方主张约定的违约金低于违约造成的损失请求予以增加，或者违约方主张约定的违约金过分高于违约造成的损失请求予以适当减少的，应当承担举证责任。”如果此规定正式颁布实施，则守约方将彻底从实际损失的举证责任中摆脱出来，至于实践中法院如何适用该规定并具体如何增减违约金，还有待典型案例公布后进一步观察。

3. 调减违约金的考量因素

《九民纪要》出台前，大量判例以《商品房买卖合同司法解释》不得超过实际损失 30% 的规定或者《民间借贷司法解释》中的利率上限作为违约金调减的依据，但这就造成了不同合同类型、不同债务类型在适用上的匹配问题。考虑到上述情况，《九民纪要》强调了法院在对各类双务合同的审理过程中应结合案件实际情况综合判断违约金的调整因素，而不应盲目采用固定利率上限作为依据。

《九民纪要》第 50 条规定：“除借款合同外的双务合同，作为对价的价款或者报酬给付之债，并非借款合同项下的还款义务，不能以受法律保护的民间借贷利率上限作为判断违约金是否过高的标准，而**应当兼顾合同履行情况、当事人过错程度以及预期利益等因素综合确定**。”

此外，《民法典纪要》第 11 条规定：“当事人请求人民法院减少违约金的，人民法院应当以民法典第五百八十四条规定的损失为基础，兼顾合同的履行情况、当事人的过错程度等综合因素，根据公平原则和诚信原则予以衡量，并作出裁判。”《合同编解释》（征）第69条第1款规定：“当事人依据民法典第五百八十五条第二款规定请求对违约金予以适当减少的，人民法院应当以民法典第五百八十四条规定的损失为基础，兼顾合同主体、交易类型、合同的履行情况、当事人的过错程度、履约背景等因素，遵循公平原则和诚信原则进行衡量，并作出裁判。”

在本案中，一审法院酌情调减违约金时就重点考虑到张某在合同解除前并不存在违约这一关键因素，其只是在合同解除时未能如期返还守约方的已付款。所以法院一方面对华策公司额外提出的预期利益等损失项目未予支持，另一方面则对于合同约定的“每日千分之一”的逾期违约金标准予以大幅调减。其调整依据有可能是《最高人民法院关于审理买卖合同纠纷案件适用法律问题的解释》第18条第4款的规定：“买卖合同没有约定逾期付款违约金或者该违约金的计算方法，出卖人以买受人违约为由主张赔偿逾期付款损失，违约行为发生在2019年8月19日之前的，人民法院可以中国人民银行同期同类人民币贷款基准利率为基础，参照逾期罚息利率标准计算；违约行为发生在2019年8月20日之后的，人民法院可以违约行为发生时中国人民银行授权全国银行间同业拆借中心公布的一年期贷款市场报价利率（LPR）标准为基础，加计30－50%计算逾期付款损失。”

最高人民法院的终审判决则有两点值得注意，一是对一审法院未支持资金支付到解约之间所发生的法定孳息予以纠正，二是对华策公司提出的应当以4倍LPR标准调减违约金的主张未予以支持。关于未支持按4倍LPR标准调减违约金的具体理由，最高人民法院只是笼统表述“缺乏充分的事实和法律依据”。从这一点可见，法院在调减违约金后的具体适用标准方面拥有非常大的自由裁量权，而二审法院通常会尊重一审法院在这方面的自由裁量。

【复盘时间】

1. 合同违约金标准设定过高或过低都有风险

违约金标准如何设定通常看哪一方当事人掌握更强的话语权，不过也有一些合同当事人对违约金标准并不看重，一方面是自信本方不会发生违约，另一方面则认为无论约定过高还是过低，进入诉讼后还有经法院调整的空间。但我们建议，违约金标准还是要同违约情形发生时可预见的损失相对应，过高或过低都有风险。现实中，约定违约金过低就意味着守约方要充分证明实际损失情况，而这方面的举证一直是比较困难的，存在较大的不被法院采纳的风险。至于约定违约金过高，其实无论对于守约方还是违约方都有风险。对违约方而言，随着举证责任分配制度的调整，违约方的举证责任显然是更重的，而且我国仲裁制度还本着尊重合同意思自治的精神，即使约定标准显著过高，也存在不予调整的可能性。对守约方而言，约定过高的违约金标准同样未必就能如愿，如本案，假设合同自始就按照 4 倍 LPR 标准设定违约金比例，未必就会被法院认定违约金过高。

2. 建议在合同违约责任部分增设违约金标准解释说明条款

尽管多个司法解释或者法院办案规定都对调减违约金的考量因素作出了规定，但实践中某个法院或某个法官具体如何裁量仍具有很大的不确定性。因此，不妨直接在合同中就违约金标准增设解释说明条款，例如当事人可以说明设置相关违约金标准的背景，也可以从行业惯例、商业案例角度说明设置相关违约金标准的合理性，以此为法官支持违约金约定提供依据。

6. 合同解除条款

争点 21：协议未约定情况下，违约方能否行使法定解除权

【本集提要】

根据契约严守及诚实信用原则，合同法定单方解除权原则上只有守约方享有，但在出现合同目的无法继续实现、违约方损失过高且双方利益失衡等情形时，违约方在特定案情下可能享有法定解除权。在一起最高人民法院判例中，买方签订采购合同后因遭遇标的物价格暴跌而拒收货物，又因合同未约定解除条款，买方随即以显失公平为由起诉行使法定解除权。最高人民法院最终是否支持了买方的解约诉求？在此类案件中，法院对“价格波动能否认定显失公平”的普遍态度如何？违约方能否行使法定解除权？《民法典》第 580 条相比原《合同法》的相关规定有何变化？合同当事人又该如何设定解除条款以维护己方利益？

【时间轴】

- 2012年2月24日
买卖双方签订《化工原料采购合同》，随后遭遇市场价格暴跌
- 2012年9月26日
买方发出《关于终止履行氧化镧购买合同的函》
- 2012年10月9日
卖方回函表示不予接受，坚决要求继续履行
- 2013年1月21日
买方起诉要求法院确认合同已实际解除
- 2013年2月22日
卖方发货遭买方拒收，卖方随即进行公证提存
- 2013年2月23日
卖方另案起诉要求买方全额支付货款
- **一审判决确认合同解除**
- **二审改判合同不予解除**
- **最高人民法院驳回买方提出的再审申请**

【基本案情】*

2012年2月24日，锗业公司与华光公司签订《化工原料采购合同》。合同约定：锗业公司向华光公司供应96吨氧化镧La_2O_3，价格为25万元/吨，合同总金额为2400万元。货品应为全南公司生产的产品，卖方每三个月发一次货，**发货数量及到货时间以需方（华光公司）传真要求为准，96吨货品应在合同签订之日起12个月内发完**。

合同签订后，华光公司实际未向锗业公司发送发货传真，原因是**签约后不久国内氧化镧市场价格即大幅度下降**。华光公司为此多次与锗业公司就价格问题进行协商，要求随行就市，但锗业公司认为应当按照合同约定价格执行，双方协商未果。

2012年9月26日，华光公司向锗业公司发出《关于终止履行氧化镧购买合同的函》，2012年10月9日，锗业公司回函表示不予接受。

2013年1月21日，华光公司对锗业公司提起诉讼，请求法院判令：（1）依法确认双方签订的《化工原料采购合同》自2012年9月27日起解除，双方合同义务终止履行；（2）锗业公司承担本案全部诉讼费用。

2013年2月22日，因合同约定的12个月的供货期限行将届满，锗业公司将合同项下全部96吨氧化镧送往合同约定的收货地址，但华光公司拒绝接收，锗业公司于是将货物公证提存至襄阳市某仓库。

2013年2月23日，锗业公司另案对华光公司提起诉讼，要求华光公司支付货款2400万元。

华光公司陈述的事实及理由为：（1）**本案所涉货品的市场价在短期内发生暴跌**，在短短一个多月时间内由25万元/吨狂降至9万元/吨（后又跌至4万元/吨），**若继续履行合同将对华光公司明显不公**。（2）合同中约定的“传真通知发货和到货时间”并非合同实体义务，只是一种配合方式。锗业公司未为供货而备货，未向华光公司催告供货问题或供货，直至合同期满前一天才将约定货品提存，违反了三个月供货一次的实体义务。

---

* 本案案情根据真实案例提炼。

锗业公司陈述的事实及理由为：（1）双方签订案涉《化工原料采购合同》是华光公司作为生产厂商锁定原材料长期供货价格的自主行为，之后出现的氧化镧价格下跌属于正常的商业风险，不存在对华光公司不公平的问题，且**锗业公司已为履行合同积极进行备货，如合同解除将导致锗业公司遭受巨额经济损失**。（2）锗业公司不存在违约不发货的情况，鉴于华光公司迟迟不肯发送需方传真，锗业公司曾多次电话、发函催促，并在 2012 年 8 月、10 月两次赴襄阳协商拿货事宜，但华光公司仍拒绝发送需方传真。在华光公司一直不履行该前置性义务的情况下，无论是法律层面还是实操层面都导致锗业公司无法交货，但为履行合同项下义务，锗业公司还是在合同期限届满前交付全部标的物。

【审理与裁判】

1. 关于华光公司是否有权依据原《合同法》第 94 条第 2 项的规定解除合同的问题

一审法院认为：根据原《合同法》第 94 条第 2 项①和原《合同法司法解释二》第 24 条②的规定，因**解除权系形成权，只需权利人单方行为即可行使**，而不必征得相对人同意，一旦到达对方即发生效力。锗业公司在收到通知后虽提出书面异议，但当华光公司回函表明坚持解除合同后，锗业公司未在三个月内提起诉讼，**已过三个月的异议除斥期间**，故确认双方合同已于 2012 年 9 月27 日解除。

二审法院及最高人民法院认为：首先，2012 年 2 月 24 日的《化工原料采购合同》明确约定"每三个月发货一次，发货数量及到货时间以需方传真要求为准"。可见，**锗业公司发货是以华光公司的传真通知为前提的。由于华光公司一直未传真确认发货数量和发货时间，锗业公司没有发货不构成违**

① 原《合同法》第 94 条规定，"有下列情形之一的，当事人可以解除合同：……（二）在履行期限届满之前，当事人一方明确表示或者以自己的行为表明不履行主要债务……"

② 原《合同法司法解释二》第 24 条规定："当事人对合同法第九十六条、第九十九条规定的合同解除或者债务抵销虽有异议，但在约定的异议期限届满后才提出异议并向人民法院起诉的，人民法院不予支持；当事人没有约定异议期间，在解除合同或者债务抵销通知到达之日起三个月以后才向人民法院起诉的，人民法院不予支持。"

约。该合同不能履行系华光公司要求解除合同而导致，因此锗业公司为守约方，华光公司为违约方。其次，原《合同法》**第94条第2项规定的违约解除权，是指守约方对违约方的解除权**。**由于锗业公司不存在违约行为，华光公司不享有违约解除权**。华光公司关于其可以行使该法定解除权的理由不成立。

2. 关于"标的物价格下跌，显失公平"能否作为合同解除理由的问题

二审法院认为：在双方当事人未协商一致的情况下，合同的解除必须具备法律规定的解除条件或合同约定的解除条件。本案中华光公司主张解除合同的理由为"氧化镧价格下跌，履行合同会对其显失公平"，**而双方签订的《化工原料采购合同》中并未约定华光公司主张的该项理由为解除合同的事由**。故华光公司以货物价格下跌，履行合同显失公平为由解除合同既无合同依据，亦不符合原《合同法》第93条第2款规定的约定解除情形。

最高人民法院认为：案涉货物氧化镧的价格在合同签订后确实有较大幅度下跌，但氧化镧的市场价格本身波动较大，华光公司**没有证据证明该市场价格波动超出市场因素的影响，该价格波动仍属于商业风险的范畴**，**不属于情势变更**应解除合同的情形。华光公司有关履行合同显失公平应解除合同的再审申请理由不成立。

【白律师析法】

从裁判结果来看，华光公司败诉的根本原因是法院认为**在本案案情之下，违约方不享有法定解除权**。审理过程中，一审法院结合原《合同法》和原《合同法司法解释二》的规定，认为解除权是一种形成权，除非对方在三个月的法定期限内以起诉方式提出异议，否则单方通知解除即生效。然而二审法院和最高人民法院均否定了这一观点，并将原《合同法》第94条第2～4项[①]规定的**法定单方解除权解释为只有守约方享有**，其背后的法理依据即为

① 原《合同法》第94条规定："有下列情形之一的，当事人可以解除合同：……（二）在履行期限届满之前，当事人一方明确表示或者以自己的行为表明不履行主要债务；（三）当事人一方迟延履行主要债务，经催告后在合理期限内仍未履行；（四）当事人一方迟延履行债务或者有其他违约行为致使不能实现合同目的……"

合同法领域的契约严守及诚实信用原则。

那为何要强调**违约方不享有法定解除权的裁判规则需要根据案情而定**呢？原因在于，在违约方不享有法定解除权这一一般原则之下，原《合同法》也作了除外规定，具体可见第110条："当事人一方不履行非金钱债务或者履行非金钱债务不符合约定的，对方可以要求履行，但有下列情形之一的除外：（一）法律上或者事实上不能履行；（二）债务的标的不适于强制履行或者履行费用过高；（三）债权人在合理期限内未要求履行。"而该规定成为特别情形下法院判决支持违约方亦可解除合同的最主要依据。①

《民法典》第580条对上述规定予以了保留，并且新增了第2款："有前款规定的除外情形之一，**致使不能实现合同目的**的，人民法院或者仲裁机构可以根据当事人的请求终止合同权利义务关系，但是不影响违约责任的承担。"至此，《民法典》进一步明确了"**在特定情况下违约方可解除合同**"的裁判规则。

而从司法判例角度看，**支持违约方解除合同第一案**是最高人民法院公报案例"新宇公司诉冯某梅商铺买卖合同纠纷案"。因此，本集将通过公报案例和本案案情的对比，进一步探讨《民法典》第580条的适用条件。

1. 新宇公司诉冯某梅商铺买卖合同纠纷案

在最高人民法院公报案例"新宇公司诉冯某梅商铺买卖合同纠纷案"中，新宇公司与冯某梅等买受人已签订商铺买卖合同，买受人已付清购房款，新宇公司亦交付了商铺。后新宇公司因经营方向调整，决定主动与商户解约并收回商铺，其中150多家商户通过协商解约，仅剩冯某梅等两家商户坚持不同意解约，导致新宇公司无法继续施工，6万余平方米建筑面临闲置风险，于是新宇公司请求法院判令解除合同。

南京市中级人民法院终审判决认为：新宇公司在合同约定的期限内未办理产权过户手续，已构成违约，又在合同未依法解除的情况下，将2B050商铺的玻璃幕墙及部分管线设施拆除，亦属不当。根据原《合同法》

① 参见王家鸣：《违约方合同解除请求权的立法研究》，吉林大学2018年硕士学位论文。

第 107 条[①]的相关规定，当违约情况发生时，继续履行是令违约方承担责任的首选方式。**但是，当继续履行也不能实现合同目的时，就不应再将其作为判令违约方承担责任的方式**。原《合同法》第 110 条规定了不适用继续履行的几种情形，其中第 2 项规定的“履行费用过高”，可以根据履约成本是否超过各方所获利益来进行判断。**当违约方继续履约所需的财力、物力超过合同双方基于合同履行所能获得的利益时，应该允许违约方解除合同，用赔偿损失来代替继续履行**。据此，法院终审判决合同解除，并在新宇公司自愿给付的情况下判决新宇公司向冯某梅支付较高的解约赔偿金。

2. 两案案情对比

我们认为，本案之所以与公报案例产生不同的裁判结果，主要是因为在案情上存在三点不同：

一是合同目的有无继续实现的可能性。在公报案例中，新宇公司已经变更了整栋楼宇的使用功能并同 150 多家商户完成了协商解约，如果坚持维系仅剩的两个商户，新宇公司须以其 6 万余平方米的整体面积为两户合计仅几十平方米的商铺“陪绑”；同时，在失去经营环境和氛围的情况下，冯某梅等两家商户实际也无法继续经营。因此在双方合同目的均已落空时，继续履行已无现实意义。而在本案中，储业公司具备交货能力并已将标的物提存，标的物价格下跌并不影响买卖双方合同目的的最终实现。

二是继续履行是否会造成违约方过高的损失并导致双方利益失衡。在公报案例中，如继续履行将会导致违约方 6 万余平方米的建筑闲置，因此解约后赔偿守约方损失显然能更好地平衡双方利益。而在本案中，违约方继续履行并未超出其订立合同时的预期，反而允许解除会导致守约方遭受经济损失及期待利益落空。

三是违约方有无主动提出赔偿守约方经济损失的主张。在公报案例中，新宇公司主动提出赔偿商户损失，甚至自愿在商铺增值部分之外赔偿一笔费用，致使法院相信守约方的合法权益可以通过赔偿得以保障。而在本案中，

---

① 原《合同法》第 107 条规定：“当事人一方不履行合同义务或者履行合同义务不符合约定的，应当承担继续履行、采取补救措施或者赔偿损失等违约责任。”

华光公司不但未表示赔偿意愿，反而主张系对方违约在先，最终未被法院采纳。另外，锗业公司的可得利益损失就是货品卖出价与货品市场价之间的差价，即便判令解除合同，该部分损失也应当由华光公司全额承担而非双方分担。一方面，货品市场价处于实时变动状态，法院难以代替当事人确定损失；另一方面，华光公司又未表态愿意赔偿，所以法院认为继续履行买卖合同才是公平合理的解决途径。

3. 《民法典》第 580 条适用条件探析

《民法典》第 580 条规定了三种除外情形，符合其中之一，即便是违约方也可以请求法院解除合同。具体包括：

其一，法律上或者事实上不能履行。如（2022）京 01 民终 5096 号案，法院认为：案涉合同签订后，北京市的相关政策向电动车的投入使用和相关配套设施建设倾斜……直到 2017 年，相关文件中已经没有关于天然气车及配套设施建设的规划。因此，**加气站建设在北京市不再具有现实基础，如继续履行案涉合同不仅会造成社会资源的浪费，而且对于绿源达公司亦有失公平**。为打破合同僵局，绿源达公司提出解除合同并无不当。

其二，债务的标的不适于强制履行或者履行费用过高。如（2020）吉民终 409 号案，法院认为："2020 年 6 月份，巴黎春天公司经营的商场已经停止营业，租赁商场对其已不产生价值。虽然在本案中不存在吉春工贸公司违约情形，未发生约定解除事由……但是如果不允许违约方（巴黎春天公司）通过起诉的方式解除合同，双方均无法从难以继续的合同中解脱。根据《合同法》第一百一十条第二项的规定，履行费用过高的非金钱之债可以不再履行。**而判断履行费用是否过高，不应仅从一方因履行获得的利益与一方因履行承受的不利益比较，还应从社会总体利益的角度出发，减少财产浪费，有效利用资源。以本案情形，就双方而言，解除合同所产生的利益要大于继续履行合同所产生的利益**。而且如继续履行合同，巴黎春天公司将会承担更大的损失。"

其三，债权人在合理期限内未请求履行。如（2021）沪 01 民终 2526 号案，法院认为："银龙公司未按约定履行合同义务，构成违约……但是，**旭**

日公司在之后长达两年多时间内，既未向银龙公司主张履行，也未通过向法院起诉请求履行或者解除合同并要求银龙公司赔偿损失……由此可见，虽然旭日公司在合同约定的交货期届满前后曾向银龙公司主张履行，但其之后长期怠于向银龙公司主张履行的行为已构成《中华人民共和国民法典》第五百八十条第一款规定的‘债权人在合理期限内未要求履行的’的除外情形。”

需要强调的是，《民法典》第580条将三种除外情形限定为非金钱债务，其原因在于，如果是金钱债务，继续履行抑或解除合同的法律后果并无差别，最终都是违约方给付金钱债务外加赔付违约金或损失。如（2022）甘民终41号案，法院认为：“本案中，景泰城投公司的合同义务是履行金钱债务，因此景泰城投公司以该规定作为合同解除的抗辩理由无法律依据，本院不予支持。”

另外，从上述分析可见，三种除外情形中的第一种、第三种都比较好理解，只有“债务的标的不适于强制履行或者履行费用过高”这一点在司法实践中不容易掌握尺度。所以，在法院判例层面，有些法院提出了“**在合同僵局下违约方可解除合同**”的观点。

例如，（2010）沪一中民四（商）终字第1191号案，法院认为：“本案若一味强调实际履行，在经济上不具有合理性，势必造成一定的损失和浪费，也**不符合双方订立合同的价值目标**。因此，非违约方华克斯公司的利益完全可以通过要求赔偿损失等其他方式获得救济。”

再如，（2018）皖1702民初571号案，法院认为：“被告的擅自解约致使租赁合同的目的无法实现，涉案的租赁房屋被长期空置，**交易僵局由此产生**。由于租赁合同本身不具有强制继续履行的性质，依照公平及效率原则……在违约方解除合同后能够给予守约方充分赔偿的前提下，法院可以赋予租赁合同的违约方解除权。”

从上述案例可见，合同僵局往往出现在违约方希望解除合同却无解除权，守约方享有解除权却怠于履行的情形下。为进一步明确何种情形属于合同僵局，最高人民法院在《九民纪要》第48条中提出：“违约方不享有单方解除合同的权利。但是，在一些长期性合同如房屋租赁合同履行过程中，**双方形成合同僵局，一概不允许违约方通过起诉的方式解除合同，有时对双方都不**

利。在此前提下，**符合下列条件**，违约方起诉请求解除合同的，人民法院依法予以支持：（1）违约方不存在恶意违约的情形；（2）违约方继续履行合同，对其显失公平；（3）守约方拒绝解除合同，违反诚实信用原则。”

我们理解，《九民纪要》的上述规定是对《民法典》第580条“除外情形”的补充解读，需要注意的是，《九民纪要》的规定并非要求满足条件之一即可，而是要求**同时满足以下条件**：

第一，违约方解除合同应当事出有因。如果为了达到解除合同的目的而选择恶意违约，不应获得支持。如在前述公报案例中，新宇公司因为楼宇使用功能变化且已经与绝大多数商户达成协议解除合同，在唯有两户不同意解除的情况下无奈提起解约诉讼，不属于恶意违约的情形。

第二，如果不判决解除合同，对违约方显失公平，甚至对双方都有失公平。这是最高人民法院为了“打破合同僵局”而制定此规定的初衷，如果合同不予解除，违约方将蒙受很大损失，而守约方也无法从中得到好处，甚至有可能会发生损失，该等情形已经违反了合同双方互惠互利的基本原则。

第三，守约方违反诚信原则。很多案例中，守约方坚持不同意解除合同并不是为了从继续履行的合同中获得更多利益，而是为了逼迫违约方答应更为优厚的解约条件，所以法院为了维护公平，就需要果断出手打破这种僵局。

4. 违约方只能通过法院判决确定解除时间

当事人起诉解除合同存在两种方式：第一种是要求法院判决解除合同，如果诉请得到法院支持，合同自法院判决生效之日解除；第二种是要求法院确认合同已解除，如果诉请得到法院支持，合同自当事人单方行使解除权时解除。但是，按照《民法典》第580条第2款的规定，违约方无权依单方作出的意思表示解除合同，而是应提起解除之诉，请求法院判决解除合同。

2022年11月4日，最高人民法院发布了《合同编解释》（征），其中第62条提出了两种方案，一种是：“人民法院依据民法典第五百八十条第二款的规定支持当事人一方终止合同权利义务关系的主张的，应当**以起诉状副本送达对方的时间为合同权利义务关系终止的时间**。”另一种是：“人民法院依据民法典第五百八十条第二款的规定支持当事人一方终止合同权利义务关系的主张的，应当**根据案件的具体情形在判项中明确合同权利义务关系终止的时间。**”由此可见，无论最高人民法院最终采取哪种方案，**都不会直接以违约方在起诉前发出的解约通知作为确认合同解除时间的依据**，所以如果违约方希望尽早解除合同，唯有尽快起诉这一条途径。

【复盘时间】

1. 事先约定违约解除条款

根据上述分析，司法实践中违约方行使法定解除权还是非常困难的，最终裁量权掌握在法院手中，不被法院支持的可能性很大。实践中，一方如果希望在对方无违约情形时解除合同，最好的办法就是**预先在合同中设置解约条款，根据“有约定从约定、无约定从法定”的原则，这类条款通常会被法院认定有效并作为解除合同的依据。为了使对方更能接受，有时违约解除方需要以合同约定支付一定金额的违约金作为解约的代价，但即便这样，也比事后出现无法解约的困局和造成更大损失性价比更高**。例如，租赁合同中，租赁双方都可以通过设定提前解除合同情形下支付违约金的条款防止未来可能发生的变故导致提前退租或提前收回房屋；借款合同中，借款人也可以同贷款人事先商定提前还款的条件——无责提前还款或支付一定比例的违约金提前还款，减少资金闲置造成的损失，作为借款人一方显然非常需要对此约定清楚。

2. 约定解约违约金不代表违约方有权行使约定解除权

现实交易中，大量的合同会约定，“任何一方拒不履行合同导致解除，应赔偿守约方×××元的违约金”，但事实上此类约定并不是违约方行使合同解除权的依据。因为法律明确规定**只有守约方可以选择继续履行合同或是解除合同，如果守约方选择继续履行合同且合同具备继续履行的条件，那么违约方即便同意按该条款赔偿违约金，守约方也有不接受的权利**。因此，法务人员在审查合同时一定要明确己方立场，假设确有违约解除合同的需要，就应对本方行使约定解除权的意思表示进行明确设定。

第四部分

合同其他条款

导 言

除了重要的条款内容，还可以根据合同的实际情况约定一些其他的条款内容，以保证合同利益的最大化，从而降低合同风险，避免因合同风险给自己一方带来损害结果。由于不同合同的类型与性质存在差异，因此其合同条款也存在差异。本部分选取了最高人民法院、北京市第二中级人民法院以及本团队承办过的多个经典案例，着重讲解合同审查中常见的其他条款，从合同名称、鉴于条款、陈述与保证条款、风险转移与免责条款、法律适用条款、通知与送达条款、争议解决条款等方面探讨我们在对合同中这类条款进行审查时应当注意的法律风险点，希望读者通过阅读能对上述条款的审查有较为深入的理解。

1. 合同名称

争点 22：合同名称与内容不符时以何者确定合同性质

【本集提要】

确定合同性质不能仅从合同名称看，而应从合同内容、合同各方在签订合同时的真实意思表示以及合同中体现的法律关系等方面考量。当合同名称与合同内容不相符的时候，应以合同内容为依据认定合同性质。在一起最高人民法院审理的案例中，各方当事人签订了一份《债权转让协议》，但对合同性质却产生了争议，债权人从合同内容推定其应为债务承担协议，债务人则根据合同名称坚持认为其系债权转让协议，而各级法院对该争议问题的认定也截然相反，导致这起案件历经发回、重审、再审，判决结果反转再反转。那么，债权转让与债务转移在法律效果上有何不同？合同名称与内容不符时应该如何推断当事人的真实意思？如果由法务来起草审核相关合同，应当注意哪些问题？

【本集出镜】

陈某：债权人、案件原告及上诉人、再审申请人，自称其事先与高某之间存在 3950 万元的债权，各方签署的《债权转让协议》实为将高某的债务转由朱某承担，系债务承担协议。

高某：自称对朱某享有相应债权，在庭审中详细解释了 3950 万元转让债权的组成。据裁判文书显示，二审及再审审查期间，高某被羁押于监狱。

朱某：不认可与高某存在 3950 万元的债权，据此认为陈某、高某之间的债权转让行为无效。

宏三维公司：两份借款合同约定的借款人，朱某的关联企业。

【基本案情】*

2015年2月，陈某作为债权人、高某作为原债务人、朱某作为债务人，三方共同签订《债权转让协议》一份，主要内容为：（1）高某同意按本协议条款和条件向陈某转让债权，陈某同意按本协议条款和条件从高某受让债权。（2）经各方同意，朱某同意在债权转让完成后向陈某偿还债务，**该债务包括本金和利息人民币3950万元，附陈某与高某债权债务关系清单（共三页）**。（3）**高某所欠陈某债务3950万元自本协议签字生效后由朱某承担清偿义务**。高某所欠债务包括本金及利息共计3950万元，自本协议签字后生效，若朱某不能依约履行约定的偿还义务，该款项仍应由高某承担一般保证责任。（4）朱某自本协议签字生效后不再向高某承担本金和利息3950万元债务……（7）经各方同意，如果一方违反其在本协议中的义务或保证义务，致使其他方遭受或发生损害、损失、索赔、处罚、诉讼仲裁费用、义务和或责任，违约方须继续履行应尽义务并向另一方作出全面赔偿并使之免受其害，同时承担总标的额的5%作为违约金支付给债权人……

上述协议签订后，陈某向朱某主张还款，但遭到朱某拒绝。

陈某随即于2015年将朱某、高某诉至法院，**诉讼请求为**：（1）朱某向陈某偿还3950万元及按照同期同类银行贷款利率计算的利息；（2）高某对上述债务承担一般保证责任；（3）朱某承担违约金197.5万元；（4）诉讼费用由被告负担。

【审理与裁判】

该案经安徽省宿州市中级人民法院一审判决后，安徽省高级人民法院作出发回重审裁定。重审一审、二审程序中，**法院重点就高某、朱某之间3950万元债权债务的组成进行了审查**。

---

* 为简化案情，文中当事人相比真实案例有所删减。

高某称：高某对朱某享有的3950万元债权真实存在。2013年8月至2014年3月高某替朱某垫付970万元和880万元两笔借款的利息为1520万元，加上2014年转给朱某的400万元和80万元，合计为2000万元；另外，朱某原先同意门面房抵押却将门面房转给他人，高某放弃抵押，但要求朱某把2000万元在案涉债权转让协议上写成3950万元，朱某表示同意，接收了陈某3950万元债务。该3950万元并不包含970万元和880万元的本金。

法院查明：2013年3月16日，宏三维公司与高某签订970万元的《抵押借款合同》，该合同约定借款利息为月息2%，该970万元双方均认可系之前债权债务的结算。同日，宏三维公司与高某签订了880万元的《借款合同》。基于970万元《抵押借款合同》，宏三维公司曾通过第三方账户向高某还款1350万元；此外，宏三维公司就其与高某案涉880万元借款向宿州仲裁委员会申请仲裁，请求裁决高某返还多支付利息145.41万元，按照借款合同的约定承担违约责任176万元。仲裁委员会于2018年裁决：高某于裁决收到之日起10日内返还宏三维公司多支付的借款利息145.41万元。

二审法院认为：

（1）关于案涉转让协议的性质

首先，**各方签订的协议名称即为"债权转让协议"**。其次，依据该协议第1条、第2条、第4条、第6条约定的内容，可以反映该协议系高某将其对朱某的债权转让给陈某。该协议中第3条的约定亦反映高某将对朱某享有的3950万元债权转让给陈某后，朱某才承担清偿高某所欠陈某3950万元债务的义务。最后，陈某提起本案诉讼的起诉状中载明"2015年2月，原债务人高某将对被告朱某的债权3950万元转让给陈某……"且本案原一审庭审中，陈某代理人亦称，朱某欠高某的钱，高某用其债权来抵偿所欠陈某的债务。因此，一审判决认定案涉《债权转让协议》系债权转让协议并无不当，陈某此项上诉理由不能成立。

（2）关于《债权转让协议》所涉高某转让债权的组成以及相应利息是否支付完毕

案涉《债权转让协议》对于高某转让债权的组成未作出明确约定。根据高某所述转让债权的组成……关于两笔借款产生的利息 1520 万元，根据原《最高人民法院关于人民法院审理借贷案件的若干意见》第 6 条，已超出法定利息上限，因此对高某主张的 1520 万元利息不予支持……关于高某主张 2014 年 3 月出借 480 万元。对此，高某未能提交相应证据证明……据此，结合上述分析，朱某关于各方当事人签订《债权转让协议》时，所转让的宏三维公司欠付高某案涉两笔借款 2013 年 8 月至 2014 年 3 月的利息及 2014 年 3 月 19 日、3 月 28 日两笔款项的债权已消灭的主张，予以采信。至于高某与朱某、宏三维公司之间的其他借款关系，可另行处理。

据此，二审判决：（对一审驳回陈某全部诉讼请求的判项）**驳回上诉，维持原判**。

二审判决后，**陈某申请再审称**：（1）从《债权转让协议》的当事人关系、所附《陈某与高某债权债务关系清单》和内容表述来看，**该协议实质为债务承担协议**；（2）**二审法院将案涉协议中高某转让债权的组成及相应利息是否支付完毕归纳为争议焦点是错误的**，该问题不属于本案审查范围，案涉协议是债务承担协议，不涉及高某与朱某之间的债权债务。

最高人民法院再审审查裁定：

（1）关于案涉《债权转让协议》性质的问题

确定合同性质不能仅从合同名称看，而应从合同内容、合同各方在签订合同时的真实意思表示以及合同中体现的法律关系等方面考量。当合同名称与合同内容不相符的时候，应以合同内容为依据认定合同性质。因此，二审判决中指出的“协议名称即为‘债权转让协议’”以及朱某在再审审查阶段提交意见所称的“案涉协议被各方当事人命名为‘债权转让协议’，说明各方在订立协议时已经就协议性质取得一致意见”，均不能成为将案涉《债权转让协议》认定为债权转让合同的理由。从案涉《债权转让协议》的内容看，合同各方的地位罗列为：陈某为“债权人”，高某为“原债务人”，朱某为“债务人”，体现出原债务人将其承担的债务通过协议转移给第三人承担的法律关系，符合债务转移合同的特点。从合同的具体条款看，第 2 条的主要内容是“经各方同意，朱某同意在债权转让完成后向陈某偿还债务，该债务包括本金和利息 3950 万元，附陈某与高某债权债务关系清单（共三页）”，第 3 条的主要内容是“高某所欠陈某债务包括本金和利息 3950 万元自本协议签字生效后由朱某承担清偿义务”“仍由高某承担一般保证责任”，第 5 条的主要内容是“朱某承诺并保证……自愿并有能力向陈某清偿上述债务，以……房产抵押给陈某”。**主要约定了原债务人与承担人之间对偿还债务这一义务的转移，符合债务转移合同的特点，特别是附件所附陈某与高某债权债务关系清单，凸显了债务转移合同中债务人将自己承担的债务全部或部分转移给第三人承担的特点**。尽管合同内容中第 1 条写明“高某……向陈某转让债权，陈某……从高某受让债权”，第 2 条、第 4 条也有“朱某在债权转让完成后向陈某偿还债务”“朱某不再向高某承担本金和利息 3950 万元义务”等表述，体现出债权转让合同的特征，但**案涉协议对高某与朱某之间的债权债务关系并未予以厘清，转让债权的基础并不明确**。原审法院在认可“案涉《债权转让协议》对于高某转让债权的组成未作出明确约定”的前提下，同时认定案涉协议“所涉高某转让债权为 880 万元及 970 万元借款自 2013 年 8 月至 2014 年 3 月的利息及 2014 年 3 月 19 日、3 月 28 日的两笔款项”，缺乏合同依据，证据不充分。

（2）关于朱某对高某所负债务是否偿还完毕，是否影响陈某向朱某主张偿还债务的问题

案涉协议中有明确的债务转移的内容，根据协议约定，**朱某自愿承担高某对陈某所负债务，且并未约定该义务的承担以朱某对高某所负债务未予清偿为前提**。在此情况下，陈某主张案涉《债权转让协议》为债务转移合同，并据此诉请朱某偿还债务，不违反法律规定。**基于债务转移无因性的特点**，无论朱某对高某所负债务是否偿还完毕，均不影响陈某依据合同约定，向朱某提出偿还债务的主张，并要求高某承担合同约定的保证责任。但是，**债务转移需以债务有效存在为前提**，因此，陈某的主张能否全部或部分得到支持，取决于案涉协议中陈某与高某之间的 3950 万元债务是否全部或部分真实有效并受法律保护。对于这一事实，原审法院未予查明。综上，陈某的再审申请理由部分成立。

据此，最高人民法院裁定：**指令安徽省高级人民法院再审本案**。

【白律师析法】

1. 债权转让与债务承担的区别

关于债权转让，《民法典》第545条规定：“债权人可以将债权的全部或者部分转让给第三人，但是有下列情形之一的除外：（一）根据债权性质不得转让；（二）按照当事人约定不得转让；（三）依照法律规定不得转让。当事人约定非金钱债权不得转让的，不得对抗善意第三人。当事人约定金钱债权不得转让的，不得对抗第三人。”第546条规定：“债权人转让债权，未通知债务人的，该转让对债务人不发生效力。债权转让的通知不得撤销，但是经受让人同意的除外。”第548条规定：“债务人接到债权转让通知后，债务人对让与人的抗辩，可以向受让人主张。”第549条规定：“有下列情形之一的，债务人可以向受让人主张抵销：（一）债务人接到债权转让通知时，债务人对让与人享有债权，且债务人的债权先于转让的债权到期或者同时到期；（二）债务人的债权与转让的债权是基于同一合同产生。”

债务承担又称债务转移，《民法典》第551条规定：“债务人将债务的全部或者部分转移给第三人的，应当经债权人同意。债务人或者第三人可以催告债权人在合理期限内予以同意，债权人未作表示的，视为不同意。”第553条规定：“债务人转移债务的，新债务人可以主张原债务人对债权人的抗辩；原债务人对债权人享有债权的，新债务人不得向债权人主张抵销。”

据此，**债权转让与债务转移的主要区别在于：**

第一，生效要件不同。债权转让采通知主义，无须经债务人同意；债务转移则采同意主义，须经债权人同意。法律规定对此加以区别的原因在于，债务转移有可能降低债权人的请求权力度，影响债务的实际履行，因此不但需要债权人知晓，更需要债权人同意，而债权转让并不存在这一问题。

第二，主体与客体不同。债权转让合同的直接当事人是债权让与人与债权受让人，转让客体是合法有效的债权；债务转移合同的直接当事人是债务让与人与债务受让人，转让客体是合法有效的债务。

第三，能否行使抵销权不同。在符合法定情形时，债务人可以对债权受让人行使抵销权；而在债务转移关系下，新债务人不得根据原债务人对债权人享有的债权主张抵销。

第四，行使抗辩权的来源不同。债权转让关系下，受让人实际上是取代了让与人的债权人身份，所以债务人对让与人的抗辩可以继续向受让人提出；而在债务转移关系下，实际由新债务人取代原债务人的债务人身份，所以新债务人行使抗辩权的来源是原债务人对债权人的抗辩。换言之，**债权转让关注的是让与人与债务人之间的债权债务是否清晰明确，并不考虑让与人、受让人之间因何事由发生债权转让；债务转移则恰恰相反，只关注债权人与原债务人之间的债权债务是否清晰明确，并不考虑原债务人、新债务人之间因何事由发生债务转移**。

具体到本案，三方当事人签署了同一份协议，所以无论是债权转让抑或债务转移，在没有证据表明违背其中任何一方真实意思表示的情况下，各方签署协议的行为显然表明各方均知情且同意，不存在缺乏生效要件的问题。本案关于债权转让还是债务转移的争议，重点体现于上述第四点区别。正如最高人民法院裁定所述："基于债务转移无因性的特点，无论朱某对高某所负债务是否偿还完毕，均不影响陈某依据合同约定，向朱某提出偿还债务的主张，并要求高某承担合同约定的保证责任。"所以，最高人民法院在认定本案系债务转移的前提下，进一步认定无须审查高某、朱某之间是否存在3950 万元的债权，而是应当审查陈某、高某之间是否存在 3950 万元的债权。而恰恰因为原审法院审查方向的错误，本案事实认定不清，因此最高人民法院并未直接对本案进行再审，而是指令原审法院再审。

2. 本案认定为债务转移的原因

本案作为经典案例的最大特点在于，最高人民法院明确了不能仅从合同名称认定合同性质，当合同内容与合同名称不符时，要从合同内容推断当事人的真实意思。

而本案之所以认定为债务转移而非债权转让，笔者认为主要是基于以下三点原因：

第一，从主体身份的表述看，协议约定陈某为"债权人"、高某为"原债务人”、朱某为“债务人”，符合债务转移的基础身份关系。

第二，从具体的权利义务条款看，协议多处体现出朱某承接高某还款义务的意思表示，高某则不再是债务人而是一般保证人，这显然符合债务转移的特点。另外，协议并未表述高某对朱某享有的3950万元债权的组成，反而对陈某对高某享有的3950万元债权附有清单，这更是案涉协议应定性为债务转移的一大例证。

第三，从协议矛盾表述之间的影响性看，最高人民法院也承认协议部分表述符合债务转移的性质，部分表述符合债权转让的性质，彼此存在矛盾。但最高人民法院综合判断后认为，符合债权转让性质的部分表述并不明确，不足以认定为债权转让，相反债务转移的特点则更为清晰明确。

3. 债权转让与债务转移的法律后果

本案认定为债权转让或债务转移对各方当事人产生的法律后果主要有以下两点区别：第一，**影响陈某主张债权的实现**。若协议定性为债权转让，则陈某主张债权因高某与朱某的债权债务关系尚未厘清存在不确定性，难以获得法院支持；若本案认定为债务承担，则朱某向陈某清偿债务不受高某与朱某之间债权债务关系的影响，其主张能否全部得到支持，仅仅取决于陈某与高某之间的债权债务关系是否全部真实有效。第二，**朱某能否行使抵销权取决于认定性质**。若认定为债权转让，朱某可向陈某主张抵销；若认定为债务承担，朱某仅可以主张高某对陈某的抗辩，而不得以高某对陈某享有的债权向陈某主张抵销。

4. 其他易造成混淆的合同类型

现实中，易造成混淆的合同类型绝非本案一例，在此简要总结如下。

（1）承揽合同与建设工程施工合同

《建设工程质量管理条例》第2条第2款规定：“本条例所称建设工程，是指土木工程、建筑工程、线路管道和**设备安装工程**及装修工程。”现实中，因设备安装所签订的合同究竟属于建设工程施工合同还是承揽合同经常出现争议。

在笔者处理过的一起案件中，一方认为是承揽合同，应当在合同约定管辖地法院起诉；另一方则认为是建设工程施工合同，应当按照法定专属管辖原则，排除约定管辖，由建设工程所在地法院管辖。由此可见，关于合同性质的认定对本案管辖具有决定性意义。

《民法典》第770条规定："承揽合同是承揽人按照定作人的要求完成工作，交付工作成果，定作人支付报酬的合同。承揽包括加工、定作、修理、复制、测试、检验等工作。"第788条规定："建设工程合同是承包人进行工程建设，发包人支付价款的合同。建设工程合同包括工程勘察、设计、施工合同。"由此可见，在涉及"设备定作＋安装"的工作中，二者确实容易混淆，但也并非完全不能区分。笔者认为，不能一遇到"设备安装"字样就以偏概全定义为建设工程施工合同或者承揽合同，还是应当从定作与安装所占的比重，如工作耗时、专业要求、合同金额等方面的占比来具体判断。

（2）**买卖合同与定作合同**

买卖合同与承揽人提供原材料的定作合同有一定相似性，实务中也经常出现名为定作实为买卖的"伪"定作合同。但由于定作合同需要承揽人按照定作人的要求完成相应工作，对承揽人的合同义务要求相对更高，买卖合同则更关注于合同价款的支付与货品的保质保量交付问题，所以实践中也出现过因对买卖与定作合同性质认识不一而产生纠纷的案例。

例如，在（2019）**最高法民申**4300**号**案中，双方当事人对《建设合同书》应定性为买卖合同还是定作合同各执一词，最高人民法院最终认定："定作合同有其自身的特点：如合同法规定定作人对承揽的工作有监督权、检查权，定作人有单方改变订作方案的权利……其结果几乎使定作人达到了控制整个加工过程的程度。从本案《建设合同书》对红太阳公司所提供的设备及主要技术指标特别约定来看，涉案生产线具有一定的定作性，但《建设合同书》约定了生产线的设计、采购、安装等均由红太阳公司完成，合同目的是为宏大公司提供符合约定的生产线交付宏大公司使用，宏大公司对生产线的设计、配置、采购、安装等过程不具有实际控制和监督的权利，因此与承揽合同定作人对工作内容进行监督检查的特征不符。从《建设合同书》的内容来看，合同约定了交货时间、技术指标，主要设备和辅助设备清单，售后服务、验收程序等，更符合买卖合同的特征……"

(3) **股权代持合同与股权转让合同**

现实中，一些具有特定原因的股东无法继续持有公司股权，于是签署“股权转让协议”将股权交由他人代持，但事后很容易引发纠纷。

例如，在(2021)京02民终14217号案中，张某原系某公司股东，公司另一股东以张某配偶系公职人员，其直系亲属不能经商为由，劝张某将股权转给他人，为此张某与王某签订《股权转让协议》。事后，张某得知王某将股权转让给了第三方，随即提起诉讼。诉讼中，张某陈述了王某并未向其支付股权转让款的事实，称二者实为股权代持关系，但王某予以否认，称已通过现金方式支付了股权转让款。最终，法院认定张某提交的证据不能证明股权代持的事实，驳回了张某的诉讼请求。

【复盘时间】

1. 合同名称对合同性质不构成根本性影响

实践中，由于当事人专业能力的欠缺及商业活动的复杂性，往往出现合同“名不副实”的情况，即合同虽有明确的名称，但当事人的真实意思与合同名称并不一致。此时应如何确定合同性质呢？本案引用的最高人民法院判例就确立了依合同内容确定合同性质的裁判观点。其法理依据在于合同名称只是对合同内容的归纳概括，因此需要“透过现象看本质”，以合同内容所涉权利义务为核心，结合合同的实际履行、交易模式、目的等综合认定合同性质。因此，法务人员不能因为合同名称符合本方利益就对其实质内容掉以轻心，只有“表里如一”才能实现最终的合同意图。

2. 合同命名仍需谨慎

尽管合同名称不会实质影响合同性质的认定，但并不意味着当事人命名合同时可以“随心所欲”，事实上对合同性质准确概括的合同名称便于当事人识别交易结构、固定权利义务关系。相反，如果合同名称错误，极易引发纠纷，给自己带来不必要的麻烦。恰如本案，陈某因为合同名称选择错误而遭遇了长达5年的诉讼周期，甚至很可能至今仍未收到终审判决。同时，我们注意到，二审、再审文书均注明高某正在监狱服刑，如果陈某放弃对朱某的诉讼，转为向高某主张债权，显然很难获得清偿。一个看似“无关紧要”的合同名称问题却导致陈某长达数年无法收回欠款，其教训值得所有法务人员借鉴和反思。因此，建议公司法务人员草拟合同时首先明确当事人的权利义务关系，并结合《民法典》合同编中典型合同的相关法律规定谨慎确定合同类型与合同名称。对于非典型合同，可以参照总则与典型合同中相类似的规定，从而在根源上杜绝本案类似风险的发生。

2. 鉴于条款

争点23：鉴于条款的作用、价值及是否具有合同拘束力

【本集提要】

鉴于条款在合同起草和审查中经常被人忽略，甚至有人提出鉴于条款并不具有合同拘束力。但通过本集引述的司法判例来看，鉴于条款不但对解读合同正文条款的意思起到重要作用，还会在争议发生时直接起到事实判断和违约责任判断的作用，需要引起合同当事人的重视。本集将根据真实案例对鉴于条款的概念、作用、价值和注意事项进行总结。

【本集出镜】

某银行：一审原告、二审被上诉人，系实际出资人，该银行通过信托通道对目标公司提供融资，在发生逾期后以自己名义提起诉讼。

某信托：信托通道，案件第三人。

目标公司：案件被告、借款关系的主债务人。

城投公司：案件共同被告、目标公司控股股东，同时对借款、股权回购款的支付承担连带债务和质押担保责任。

杨某：一审被告、二审上诉人，原系目标公司股东、质押担保人，诉讼发生前已将其持有的目标公司股权转让给了城投公司，据此认为其不应再承担任何担保责任。但某银行认为杨某根据协议约定构成债务加入，因此坚持将杨某列为共同被告提起诉讼。

【基本案情】*

2016 年 3 月，某信托接受某银行指令作为协议甲方，与乙方城投公司、丙方目标公司、丁方杨某签订《股权投资合作协议》。该协议**“鉴于”部分约定**：现甲方拟按照信托文件的约定受让乙方持有的丙方股权并以信托资金向丙方发放股东借款，**丙方、丁方（简称担保人）同意按其所签署的担保合同为乙方在本协议项下的义务提供担保**。**第 4.4 条约定**：作为甲方对丙方进行股权投资的前提条件，**乙方及丁方向甲方承诺最低股权投资回报和最低债权回报**，投资回报计算公式为：……**第 4.5 条约定**：乙方无条件且不可撤销地承诺并保证对甲方投资回报承担差额补足义务。**第 4.6 条约定**：丙方、丁方作为担保人向甲方无条件且不可撤销地承诺：担保人签署并履行其与甲方签署的担保合同。

同日，某信托与目标公司签订《信托贷款合同》，约定某信托应向目标公司发放股东借款。

2016 年，某信托与城投公司、杨某签订《最高额质押合同》，约定城投公司、杨某将其分别持有的目标公司 36%、15% 股权质押给某信托，以担保其在《股权投资合作协议》项下的债务。上述质押已办理质押登记。

上述协议签订后，城投公司将部分股权转让给某信托，某信托受某银行指令向城投公司支付了一笔 4900 万元的股权出资款，向目标公司支付了一笔 12,029 万元的信托贷款。

2019 年 2 月，杨某将其持有并质押给某信托的目标公司 15% 的股权全部转让给城投公司，某信托为此向工商局出具《关于质权人放弃质权的说明》，同意放弃对杨某的质权并办理了质押注销登记。2019 年 3 月，某信托与城投公司签订《最高额质押合同二》，城投公司将其从杨某处受让的目标公司 15% 的股权再次质押给某信托。

2020 年，因还款期限届满，各义务人未能完全履行还款义务，且某信托此前已将信托受益权转让给某银行，某银行随即以原告身份对目标公司、城

* 为简化案情，文中当事人相比真实案例有所删减。

投公司、杨某提起诉讼。诉讼请求为：（1）判令目标公司支付信托贷款本金、利息及复利；（2）判令城投公司偿还股权投资回报；（3）判令杨某对上述第一项与第二项承担偿还责任；（4）判令依法拍卖、变卖城投公司质押股权并就其优先受偿；（5）判令全体被告承担本案诉讼费。

【审理与裁判】

关于目标公司、城投公司应承担的还款义务和还款金额问题并非本集讨论对象，不再赘述。重点叙述杨某是否承担债务加入责任的各方观点。

某银行主张：根据《股权投资合作协议》第4.4条的约定，杨某对股权投资及债权投资均作出了承诺最低投资回报的意思表示，且作为某信托投资的前提条件进行了特别强调，应认定杨某出具了承诺作为增信措施，**具有共同承担债务的意思表示**。依据《最高人民法院关于适用〈中华人民共和国民法典〉有关担保制度的解释》（以下简称《民法典担保制度解释》）第36条第2款之规定，第三人向债权人提供的承诺文件，具有加入债务或者与债务人共同承担债务等意思表示的，人民法院应当认定为债务加入，故杨某应承担共同偿还责任。

杨某辩称：鉴于条款相当于《股权投资合作协议》的总则，表明各方当事人签署合同的初衷和目的，应当作为理解合同目的的依据。鉴于条款明确约定杨某参与签署《股权投资合作协议》的目的是作为担保人提供担保，杨某随后签署质押担保合同并提供股权质押，可以证明杨某只有质押担保责任，没有债务加入的意思表示。后因杨某将股权转让给城投公司，某信托已出具《关于质权人放弃质权的说明》，所以杨某的质押担保责任也已经消灭。

一审法院认为：

前述《股权投资合作协议》虽然在鉴于部分对杨某使用了“担保人”的概念，第4.6条中约定的股权出质人亦包括城投公司和杨某，但该合同第4.4条约定内容中，杨某与城投公司均向某信托作出了最低股权投资回报及最低债权投资回报的“承诺”。综合案件的实际情况，杨某与城投公司具有共同承担债务的意思表示，杨某与城投公司应共同清偿其所承诺支付的款项。

据此，**一审判决**：支持某银行的主要诉讼请求，判决杨某就目标公司、城投公司的全部债务承担共同清偿责任。

一审判决后，某银行、目标公司、城投公司均未提起上诉，杨某单独提起上诉。

北京市高级人民法院二审认为：

《股权投资合作协议》鉴于部分和第4.6条关于杨某提供质押担保的意思表示明确。虽然该协议第4.4条约定杨某与城投公司均向某信托作出最低股权投资回报及最低债权投资回报的“承诺”，但不能认为杨某有明确的债务加入的意思表示。理由如下：

第一，第4.4条在标题部分出现承诺“最低股权投资回报”“最低债权投资回报”的表述后，在该条款正文部分均无关于杨某要承担任何责任的表述，且第4.4条关于城投公司支付差额补足款的约定与第4.5条约定的城投公司的差额补足义务对应，但并无应减去杨某已经支付的差额补足款的表述，说明如果未实现“最低股权投资回报”“最低债权投资回报”，杨某没有进行差额补足的义务。即第4.4条内容属于对合同履行不能的后果约定不明的情形。而第4.5条则明确约定如果实际投资回报低于第4.4条约定的最低投资回报，将由城投公司承担差额补足义务，故第4.5条才是关于第4.4条约定的最低投资回报无法实现时的责任承担条款。

第二，直接承担全部主债务的债务加入责任远超过股权质押项下出质人的质押责任……不能仅以《股权投资合作协议》第4.4条“承诺”的表述简单认定某信托与杨某之间形成了债务加入或者承担全部债务的合意。

第三，《股权投资合作协议》鉴于部分及第4.6条已对杨某承担质押担保法律责任进行了具体明确的约定，而杨某对所谓“债务加入”的意思表示不予认可，故在当事人已明确担保责任意思表示的情况下，杨某不应再作为共同债务人承担责任。

第四，目标公司是主债务人，而杨某是目标公司的股东，故杨某所称其仅是作出概括性“承诺”，符合商业逻辑判断。

综上，杨某对《股权投资合作协议》项下债务仅应承担质押担保法律责任，某信托要求杨某对目标公司及城投公司的债务承担债务加入的连带偿还责任，缺乏事实依据、法律依据和法理依据。

据此，**二审改判**：撤销一审判决对于杨某承担共同清偿责任的判项。

【白律师析法】

现实中，很多合同当事人容易忽视鉴于条款的作用和价值，要么设置的鉴于条款与现实情况并不相符，或者与合同正文条款前后矛盾，要么在鉴于条款中设置冗长的实质权利义务，结果就是如同本案一般为后续发生的争议埋下隐患。本集将根据上述真实案例及其他法院经典案例对鉴于条款的概念、作用和价值进行总结。

1. 鉴于条款的概念和作用

鉴于条款其实源自英文合同的书写习惯，由于其行文中往往出现多个以"Whereas"开头的并列句子，鉴于条款故此得名。鉴于条款又称叙述性条款，通常是为了就双方订约的目的、希望和意图作陈述性说明，所以该条款置于正文条款之前。

鉴于条款在合同中主要起到如下作用：

第一，交代合同背景。比如交代本合同签订前当事人已经签署了哪些合同或者法律文件、曾经有过什么合作、从事了哪些准备工作等，这类鉴于条款可以起到承前启后、概览交易流程的作用。

第二，明确合同目的。鉴于条款可以明确合同当事人签署此合同的目的，起到总领合同的作用，也可以作为判断合同目的能否实现并据此判断合同是否具备解除条件的依据。

第三，强调前提条件。有些合同需要在签署前达到法定或者当事人约定的条件，比如当事人需要具备的签约资质，合同标的需要具备的报批手续、权属情况和物理条件等，将这些条件放在鉴于条款中，一方面可以起到强调和提示的作用，另一方面可作为未来一方当事人是否构成违约的判断依据。

2. 鉴于条款的价值

（1）用于判断合同正文条款的真实含义

《民法典》第142条第1款规定："有相对人的意思表示的解释，应当按照所使用的词句，结合相关条款、行为的性质和目的、习惯以及诚信原则，确定意思表示的含义。”第466条规定：“当事人对合同条款的理解有争议的，应当依据本法第一百四十二条第一款的规定，确定争议条款的含义。合同文本采用两种以上文字订立并约定具有同等效力的，对各文本使用的词句推定具有相同含义。各文本使用的词句不一致的，应当根据合同的相关条款、性质、目的以及诚信原则等予以解释。”

本案的争议焦点在于杨某是否作出了债务加入的意思表示，而该争议产生的原因在于：按照协议第4.4条的约定，杨某确实向债权人作出了实现最低回报的承诺，一审法院认为该条款正是杨某加入债务的明确意思表示，并据此认定杨某应当承担共同清偿责任；但按照协议第4.5条和第4.6条，只有另一被告城投公司需就最低回报承担差额补足义务，杨某仅承担质押担保责任。所以二审法院将鉴于条款作为判断当事人真实意思表示的重要依据，认定杨某的法律地位依然是担保人而非债务加入人，据此对一审该项判决结果予以改判。

正如杨某于上诉时所持观点，鉴于条款相当于合同的总则，表明各方当事人签署合同的初衷和目的。特别是当正文中不同条款的约定存在矛盾时，鉴于条款恰恰可以起到判断当事人真实意思的作用，法院可以根据《民法典》的上述规定，结合鉴于条款的内容确定争议条款的含义。

（2）**用于判断事实**

在（2017）**最高法民终862号**案中，上诉人以对方交付的目标公司资产状况与约定严重不符、构成根本性违约等为理由向最高人民法院提起上诉，最高人民法院认为：《收购协议书》鉴于部分第4项约定“目标公司矿井规划生产能力为90万吨/年，正在进行产能提升技改扩建，尚未办理验收相关手续”，可见，双方当事人签订《收购协议书》时，目标公司矿井生产能力仍处于规划阶段，尚未达到90万吨/年，需要提升产能，进行技改扩建才能达到预期水平。双方在签订合同时，首先确认以上事实，足以证明上诉人在收购目标公司股权时对其经营状况是明知的。据此未认可上诉人该项上诉理由。

由此可见，当事人在鉴于条款中关于合同标的状态的描述，可以直接作为法院判断当事人是否知晓相关事实的依据，这时鉴于条款绝非可有可无的“门面性”条款，而是真正发挥了其重要价值。

（3）**用于判断违约责任**

有些当事人认为鉴于条款并非合同正文，不具有合同拘束力，但现实案例显示鉴于条款与正文条款的价值等同，同样对当事人具有拘束力，违反鉴于条款的当事人构成违约。

在（2017）**青民终33号案**中，森鑫公司与对方签订的合同鉴于部分约定，“鉴于森鑫公司为森鑫国际花园会所的房屋及附属设施的合法所有者，建设工程及建筑物已通过建设部门、消防部门的验收”。森鑫公司上诉主张：该条款仅是鉴于条款或前言部分，不属于房屋租赁合同的实质性条款，对合同缔约方无约束力，一审法院以该鉴于条款作为本案定案依据错误。但青海省高级人民法院认为：双方当事人签订的上述合同是双方合意的意思表示，所约定的条款对双方当事人均有约束力，特别是**合同首部的约定是契约的总则，只有确定总则中的基本原则、实质内容，才能形成合同具体条款的约定，因此，合同首部的约定属于合同的纲要，对合同缔约方均有约束力**……森鑫公司系森鑫国际花园会所的所有权人，对其开发建设的商住楼的消防验收负有直接主体责任，且在租赁合同中承诺建设工程及建筑物通过消防部门的验收，至本案诉讼时其也未履行消防验收的义务，存在违约。

【复盘时间】

1. 鉴于条款可写可不写时建议不写

根据一般的国际惯例，鉴于条款对合同各方没有约束力。[①] 但从本集引用的法院判例来看，我国法院当前普遍认为鉴于条款与正文条款具有同等的拘束力。因此，无论是遵循自己的写作习惯还是为了提升协议的格调，刻意去设置冗长的鉴于条款其实大可不必。特别是对于涉及合同实质权利义务的内容，建议放在正文条款之中，这样既显得正式，也不会人为埋藏隐患。

---

① 摘自雷霆：《合同起草与审查法律指南》，法律出版社2022年版。

2. 设置鉴于条款要尊重事实、体现本意、前后呼应

有些不重视鉴于条款的当事人会在鉴于条款中作出不符合事实的描述或者与意思表示原意、正文条款相悖的词句表达，通过本集引用的几个案例来看这种做法显然存在非常大的隐患。法务人员在审查合同时一定要养成全文通读的良好习惯，切勿认为鉴于条款不重要而直接跳过，对鉴于条款中的事实描述、隐含意思要进行深入审查，并同正文条款的内容进行前后对照，防止因为与事实不符或者前后不对应、有前言没有后语而造成合同履行障碍，构成对本方不利的描述。

3. 陈述与保证条款

争点 24：陈述与保证条款如何设置才能发挥功效

【本集提要】

陈述与保证条款是交易类合同中的常见条款，通常用于转让方就其出卖标的的事实情况向受让方作出披露和承诺。但多数协议中当事人仅将陈述与保证条款作为协议常备条款，而忽视了陈述与保证条款的实际效力与可适用性问题。在转让方违反陈述与保证条款的情况下，受让方并非一定能主张其期待的全部违约责任，在本案中法院甚至认定受让方败诉，转让方也因此得以将一块“烫手山芋”成功脱手。

【本集出镜】

海汇公司：标的公司 100% 股权的转让方，该标的公司拥有一宗建设用地的使用权，但一直未能获得建设规划批复，于是同意进行股权转让。

宝天公司：为进行房地产开发而受让了标的公司 100% 股权，但随后的报建手续办理依然不顺利。

【基本案情】

2018 年 7 月 31 日，海汇公司与宝天公司签署《股权转让协议》，约定海汇公司将其持有的标的公司 100% 股权转让给宝天公司，转让总价款为 13, 714. 8 万元。其中宝天公司先期支付转让总价款的 70%，付款完毕后海汇公司将 100% 股权转让至宝天公司名下，2019 年 1 月 31 日前再支付剩余 30% 价款。

该协议声明与保证条款中，海汇公司的声明与保证事项包括：目标公司及本协议项下地块不存在影响或妨碍宝天公司取得目标公司100%股权和本协议项下地块100%的实质股权权益的任何其他因素。宝天公司的声明与保证事项包括：**宝天公司保证对于该地块的土地性质、规划现状完全知情，并且保证任何时候不因土地性质、规划现状向海汇公司提出诉求（海汇公司披露不完整、不真实的除外）**。

协议签订后，宝天公司依约支付了总价款70%的股权转让款。次日，海汇公司依约将目标公司100%股权变更至宝天公司名下，并就目标公司场地移交、财务资料移交签署了相关文件。

取得目标公司控制权后，宝天公司向西安市规划部门申请办理建设用地规划许可证，但规划局一直未能批准。在此期间，宝天公司曾书面告知海汇公司要求其解决报建问题，海汇公司未予回复。

2019年3月18日，海汇公司向西安市中级人民法院起诉，**诉讼请求为**：宝天公司支付剩余股权转让款41,324,400元，支付违约金3000万元，以及未付股权转让款自拖欠之日至实际给付之日按年利率24%计算的利息等。

宝天公司主要辩称：海汇公司在签订《股权转让协议》之前已经向规划部门申请报建但未能获批，海汇公司明知案涉土地存在不能正常报建的事实，却隐瞒真实情况，有违诚实信用原则，其对项目披露不真实、不完整，也违背其在协议中约定的保证及承诺内容，构成违约。另外，海汇公司承诺目标公司及本协议项下地块不存在影响或妨碍宝天公司取得目标公司100%股权和本协议项下地块100%的实质股权权益的任何其他因素，但现在高陵开发区管委会已经明确告知案涉区域暂停报建，导致宝天公司无法正常开发该项目，合同目的无法实现，海汇公司已经构成根本违约。

诉讼期间，二审法院查明，宝天公司曾申请政府信息公开，西安市规划部门回复称：经查，目标公司项目用地位于泾河南岸，紧靠泾河。第一，按照西安市规划局向高陵区政府发出的《关于高陵区规划编制及规划管理有关问题的函》，渭河及泾河两岸堤外500米内（除绿化工程外）**暂不要安排建设项目**。市政告字（2018）1号《关于设立西安市渭河生态区的通告》对渭河生态区管控范围进行了说明，未提及泾河生态管控要求。第二，出让合同规定的容积率、建筑密度为上限、绿地率为下限，在满足《西安市××乡规划管理技术规定》及国家、省、市相关文件要求的前提下，确定最终规划指标。

【审理与裁判】

本案经西安市中级人民法院审理，**一审判决**支持了海汇公司要求宝天公司支付剩余股权转让款和按照24%的年利率计算的逾期利息的诉讼请求，驳回了海汇公司要求支付3000万元违约金的诉讼请求。

后宝天公司不服，上诉至陕西省高级人民法院。

陕西省高级人民法院二审认定：

(1) 海汇公司是否构成根本违约

根据高陵规划局的回复可知，当前泾河两岸的建设项目“暂不要安排”，但是该回复内容并未明确案涉区域不能建设。因此就案涉股权转让合同的履行，宝天公司仅是暂时无法办理建设施工许可手续，不能据此认定案涉项目最终无法办理建设施工许可手续，宝天公司主张股权转让合同目的无法实现，海汇公司已构成根本违约不能成立。

(2) 案涉项目暂时无法办理建设手续的责任应当由谁承担

首先，宝天公司当前无法办理建设工程规划许可证是本案不争的事实。但是从海汇公司持有以及双方约定移交的案涉项目的所有材料中无法体现案涉土地无法办理报建的事实，因此宝天公司主张海汇公司未披露、未告知因而构成违约，依据不足。

其次，签订案涉《股权转让协议》属于重大交易事项，理应慎重对待。**宝天公司作为专业的房地产开发公司，案涉区域未来的规划以及建设应当属于其尽职调查的范围**，宝天公司主张海汇公司已知案涉区域暂停报建而未予告知、故意隐瞒的理由也不符合常理。

最后，从案涉项目未依据土地出让协议开发建设的事实宝天公司应看出**项目本身就是一个没有建设工程规划许可证、已经超期建设、可能被政府收回的项目**，且没有正常办理建设手续之因素也属于宝天公司在签订合同时应当考量的项目内容之一。

据此，**二审判决：**驳回上诉，维持原判。

二审判决后，宝天公司再次表示不服，向最高人民法院申请再审，**再审理由为：**宝天公司在《股权转让协议》签订前已开展尽职调查，也在协议中对可能影响合同履行的情形进行了详尽约定，已完全尽到审慎义务。《股权转让协议》载明的移交材料中没有任何关于案涉项目无法进行报建的内容，且海汇公司曾向政府部门申请规划报建，规划部门已经明确告知其不能报建。在签订协议之前，已经出现了妨碍和影响案涉项目开发建设的不利因素，海汇公司却违背其在《股权转让协议》中的声明与保证，未向宝天公司披露、告知这一重大事实，导致宝天公司受让目标公司股权后不能进行开发建设，海汇公司的行为已构成违约。

最高人民法院再审认为：

宝天公司签订《股权转让协议》时，案涉项目已经超期建设、不具备建设工程规划许可证。**宝天公司认可其进行了审慎的尽职调查，并在《股权转让协议》中作出保证，承诺其对案涉地块的土地性质、规划现状完全知悉，保证任何时候不因土地性质、规划现状向海汇公司提出诉求。**而案涉地块区域内规划编制及规划管理、能否办理建设工程规划许可证等事宜当属“规划现状”范围。宝天公司作为专业的房地产开发公司，理应对案涉区域能否正常办理建设施工许可手续及未来规划建设情况予以关注。在宝天公司已进行尽职调查，并特别针对案涉地块规划现状作出保证的情况下，原判决认定案涉地块规划情况属于宝天公司尽职调查范围，宝天公司关于海汇公司已知案涉区域暂停报建而未予告知、故意隐瞒的主张不符合常理，并无不当。根据高陵规划局的回复意见，原判决认定宝天公司仅是暂时无法办理而非最终无法办理建设施工许可手续，宝天公司受让项目现状未改变，未减损其在签订协议时对该项目所享有的权利，并无不当。

最终，最高人民法院裁定驳回宝天公司的再审申请。

【白律师析法】

陈述与保证条款是项目（资产）转让或股权转让协议中的常见条款，本案即是关于转让方是否违反该条款所产生的争议。究竟是海汇公司故意隐瞒重要事实，还是宝天公司尽职调查不充分抑或对自身取得项目控制权后的报建能力过于自信？最终，法院通过对陈述与保证条款的分析并结合案件相关事实，对双方责任作出裁判，因此通过本案足可见陈述与保证条款的重要性。本集将重点分析陈述与保证条款的基本类型、陈述与保证条款和尽职调查的关系、违反陈述与保证条款的法律后果等几个问题。

1. 陈述与保证条款的概念及基本类型

陈述与保证条款，通常通过设置合同条款，由交易双方对交易背景、交易主体及交易标的信息进行充分披露。

陈述与保证条款对转让、受让双方均非常关键：于受让方而言，其主要作用是弥补信息不对称产生的信息差，由于受让方进行尽职调查之后仍可能存在未发现的问题或疑点，但为高效促成交易，受让方可要求转让方对相关披露信息的真实性、完整性作出承诺；于转让方而言，则重点强调可能影响交易的相关问题已经充分披露且受让方已知悉并了解其后果，受让方事后不得以不知晓为由追究转让方的违约责任。

现实中，受让方会要求转让方扩大陈述与保证的范围，而转让方则要求进行责任限缩并强调受让方的尽调责任自担，双方为此经常在陈述与保证条款的内容设定上进行拉锯谈判。

陈述与保证条款主要包括以下内容。

(1) 普适性陈述与保证

普适性陈述与保证为适用于所有交易方的通用条款，主要涉及交易背景和交易主体的一般性陈述与保证，通常包括各方主体资格、履约能力、内部授权、不存在违反法律法规的交易等内容。

(2) 转让方陈述与保证

转让方陈述与保证在股权转让交易中是双方谈判涉及的重要条款。由于转让方在交易中处于资金弱势和信息强势地位，受让方往往要求转让方对目标公司和交易整体作出广泛而详尽的陈述与保证。

转让方的陈述与保证通常包括：①目标公司的股权清晰稳定，不存在权利负担；②目标公司的经营合法性，特别是相关资质证照的合法存续性；③目标公司资产（包括不动产、知识产权、设备等）的权属、负担等；④目标公司的业务、合同和交易的合法性及无违约情况，以及业务可持续性；⑤目标公司财务状况，其不存在任何隐藏债务；⑥目标公司的税务、劳动人事合规性；⑦目标公司的诉讼、索赔及行政处罚情况。

除上述条款外，受让方还会根据尽职调查所发现的问题或疑点如转让方的经营范围、是否存在同业竞争等要求转让方进行披露和承诺，同时就全部披露内容的真实性、充分性作出承诺。

（3）**受让方陈述与保证**

相比转让方而言，受让方在交易中需要作出陈述与保证的事项相对有限，比较常见的内容包括受让方就主体合法性、交易获得充分授权及有效性、资金合法性等作出承诺。但同时，转让方还可要求受让方对项目已经过充分、详尽的尽职调查作出承诺，且受让方对某些影响交易的关键事实已知悉并了解其后果。

2. 陈述与保证条款和尽职调查的关系

如上所述，陈述与保证条款是受让方在尽职调查之外对自身的一种有效保护。然而，陈述与保证条款只是对受让方由于对方故意隐瞒、故意提供虚假信息或故意不配合所导致的尽职调查不全面、不充分的一种权利修复，其作用仅体现为尽职调查义务在一定程度上的减轻和兜底，但受让方仍应在自身获取信息和专业知识范围内完成尽职调查。因此，**陈述与保证条款并不能完全免除受让方的尽调责任或者因为尽调不充分而应当自行承担的后果**。

具体到本案，法院判决从两个层面对宝天公司应自行承担尽调责任和后果进行了认定：**其一，从合同约定角度而言**，宝天公司已认可“对于该地块的土地性质、规划现状完全知情”，在宝天公司无法举证证明对方故意隐瞒相关信息的情况下，宝天公司理应经过充分尽调并对其在协议中作出的承诺负责。**其二，从合理性角度而言**，案涉项目最关键的问题就是能否取得建设规划手续，宝天公司作为专业从事房地产开发的商主体，其理应在签署合同前对项目土地的未来规划及建设可能存在的问题予以关注并进行尽调。宝天公司称对于海汇公司事先已经提交过报建申请的事实不知情，一方面很难令人信服，另一方面该事实究竟是应当由海汇公司主动告知还是由宝天公司主动尽调本就存在争议，亦难以认定属于故意隐瞒。

由此可见，由于项目（资产）或股权转让的受让方通常是对目标公司、标的项目具有专业认知和判断能力的商主体，法院在处理类似案件时，通常不会因为陈述与保证条款的存在而完全忽视受让方自身的尽职调查责任。影响受让方自担其责的关键因素主要在于转让方有无提供虚假信息或者故意隐瞒关键信息的行为，如果受让方不能证明此点，则仍应承担败诉的不利后果。

3. 转让方违反陈述与保证条款的法律后果

陈述与保证条款通常是交易双方确定交易方案及交易价格的关键条款，如果转让方违反该条款，大概率需承担损失赔偿责任，在一些特殊情况下转让方还需承担合同被解除后的根本违约责任。

（1）受让方主张损失赔偿

现实中，转让方违反陈述与保证条款导致受让方发生损失的情形主要体现为受让方承担了或有负债、目标公司或目标项目资产贬值、项目被迫延期等。

《民法典》第584条规定："当事人一方不履行合同义务或者履行合同义务不符合约定，造成对方损失的，损失赔偿额应当相当于因违约所造成的损失，包括合同履行后可以获得的利益；但是，不得超过违约一方订立合同时预见到或者应当预见到的因违约可能造成的损失。"据此，在转让方违反陈述与保证条款导致受让方遭受损失时，受让方可就其固有利益及可得利益损失一并提出主张。

固有利益损失一般比较容易界定，比如受让方因转让方隐瞒债务而实际赔付的款项、目标公司财务报表中"缩水"的部分等，一旦受让方提出赔偿主张，其获得裁判机构支持的可能性相对较高。

但可得利益损失的举证则存在比较大的难度，裁判机构不予支持或者不完全支持的概率较大。例如，（2019）**京民终1646号**判决中，法院认为受让方未能提供其他有效证据证明因目标公司单位行贿一案被迫终止发行创新创业债券，违约事实与损失之间缺乏必然因果联系，据此驳回了受让方关于可得利益损失的主张。因此，合同履行过程中仍应注重从日常着手尽可能全面地收集可得利益损失方面的证据，以免决定起诉时相关证据已经难以复原。

（2）**受让方主张解除合同**

《民法典》第563条规定："有下列情形之一的，当事人可以解除合同……（四）当事人一方迟延履行债务或者有其他违约行为致使不能实现合同目的……"

现实中，除非陈述与保证条款本身就约定了受让方在转让方违反该条款时享有合同解除权，否则裁判机构对于解除合同通常采取较为谨慎的态度。如果受让方以转让方违反陈述与保证条款作为解除合同的理由，还需要进一步证明合同目的已经无法实现。

例如，本案中即便宝天公司能够举证证明海汇公司确实违反了陈述与保证条款，但法院首先核实的问题依然在于合同目的是否确定无法实现。因此，陕西省高级人民法院和最高人民法院均认定案涉项目仅是暂时无法办理报建，也即合同目的仍有最终实现的可能性，在此认定基础上再对海汇公司对于暂时无法办理报建是否存在违约行为进行认定。

因此，违反陈述与保证条款通常不会直接导致合同解除。在（2019）**辽01民终2739号**、（2020）**渝0116民初11198号**案件中，法院均持上述观点从而未判决合同解除。

不过，在（2020）**云民终972号**、（2020）**京民申5011号**案件中，由于目标公司是从事采矿、股权交易等特许经营业务的公司，需要持有相应经营牌照，转让方违反陈述与保证条款从而导致受让方受让目标公司股权的合同目的无法实现，因此法院最终认定转让方违约的同时对案涉合同作出解除处理。由此说明，如果转让方违反陈述与保证条款的行为确实存在明显导致合同目的无法实现的情形，且经过受让方举证证明，受让方即有权解除合同并追究转让方根本违约的责任。

（3）受让方主张撤销合同

如前所述，受让方若想通过解除合同达到返还价款的诉求，通常会受制于合同目的能否实现的羁绊，此时受让方也可考虑撤销合同的诉讼路径。

《民法典》第148条规定："一方以欺诈手段，使对方在违背真实意思的情况下实施的民事法律行为，受欺诈方有权请求人民法院或者仲裁机构予以撤销。"据此，假设转让方陈述不真实已经达到欺诈的程度，并且导致受让方在违背真实意思的情况下签署转让协议，则受让方可请求撤销合同。不过，与解除合同同理，裁判机构在认定当事人的行为是否足以构成欺诈时同样会采取较为谨慎的标准。因此受让方以转让方违反陈述与保证条款主张撤销合同时，需要进一步举证证明该等违反行为的严重程度足以致使自身作出错误意思表示，其举证难度还是相当大的，需要根据具体案情具体考量是否选择此等诉讼路径。

【复盘时间】

1. 陈述与保证条款应以违约后果为设计重心

笔者注意到，大量交易合同中的陈述与保证条款通常是对陈述保证事项的长篇列举，最后却没有与违约后果进行衔接。如前所述，如果以相对方违反陈述与保证条款为由主张解除合同或撤销合同，难度都比较高，关于可得利益损失部分的主张如果没有违约金条款作为依据，被支持的可能性也比较低。因此，**在设计陈述与保证条款时应重视该条款与违约后果的衔接**，可以将对方违反重点关注事项陈述与保证条款的违约行为明确列入本方有权解除合同的情形，同时明确约定违约金。这样不但能对对方形成有效震慑，亦可在纠纷发生时掌握主动权。

2. 陈述与保证条款的设置应当结合实际

虽然当前大多数交易合同中陈述与保证条款已成为必备条款，但由于有些当事人并未真正注意到该条款的作用和价值，于是直接套用既往固定合同模板，并没有根据项目特点和尽调情况进行有效设计。因此，笔者认为，**每一个交易合同的陈述与保证条款的设计都应当有针对性，一方面合同起草者**

要充分了解商业诉求和尽调情况，另一方面条款与具体披露的文件应当相互配套，这样才能充分发挥其效果。具体而言，除了普适性条款以外，与交易模式、交易价款相关的事实都应当由对方在陈述与保证条款中进行特别承诺。此外，建议把披露函作为合同附件，就转让方已披露的信息、事实逐项列明，对转让方有无虚假陈述或故意隐瞒相关事实予以明确，以防双方纠缠于转让方应否披露或受让方应否自行尽调来发现问题。

4. 风险转移与免责条款

争点 25：设定超长期委托经营条款可能因情势变更而遭遇风险

委托合同以双方当事人之间的信赖关系为基础，具有较强的人身属性。但当信任基础发生动摇时，如果仍固守合同关系，会使合同目的难以实现，因此立法赋予了当事人任意解除权。但就解除的具体事由，选择“显失公平”或“情势变更”涉及不同的适用标准，法院在司法实践中的裁量尺度亦有不同。在本集举示案例中，燕京公司向晋州公司收购水务公司 51% 股权从而成为控股股东，为了完全掌控经营自主权，加之对未来盈利前景过于自信，于是在股转协议中设定了长达 29 年的“委托经营 + 固定回报”条款。然而 12 年后，水务公司遭遇政策变化导致利润严重下滑，于是出现了“一方干赔、一方躺赚”的诡异局面。针对双方自愿签署的合同，是应该继续履行，还是依法可以解除？回溯签约阶段，燕京公司存在哪些失误，又该如何避免？

【本集出镜】*

燕京公司：国有企业，晋州的几家煤电厂是其兄弟单位，2000 年以后频繁投资并购地方企业以打通产业链，包括在晋州寻找标的公司以解决煤电厂的生产用水问题。

晋州公司：晋州一家民营企业，2004 年，晋州公司出资 4000 万元设立了水务公司，但因为后续投入和销路问题，同意和燕京公司开展股权合作。

水务公司：位于晋州的以污水处理和中水销售为主业的生产型企业，初

---

* 相关企业均为化名。

期由晋州公司100%控股，后改为燕京公司持股51%、晋州公司持股49%。

【基本案情】

2006年，燕京公司经过财务、法律尽调后与晋州公司就标的企业水务公司的收购事宜开展正式谈判。初期，燕京公司希望100%收购水务公司股权，以实现生产经营方面的自主权，但晋州公司同样对水务公司发展前景看好，特别是在燕京公司入股后可以解决中水销路问题，所以晋州公司只同意出让51%股权，且要求燕京公司单独负担后续水务公司的管线改造费用。为实现以上谈判目标，双方均同意了**“委托经营+固定回报”**的交易模式。

2006年8月，燕京公司、晋州公司正式签订股权转让合同，主要约定：（1）燕京公司以2040万元收购水务公司51%股份；（2）水务公司的改造费用由燕京公司以股东借款形式单方投入，晋州公司不负责投入；（3）晋州公司将其49%股权所附着的经营管理权委托燕京公司行使，委托经营期限为29年，自2006年直至2035年，晋州公司除有权定期查账外不参与任何经营管理，水务公司从2008年起每年向晋州公司支付300万元的固定回报，并每5年递增8%，水务公司不能支付的部分由燕京公司负责补足；（4）晋州公司不得以任何理由提前解除委托经营条款（未约定燕京公司能否提前解除）。

合作初期，水务公司的发展状况确实符合预期，平均年净利润能达到900万元。2008～2016年，水务公司向晋州公司依约支付了固定回报，剩余应分配给燕京公司的利润折抵了燕京公司的股东借款，如果按这样的发展态势，燕京公司的投资回报比还是比较理想的。

然而，随着国家节能环保政策不断收紧，晋州当地煤电厂相继停产或减产，加之废水收购成本不断增加，水务公司盈利能力急剧下降，2017年净利润只有100万元。于是，燕京公司指令水务公司向晋州公司发出书面通知，要求向晋州公司支付的固定回报调整为以每年的净利润为限。

燕京公司认为，《公司法》第3条第2款规定，“有限责任公司的股东以其认缴的出资额为限对公司承担责任”，燕京公司可以放弃按股权比例分配经营利润并暂时将全部利润归属于晋州公司，但在不盈利的情况下还要求一方股东以自有资金满足另一方股东的固定回报，会造成股东之间的利益严重失衡，这样既违反《公司法》，也显失公平。

但晋州公司认为，委托经营条款是燕京公司为了排除晋州公司的经营权主动提出的，如果晋州公司参与经营未必会导致目前的困难局面，燕京公司经营不善就要求“甩锅”，这才是显失公平。

【审理与裁判】

2019 年 8 月，晋州公司首先向仲裁委员会申请仲裁，要求水务公司和燕京公司共同支付两年多来欠付的固定回报款 800 余万元。该案经仲裁庭审理后作出裁决，全额支持了晋州公司的仲裁请求。燕京公司经此打击后决定调整策略，随即向仲裁委员会申请第二轮仲裁，要求解除委托经营条款。

在关于委托经营条款能否解除的第二轮仲裁中，仲裁庭总体认为，委托经营条款可以解除，但能否全部归咎于情势变更而无须追究燕京公司的违约责任或者损失赔偿责任，尚不明晰，建议双方协商解决。最终，燕京公司以向晋州公司一次性支付补偿款 1500 万元的代价，以调解方式解决了本案争议。

【白律师析法】

1. 燕京公司在第一轮仲裁中失败的原因分析

燕京公司依据《公司法》第 3 条第 2 款的规定，认为股东仅以出资为限对公司的债务承担有限责任，且认为合同条款显失公平应当予以撤销，但上述两点理由均未被仲裁庭支持。

首先，股东承担有限责任的原则是《公司法》确立的原则，而《股权转让合同》关于燕京公司对水务公司向晋州公司支付固定回报承担差补义务的约定实际属于保证条款，符合担保法律关系的相关规定，**燕京公司采取的答辩策略从一开始就存在方向性错误**。

其次，司法实践中，显失公平的认定条件是非常严苛的，燕京公司想要从股东利益失衡角度推翻合同的明确约定，其实非常困难。晋州公司获取固定回报的代价是放弃了 29 年的公司经营权和分红权，《公司法》第 34 条规定：“股东按照实缴的出资比例分取红利；公司新增资本时，股东有权优先按照实缴的出资比例认缴出资。但是，全体股东约定不按照出资比例分取红利或者不按照出资比例优先认缴出资的除外。”正是基于上述规定中的除外条款，**“委托经营 + 固定回报”的约定并不违反法律规定，也不足以认定显失公平**。

2. 委托合同可否随时解除

关于本案委托经营条款的定性，其符合原《合同法》及《民法典》“委托合同是委托人和受托人约定，由受托人处理委托人事务的合同”的规定。委托合同以双方当事人之间的信赖关系为基础，具有较强的人身属性。但信赖基础发生动摇时，如果仍固守合同关系，会使合同目的难以实现。因此立法赋予当事人任意解除权，以使当事人在信赖基础丧失时从委托合同关系中解脱。

合同法律关系中，裁判遵循“有约定从约定、无约定从法定”的基本原则。具体到本案，如果双方当事人在《股权转让合同》中约定了委托经营条款的解除条件或者约定不得解除，可以直接根据约定判断能否解除。但该合同仅约定晋州公司不得解除，未约定燕京公司能否解除，所以在燕京公司提出解除的情况下，需要考虑解除委托合同方面的法律规定。

原《合同法》第 410 条及《民法典》第 933 条均规定：“委托人或者受托人可以随时解除委托合同。”但就委托合同解除后的损害赔偿范围问题，二者有不同的规定。前者笼统地规定：“因解除合同给对方造成损失的，除不可归责于该当事人的事由以外，应当赔偿损失。”《民法典》则区分有偿、无偿合同两种情形，明确解除有偿委托合同仍应赔偿预期利益损失。该条在坚持委托合同当事人享有任意解除权的基础上，通过对不当解除方应赔偿的损失范围进行规范，既强调委托合同当事人之间的特殊信赖属性，又强调对于合同当事人预期利益的保护，以维护诚信的市场交易秩序。其背后的法理基础在于，合同任意解除权的立法应建立在合同“无偿”的基础上，因当事人之间不负有对待给付义务，**基于功利原则，此类合同对当事人的实质拘束力明显减弱，因此法律赋予当事人任意解除权**。而对于有偿合同，合同当事人均具有履行利益，合同对双方的约束力更强，立法通过扩大赔偿范围提升当事人不当解除合同的成本，从而达到间接限制任意解除权行使的目的。

综上所述，在合同未约定受托人不得解除的情况下，受托人可以依据上述法律规定要求随时解除委托经营条款，委托经营条款解除后，委托人不再享有收取固定回报款的权利，但根据《公司法》第 4 条“公司股东依法享有资产收益、参与重大决策和选择管理者等权利”的规定，委托人的上述股东权利应当随着委托经营条款的解除而得以恢复。另外，委托合同解除造成委托人损失的问题，委托人可以另案主张或者提出反请求，但不影响委托经营条款的解除。

3. 情势变更制度的适用

（1）情势变更制度的法律规定

除以委托合同可以随时解除为理由外，燕京公司还以情势变更作为解除依据。

情势变更制度最早规定于原《合同法司法解释二》第 26 条。《民法典》颁布后，情势变更制度成为正式法律条文，规定于《民法典》第 533 条：“合同成立后，合同的基础条件发生了当事人在订立合同时**无法预见的、不属于商业风险的重大变化**，继续履行合同对于当事人一方明显不公平的，受不利影响的当事人可以与对方重新协商；在合理期限内协商不成的，当事人可以请求人民法院或者仲裁机构变更或者解除合同。人民法院或者仲裁机构应当结合案件的实际情况，根据公平原则变更或者解除合同。”

此外，最高人民法院于 2009 年发布且目前依然有效的《关于当前形势下审理民商事合同纠纷案件若干问题的指导意见》第 1 条规定：“……对于部分当事人在诉讼中提出适用情势变更原则变更或者解除合同的请求，人民法院应当依据公平原则和情势变更原则**严格审查**。”《最高人民法院关于正确适用〈中华人民共和国合同法〉若干问题的解释（二）服务党和国家的工作大局的通知》第 2 条更加明确地指出：“……对于上述解释条文，各级人民法院务必**正确理解、慎重适用**。如果根据案件的特殊情况，确需在个案中适用的，应当由高级人民法院审核。必要时应报请最高人民法院审核。”

由此可见，长期以来，**法院在适用情势变更制度时一直采取极为审慎的**

态度，支持按照情势变更解除合同的判例较少。

（2）**情势变更制度的司法适用**

情势变更制度的适用通常包括以下几个方面：

第一，情势变更适用的时间要件。通说认为，情势变更发生的时间点为合同有效成立后合同履行完毕前。司法实践中具有争议的是“当事人一方未在合同期限内履行义务，在迟延履行期间发生了合同基础条件重大变化的事实，此时是否可以主张适用情势变更制度”。法理上一般认为合同订立后当事人即负有严守合同的义务，因此即使在迟延履行期间发生了影响合同基础条件的客观事实，亦不适用情势变更原则。《民法典》第590条第2款有类似的规定：“当事人迟延履行后发生不可抗力的，不免除其违约责任。”

第二，情势变更适用中的“不可预见”要件。如果合同履行过程中出现的客观事实是当事人在合同订立时能够预见或者应当预见的，当事人可以选择放弃交易或者在合同中对相关风险进行预先安排，当事人选择订立合同，表明其自愿承担由此产生的风险或者损失，不能以此为由请求变更或者解除合同。该要件在司法实践中产生的争议主要表现在两个方面：一是当事人是否具有预见能力，司法实践中掌握的标准通常是判断当事人是否属于某一领域的专业投资者。二是尽管当事人对情势变化可能难以预见，但在该情势属于商业风险的情况下，亦不适用情势变更制度。《最高人民法院关于当前形势下审理民商事合同纠纷案件若干问题的指导意见》第3条规定：“商业风险属于从事商业活动的固有风险，诸如尚未达到异常变动程度的供求关系变化、价格涨跌等。情势变更是当事人在缔约时无法预见的非市场系统固有的风险。人民法院在判断某种重大客观变化是否属于情势变更时，应当注意衡量风险类型是否属于社会一般观念上的事先无法预见、风险程度是否远远超出正常人的合理预期、风险是否可以防范和控制、交易性质是否属于通常的‘高风险高收益’范围等因素，并结合市场的具体情况，在个案中识别情势变更和商业风险。”例如，在安某、邵某珍房屋买卖合同纠纷案［（2017）最高法民再26号］中，最高人民法院认为：“本案中房屋价格较大幅度的上涨虽然可能超出当事人的预见，但仍属于正常的商业风险，故以房屋价格出现较大上涨、继续履行显失公平为由主张调整交易价格缺乏充分的法律依据，不应予以支持。”

第三，情势变更具有不可归责性。《民法典》第566条规定，合同解除后，尚未履行的，终止履行；已经履行的，根据履行情况和合同性质，当事人可以请求恢复原状或者采取其他补救措施，并有权请求赔偿损失。合同解除不影响违约责任的承担。但是在适用情势变更解除合同的情形中，情势变更的事实属于不可归责于当事人的客观事实，对于该事实的发生当事人均无过错，故此当事人不存在承担违约责任的问题。根据《中华人民共和国民法典合同编理解与适用》[①] 中的观点，一般认为，情势变更制度旨在平衡双方当事人利益以消除显失公平的结果，因此，在一方当事人因合同解除消除了不利益的结果的同时，也不能使对方当事人遭受不合理的损害。故此，合同解除造成对方当事人损失的，要考虑损失的分担。如济南科溢交通服务有限公司、济南市公安局交通警察支队保安服务合同纠纷案［（2018）最高法民申6232号］中，最高人民法院认为：“政策的变化非当事人意志所能控制，属于情势变更，交警支队对此没有过错，科溢公司要求交警支队、安保中心承担全部赔偿责任没有法律依据。因双方在《维护管理合作协议书》中约定收取投资回报后的利润按各50%进行分配，原审根据权利义务对等原则，对于履行协议所产生的损失参照盈余分配的比例，由交警支队、安保中心与科溢公司按五五比例分配，在认定事实和适用法律上均无不当。”

第四，继续履行对合同当事人一方明显不公平。合同严守原则是整个合同制度的基石，“以情势变更主张解除合同”作为这一基本原则的例外，在司法实践中应具有严格的适用标准。其中的一个核心问题就是继续履行合同是否会导致显失公平的结果。《民法典》第151条规定：“一方利用对方处于危困状态、缺乏判断能力等情形，致使民事法律行为成立时显失公平的，受损害方有权请求人民法院或者仲裁机构予以撤销。”根据《中华人民共和国民法典合同编理解与适用》[②] 中的观点，关于“显失公平”要件的理解应当

① 参见最高人民法院民法典贯彻实施工作领导小组主编：《中华人民共和国民法典合同编理解与适用》，人民法院出版社2020年版，第488～489页。

② 参见最高人民法院民法典贯彻实施工作领导小组主编：《中华人民共和国民法典合同编理解与适用》，人民法院出版社2020年版，第483～484页。

注意四个方面：一是显失公平必须达到双方权利义务关系明显违反公平、等价有偿原则的程度，如果仅仅为某种程度的偏离，对双方的利益关系影响不大，则不能认定为显失公平。司法实践中，应当根据个案的具体情况，结合所涉交易领域、当时的社会环境等因素综合判断。二是显失公平的结果必须由合同当事人承担，如果继续履行合同引起的显失公平结果由第三人承受，则不能适用情势变更制度。三是判断是否显失公平应当以债务人履行债务的时间为准。四是情势变更与显失公平的结果之间必须具有相当因果关系。应予明确的是，上述要件必须同时具备，否则不构成情势变更的情形。

综上所述，根据上述法律规定和情势变更制度的适用条件分析，结合本案具体案情，我们倾向认为，**国家环保政策变化**确系导致水务公司经营利润巨幅下滑的主要原因，**符合**“发生了当事人在订立合同时无法预见的、不属于商业风险的重大变化”的法律规定。

【复盘时间】

1. 培养“未虑胜、先虑败”的合同审查风险意识

无论是新股东委托老股东经营，还是老股东委托新股东经营，“委托经营 + 固定回报”事实上属于投资并购中一种常见的合作模式，燕京公司选择这种模式的初衷可以理解。其最大的失误在于对自身能力过于自信，设定了长达 29 年的委托经营和固定回报期限，尽管其目的是尽可能长期掌控公司和多分配利润，但再稳定的行业都难以对如此长期的未来经营状况进行准确预测。因此，**无论公司决策层还是负责合同审查的法务人员，都应当对未来合同履行过程中可能发生的风险进行模拟，注重培养“未虑胜、先虑败”的风险意识**。如果燕京公司的资金充足，可以考虑通过提高买断价款的方式全额受让股权，如果资金不足以覆盖，也可以在委托经营期间设定较高的回报比例，但将长达 29 年的固定回报锁死，显然是最不明智的。

2. 合同设置解除条款的作用

从上述法律分析可见，在合同对解除条件未约定的情况下，无论是行使委托合同的任意解除权还是适用情势变更制度从法定角度行使解除权，最终

能否被裁判机构支持存在不确定性。即使能够解除，在解除时间和损失赔偿方面行使解除权一方依然存在较大风险。因此，**如果商业条款已经无法更改，法务人员还是要在合同解除条款上坚持自己的意见，为不利局面出现时的解困留有后手**。具体到本案，燕京公司可以约定，当国家或市场政策发生变化、上下游客户发生变化或者废水收购价格涨幅达到一定比例等情况发生时，本方有权解除委托经营条款，同时对委托经营条款解除后如何恢复股东双方共同治理的情形进行详细约定，再辅以解除委托经营条款的违约金或违约金计算方式。这样的设计显然更加符合情理和公平对等原则，对手方有较大可能接受。

争点 26：新冠疫情是否构成不可抗力

——以对赌纠纷为例

【本集提要】

新冠疫情暴发以来，当事人以新冠疫情构成不可抗力提出抗辩的案例比比皆是，仅裁判文书网已公布的生效判决就多达数万件，而合同中的不可抗力条款也在疫情衬托之下被人们广泛重视，切实体现出其作用和价值。至于新冠疫情是否构成不可抗力，最高人民法院明确了“综合考量疫情对不同地区、不同行业、不同案件的影响”的裁判思路，司法实践中，法院通常从以下三个方面对是否适用不可抗力规则进行考量：是否属于合同签订时不可预见的情况，是否属于不能避免、不能克服的情况，不可抗力事件与合同履行障碍之间是否存在因果关系。但具体如何理解，本集将通过一则对赌纠纷案例加以阐述。

【本集出镜】

市国投公司：某市属国有资产投资公司，主要经营范围为对实体经济项目开展股权投资、债权投资等。

三特环保：一家非上市股份有限公司，本案投资标的公司和案件第三人，主要业务为环保设备的制造和销售，原计划在两年内实现 IPO，然而自称受疫情影响未能实现。

李董：三特环保董事长、实控人，对赌义务人。

【基本案情】*

2018年12月，市国投公司（甲方）与李董（乙方）、投资标的公司三特环保（丙方）共同签订《2018年非公开发行股份协议》及其补充协议（以下简称《协议》），约定：（1）甲方以货币方式向丙方增资6774.42万元，占丙方总注册资本的11.1568%。（2）自甲方完成增资之日起**二年内**，若丙方未能向中国证监会申报首次公开发行股票并上市的材料，则甲方有权要求乙方**回购甲方所持全部的丙方股份**，回购总价=6774.42万元×(1+实际投资期限×年化利率10%)。（3）若乙方未能履行回购义务，则应按甲方投资金额6774.42万元的20%向甲方支付违约金。（4）**不可抗力**，是指在本协议签署日不能预见其发生、后果不能避免或者克服，在本协议签署日后出现的阻碍任何一方全部或部分履行本协议项下义务的所有事件。此种事件包括地震、台风、洪水、火灾、战争、国内或国际交通障碍、骚乱、暴乱和不能预见、不能避免、不能克服的其他情况。因不可抗力而导致一方无法按照本协议的条款和条件履行本协议项下的义务，**该方可以根据法律规定和本协议约定就不可抗力影响范围内的违约情形主张免除违约责任**。声称遭遇不可抗力事件而不能履行本协议项下的义务的一方须履行以下义务，方能援引本协议第11.1条的约定免除违约责任。①应当积极采取一切措施减少或消除不可抗力事件的影响，并应努力在尽可能短的时间内恢复履行受不可抗力事件影响的义务。②立即向相对方通知不可抗力事件，在任何情况下，该通知不应迟于不可抗力事件发生之日起十日内作出。③在合理期限内提供证明不可抗力事件发生和持续时间长短的充分证据。如果不可抗力时间**持续超过90天**，本协议各方可通过友好协商解决如何继续履行本协议，或协商寻求其他公平的解决方案，尽一切合理的努力将此不可抗力的影响减少到最低限度。

上述协议签订后，市国投公司于2018年12月27日向三特环保支付增资款6774.42万元。

2020年9月，三特环保向市国投公司发出报告，称因2020年全国性新

* 本案根据真实案例提炼。

冠疫情影响，有些项目的收尾工作滞后及公司募投项目环评还没有落地，影响了公司 IPO 的申报进程。故申请将 IPO 申报时间最晚延期至 2022 年年底，并希望市国投公司能延期两年退出，或者分步退出。市国投公司未予同意，并于 2020 年 12 月向李董发出《股权回购通知书》。

【审理与裁判】

2021 年 10 月，市国投公司向湖南省株洲市天元区人民法院提起诉讼，**诉讼请求为**：（1）判令被告李董支付股份回购款 8686.1 万元｛6774.42 万元×［1+（1030÷365）×10%］｝，暂计至 2021 年 10 月 23 日，最终以全部回购价款支付完毕之日止；（2）支付违约金 1354.88 万元（6774.42 万元×20%）；（3）被告承担全部诉讼费、保全费及律师代理费用。

李董辩称：2020 年年初全国疫情大暴发构成不可抗力，根据协议约定，因不可抗力而导致本协议任一方未能按照本协议的条款和条件履行本协议项下的义务，该方可以根据法律规定和本协议约定就不可抗力影响范围内的违约情形主张免除违约责任；不可抗力时间持续超过 90 天，本协议各方可通过友好协商解决如何履行本协议，或协商其他公平的解决方案，尽一切合理的努力将此不可抗力的影响减少到最低限度。截至诉讼日疫情仍然在持续影响着国民经济和生活，**故此答辩人的回购责任和时间限制因不可抗力影响须中止，且双方应就现实情况共同商讨并签订新的股份回顾协议**。

第三人三特环保述称：同意李董的答辩意见。另外，自 2020 年年初疫情暴发以来，疫情对中小型民营企业的影响更是极具破坏性的。在疫情影响下大量企业和私人老板宣告破产倒闭，公司法人李董秉着不拖欠、不放弃、不抛弃任何一个员工的原则，以个人名义筹资来维持公司正常运作和保障员工权益，但自 2020 年暴发疫情至今时间已达两年有余，公司资金周转越发困难。**疫情带来的影响的确让人焦虑，甚至让人有些灰心，经营企业很苦，但是如果环境成为一种经营条件，我们需要面对的不仅是环境，还有企业自身的调整**。借此机会向原告提出继续支持及再合作的请求，希望原告暂时取消股权回购请求，双方再协商关于股权回购的事宜。

庭审中，某律师事务所出具证明一份，载明：根据三特环保的规划，其原计划在2020年6月30日之前完成IPO申报资料的递交，但因为自2020年1月开始全国范围内新冠疫情暴发，导致进行IPO申报必须完成的“客户、供应商走访”工作无法顺利开展，故三特环保只能推后申报基准日。又因新冠疫情一直没有好转，最终导致三特环保不可能在2020年12月31日前完成IPO申报工作。

另据法院查明：2020年1月23日，湖南省根据《突发公共卫生事件应急预案》决定启动重大突发公共卫生事件一级响应。2020年3月10日，该省新冠疫情防控突发公共卫生事件应急响应级别由一级调整为二级。

法院判决认定：

（1）新冠疫情是否属于不可抗力的情形

根据案涉《协议》的约定，**新冠疫情属于不可抗力的情形**。但《协议》同时约定，“该方可以根据法律规定和本协议约定就不可抗力影响范围内的违约情形主张免除违约责任”。因此，**即使新冠疫情属于不可抗力，亦不代表可以任意适用，仅能根据法律规定和本协议约定就不可抗力影响范围内的违约情形主张免除违约责任**。需综合考量疫情对不同地区、不同行业、不同案件的影响，准确把握疫情或者疫情防控措施与合同不能履行之间的因果关系和原因力大小。

（2）案涉股权回购条件是否成就

三特环保在当地完成股份登记备案之日起二年内未能向中国证监会申报首次公开发行股票并上市的材料，从而触发回购的条件。湖南省于2020年1月24日启动重大突发公共卫生事件一级响应，于2020年3月10日将新冠疫情防控突发公共卫生事件应急响应级别由一级调整为二级，此时，政府全面统筹疫情防控与企业复工复产。被告所述“客户、供应商走访”工作并非不能通过其他途径解决，**新冠疫情仅是暂时阻碍合同的履行，并非导致投资标的公司不能上市的直接原因，法院将就疫情所造成的影响在违约金的承担上予以考虑，对被告主张延长上市时间或回购时间的意见不予采纳**。另，《协议》明确约定的是不可抗力持续超过90天的，双方协商解决，事实上，双方亦一直在协商解决，只是未能达成一致意见。在协商未果的情形下，市国投公司有权依据《协议》的约定要求被告回购股权。

(3) **回购款和违约金的计算**

根据《协议》的约定，原告要求被告按投资金额以年利率10%支付至回购价款支付完毕之日止的诉讼请求，法院予以支持。原告同时要求被告按照投资款的20%支付违约金，标准过高，**考虑疫情的影响**，兼顾合同的履行情况、当事人的过错程度以及预期利益等因素，根据公平原则和诚实信用原则予以衡量，法院将违约金的标准调整至5%，即6774.42万元×5%＝338.721万元。

据此，**法院判决**：被告向原告支付股份回购款8686.1万元（并按年利率10%计算至全部回购款支付完毕之日止）；支付违约金338.721万元；支付律师费98万元。

【白律师析法】

实践中，对赌通常分为**时效类对赌和业绩类对赌两类**，时效类对赌通常要求在规定时限内完成约定申报事项，业绩类对赌则通常要求在约定年度内完成约定数额的业绩，本案即属于时效类对赌引发的纠纷。而本案的主要争议焦点在于，当事人在约定实现IPO的对赌期内恰逢新冠疫情，对赌义务人以新冠疫情构成不可抗力为由要求延长对赌期。该案中尽管法院认可新冠疫情属于不可抗力，但法院进一步从协议约定的角度认定了不可抗力的法律后果是减轻违约责任，而不是免除回购义务或者延长回购义务的履行期限。

因此，本案对于探讨新冠疫情与法定及约定的不可抗力之间的关系，不可抗力的认定标准、法律后果等问题具有一定借鉴意义。

1. 不可抗力的概念及新冠疫情适用不可抗力的相关规定

《民法典》有关不可抗力的规定主要有第180条和第590条，其中第180条规定："因不可抗力不能履行民事义务的，不承担民事责任。法律另有规定的，依照其规定。不可抗力是不能预见、不能避免且不能克服的客观情况。"第590条规定："当事人一方因不可抗力不能履行合同的，根据不可抗力的影响，部分或者全部免除责任，但是法律另有规定的除外。因不可抗力不能履行合同的，应当及时通知对方，以减轻可能给对方造成的损失，并应当在合理期限内提供证明。当事人迟延履行后发生不可抗力的，不免除其违约责任。”

2020年4月、5月、6月，最高人民法院先后三次发布《关于依法妥善审理涉新冠肺炎疫情民事案件若干问题的指导意见》（以下简称《新冠疫情指导意见》）。

在《新冠疫情指导意见（一）》第3条中，最高人民法院指出，依法妥善审理合同纠纷案件。受疫情或者疫情防控措施直接影响而产生的合同纠纷案件，**除当事人另有约定外**，在适用法律时，应当**综合考量疫情对不同地区、不同行业、不同案件的影响**，准确把握疫情或者疫情防控措施与合同不能履行之间的因果关系和原因力大小。

根据上述指导意见，最高人民法院在《新冠肺炎指导意见（二）》第14条规定了业绩对赌协议的审理原则，该条规定：对于批发零售、住宿餐饮、物流运输、文化旅游等受疫情或者疫情防控措施影响严重的公司或者其股东、实际控制人与投资方因履行“业绩对赌协议”引发的纠纷，**人民法院应当充分考虑疫情或者疫情防控措施对目标公司业绩影响的实际情况**，引导双方当事人协商变更或者解除合同。当事人协商不成，按约定的业绩标准或者业绩补偿数额继续履行对一方当事人明显不公平的，人民法院应当结合案件的实际情况，根据公平原则变更或者解除合同；解除合同的，应当依法合理分配因合同解除造成的损失。

由此可见，关于新冠疫情可否被视为不可抗力，以及不可抗力对于责任承担的认定方面，最高人民法院采用了“**当事人约定优先**”和“**根据地区、行业、合同类型加以区别对待**”的审判思路。

2. 当事人约定的不可抗力条款的类型及法律效力

实践中，有相当一部分合同会约定不可抗力条款。根据不可抗力条款和法定不可抗力之间的关系，学理上将不可抗力条款分为四种类型：**一是**不真正不可抗力条款，指合同约定的免责事由与法律规定的不可抗力事件范围一致。**二是**扩张型不可抗力条款，指合同中约定的免责事由超出法律规定的不可抗力事件范围。**三是**排除型不可抗力条款，指合同中约定任何情形下不能履行合同的一方均不能免除责任。**四是**限缩型不可抗力条款，指合同中约定的免责事由限缩了法律规定的不可抗力事件范围。

关于第一种类型，其作用主要是在合同中再次强调和明确不可抗力的适用，由于条款内容同法律规定一致，所以没有太多探讨价值，重点是后三种类型的效力问题。

关于扩张型不可抗力条款，首先要注意其是否为格式条款和是否损害社会公众利益，如果存在法定无效事由，即使发生了相应事实仍不能作为免责理由。其次则是约定的事件不属于不能预见、不能避免且不能克服的事件，这种约定不视为不可抗力约定，属于附条件的免责条款，根据意思自治原则，这类约定通常被认定为有效并被司法实践所尊重。

例如，承租人和次承租人约定："如出租人收回房屋，属于不可抗力，双方应无条件解除合同且互不负违约责任。"该约定应属有效，但并非真正的不可抗力条款。

关于排除型或者限缩型不可抗力条款，其实质是完全排除或者部分缩减了法定不可抗力规则的适用，这类条款的效力在司法实践中存在一定争议。不过，最高人民法院在《中华人民共和国民法典合同编理解与适用（二）》中指出："对于限缩型不可抗力条款，应审查是否存在《民法典》第506条规定'免责条款'无效的情形。"由此可见，最高人民法院的最新观点认为，如果不存在《民法典》第506条规定的"免责条款"无效的情形（造成对方人身损害的和因故意或者重大过失造成对方财产损失的），应当认定其有效。

具体到本案，双方当事人约定了不可抗力条款，但当事人约定当发生不可抗力事件时，并非免除回购义务或者延长回购期限，而是免除受不可抗力事件影响期间的违约责任。所以这一约定应属于限缩型不可抗力条款，在认定合同有效的基础上，法院最终根据当事人意思自治原则仅仅认定了减免一定的违约金，并没有免除回购义务人的回购义务。

值得注意的是，因为当事人并没有约定如受到不可抗力事件的影响则调整回购价款的计算标准，所以法院依然全额支持了原告关于回购价款计算至付清之日止的诉讼请求，并没有具体论述回购价款可否在不可抗力事件影响期间予以部分减免的问题。

3. 不可抗力的适用规则

司法实践中，法院通常从以下三个方面对是否适用不可抗力规则进行考量。

（1）属于合同签订时不可预见的情况

根据《民法典》的明确规定，不可抗力事件必须是签约时不可预见的情况，反之则不能以不可抗力为由提出抗辩。

浙江省高级人民法院民事审判第二庭发布的《关于审理涉新冠肺炎疫情相关商事纠纷的若干问题解答》（浙高法民二〔2020〕1 号）第 2 条规定："**对于在疫情发生前签订的商事合同**，当事人一方以受新冠肺炎疫情影响，导致合同不能履行为由，要求解除合同的，需要结合合同签订时间、履行期限届满的时间节点、采取替代措施的可行性及履约成本等因素，综合考量疫情对于商事合同履行的影响程度，区分具体情况，依法做出处理……"第 3 条规定："**对于本次疫情发生后订立的合同**，可以推定当事人在缔约时，对疫情这一特定事件及其变化和后果已有预判，故原则上对当事人提出的不可抗力或情势变更主张不予支持。"

在（2021）京 04 民初 277 号判决中，北京市第四中级人民法院认为："首先，**案涉《销售合同》签订于 2020 年 5 月 1 日，在新冠肺炎疫情发生之后**，双方当事人对疫情发生均已知晓，且双方在《销售合同》中明确约定：'由于目前受到新冠肺炎疫情影响，具体发货时间以甲方（德美瑞公司）通知的发货时间为准，可以分批次发货，但不迟于 6 月 10 日完成 140 台全部交货'，**足以证明双方对疫情的影响有所预见**。因此，新冠肺炎疫情不属于双方当事人未能预见的客观情况。其次，2020 年 6 月 20 日至 2020 年 7 月 4 日，德美瑞公司共向和利公司发货呼吸机 150 台，其中包括案涉合同项下 50 台，故可以认定新冠肺炎疫情并非影响合同履行的唯一因素。因此，德美瑞公司提交的证据既不能证明新冠肺炎疫情是双方无法预见的客观情况，也不能证明新冠肺炎疫情是影响呼吸机供货的唯一因素，**不符合民法总则与合同法规定的不可抗力的构成要件，德美瑞公司以不可抗力为由全部免责的主张不能**

成立。”

由此可见，假设当事人签订合同时新冠疫情已经发生，当事人再以不可抗力为由提出免责抗辩将很难获得法院支持。

（2）**属于不能避免、不能克服的情况**

例如本案，被告主张因疫情影响导致“客户、供应商走访”工作无法进行，继而导致IPO进程受到影响。但法院认为“客户、供应商走访”工作并非不能通过其他途径解决，据此认定新冠疫情仅是暂时阻碍合同的履行，并非导致投资标的公司不能上市的直接原因。

由此可见，不可抗力的认定前提是相关事件导致合同履行遇到本质障碍，如果该事件仅仅为合同的履行制造了困难或者带来了暂时性影响，当事人还可以通过其他方式予以避免或者加以克服，则通常不会被认定为不可抗力。

（3）**不可抗力事件与合同履行障碍之间存在因果关系**

不可抗力事件的发生与合同履行障碍之间存在因果关系，这是适用不可抗力规则的核心要求。以新冠疫情为例，新冠疫情存在突发性影响是事实，但新冠疫情并非对所有合同的履行都构成障碍，在因果关系层面，法院还会考虑以下具体因素：

第一，行业影响性。疫情对不同行业的影响不同，如（2020）粤0106民初36301号判决书认定“2019年12月开始爆发新冠肺炎疫情，国内、国际旅游业务深受影响”；（2021）川0108民初574号判决书认定“因2020年1月底开始遭遇新冠肺炎疫情，网吧经营受到严重影响甚至长时间停业，导致公司处于亏损状态未达到《投资人协议》的目标”。但对于有些特定行业，例如口罩等抗疫物资生产行业，疫情非但不构成阻碍，反倒成为促进供需关系的因素。

第二，所在地区及具体政策。不同地区受疫情影响的程度和具体采取的政策不同，例如在不同时间段，有的地区采取了封城策略，有的地区并不限制人员流动。对于未采取封城措施的地区，尽管新冠疫情也有影响，但通常不会造成合同根本无法履行的严重后果，此时就要区别对待疫情的实际影响性。

第三，采取替代措施的可行性。例如，某生产厂家原定的原材料因为疫情影响而无法交付，但此时生产厂家还可以少量加价订购其他原材料，并最终实现正常生产和按期交货。此时就不宜直接认定不可抗力导致合同无法履行，双方完全可以分担因为加价订购造成的损失。

4. 主张不可抗力一方的通知义务和举证责任

《民法典》第 590 条规定了主张不可抗力一方的通知义务和举证责任。实践中，当事人如果认为受到不可抗力事件影响，应将不可抗力事件及其对履约的影响及时通知对方，随后应根据不可抗力事件的变化及影响性不断更新通知，通知中还应就具体是解除合同、变更履行期限还是免除违约责任等明确己方意见。此外，实践中对于不可抗力的举证责任要求比较严苛，当事人除了需要举证确实发生了不可抗力事件外，还应当围绕上述不可抗力适用规则进行进一步举证。

5. 不可抗力适用的例外情形

关于当事人迟延履行后发生的不可抗力，《民法典》第 590 条第 2 款规定："当事人迟延履行后发生不可抗力的，不免除其违约责任。"

对于金钱债务，一般情形下不适用不可抗力规则部分或全部免除合同责任。[①]《新冠疫情指导意见（二）》第 10 条规定，"……对金融机构违反金融支持政策提出的借款提前到期、单方解除合同等诉讼主张，人民法院不予支持"，但上述司法解释并未规定直接免除借款人的债务或者在借款正常到期情况下可以延期还款，说明不可抗力规则并不适用于金钱债务的径行免除。

关于未采取适当措施导致损失扩大的部分，不可抗力属于发生违约情形的免责事由，因此应当适用《民法典》第 591 条"当事人一方违约后，对方应当采取适当措施防止损失的扩大；没有采取适当措施致使损失扩大的，不得就扩大的损失请求赔偿。当事人因防止损失扩大而支出的合理费用，由违约方负担"的规定，即便不可抗力被法院支持，但当事人仍可能因为未采取适当措施而就损失扩大的部分承担责任。

---

① 最高人民法院民法典贯彻实施工作领导小组主编：《中华人民共和国民法典合同编理解与适用（二）》，人民法院出版社 2020 年版，第 820 页。

【复盘时间】

设置不可抗力条款时要确保有效和内容清晰

如前所述，不可抗力条款除非存在法定无效事由，否则在实践中普遍被法院所采纳，并作为裁判依据。例如本案，三特环保在陈述中体现的真情实感令人动容，可惜同情心并不是司法裁判的考量因素。当事人在合同中仅仅约定不可抗力是减轻违约责任的条件，以及约定不可抗力持续超过 90 天双方可以进行协商，但并未进一步约定双方应当如何协商，以及是否可以延长对赌期限等。因此，合同中的不可抗力条款并非单纯体现合同完整性和“格调”的“摆设”。一方面，当事人要避免不可抗力条款被认定为格式条款或存在其他无效事由而导致无法适用；另一方面，当事人只有根据具体合同类型和可能出现的实际履行障碍进行针对性设置，才能发挥其应有功效。

争点 27：从一则判例看格式条款规则的演进与变化

【本集提要】

格式条款是法律人乃至普通民众耳熟能详的一个法律概念，但是格式条款在司法实践中如何认定，特别是《民法典》出台后其适用规则有哪些改变，未必所有人都清楚。本集即通过对一则曾入选上海市高级人民法院 2022 年第三批参考性案例的案件的解读，具体分析格式条款的典型特征、格式条款提供方的提示说明义务、已履行完毕的格式合同能否推翻等现实法律问题。

【基本案情】

2017 年 9 月 22 日，田某与中原信托签订《贷款合同》，约定田某向中原信托借款 600 万元，贷款期限 8 年，贷款利率具体以《还款计划表》为准，**平均年利率** 11.88%。合同所附《还款计划表》载明："如贷款合同中约定的还款方式与还款计划表有冲突，以本还款计划表为准，计划表明细共分 96 期，每期还款均包含本息，每年 12 期还款金额（本息之和）一致，**每 12 个月递减一次还款金额（本息之和仍然一致）**。"

2017 年 9 月 27 日，中原信托依约发放了 600 万元贷款。田某随即按《还款计划表》还款至 2018 年 11 月 27 日。后田某申请提前还款获准，于 2018 年 12 月 17 日一次性结清了全部贷款。

但田某事后认为，合同约定的年利率为 11.88%，而还款过程中实际执行的年利率为 20.94%，远高于合同约定，在一年多的借款期间内其实际多支付利息 80 余万元，中原信托隐瞒了实际利率，应返还多收取的利息。

为此，田某向法院提起诉讼，**诉讼请求为**：（1）判令中原信托退还多收的887,190.19元。（2）以多收款项为基数，支付按照年利率11.88%计算至实际返还之日止的资金占用利息。（3）赔偿律师费损失10,000元。

中原信托辩称：《还款计划表》系按照分次还款的方式制作，通过借款本金600万元乘以平均年利率11.88%再乘以借款期限8年，算出应还的总金额后分96期清偿，**利率逐年递减，第一年的平均年利率为21.8%，第八年的平均年利率仅为1.32%**。《贷款合同》明确约定利率以《还款计划表》为准，田某对此应为明知，所以中原信托不存在诱导和欺诈。但鉴于双方对于是否应收取提前还贷违约金以及初始本金数额存在争议，中原信托自愿补偿对方20万元。

【审理与裁判】

一审法院认为：

双方签订的《贷款合同》明确约定贷款利率具体以《还款计划表》为准，平均年利率为11.88%。《还款计划表》作为合同的一部分，列明了每一期还款的本息合计金额及剩余本金，并载明如《贷款合同》中约定的还款方式与《还款计划表》有冲突，以《还款计划表》为准，**并不存在隐瞒欺骗的事实**。**《还款计划表》的利率逐年递减，每一期的利率均不超过年利率24%**。**且《贷款合同》已实际履行完毕**。故对原告诉讼请求均不予支持。中原信托愿意补偿田某20万元，无不妥，予以准许。

据此，**一审判决**：（1）对原告全部诉讼请求均不予支持；（2）准予中原信托补偿20万元。

一审判决后，田某不服并提起上诉，**上诉理由为**：借款合同载明平均年利率为11.88%且分次还款，订约时中原信托工作人员亦表示类似银行房屋贷款的还款方式，因此贷款的利息应以每次还款后的剩余本金为基数并按照年利率11.88%计算。但事实上，中原信托在计算利息时始终以初始借款本金为基数，导致贷款实际年利率高达20%以上。借款人作为不具备金融相关知识的金融消费者，无法从合同所附的《还款计划表》中自行计算出贷款的实际利率。**中原信托利用其优势地位误导了借款人，构成欺诈**。

二审法院认为：

（1）实际利率确实比表面利率高

利率是指一定时期内利息额与本金的比率。当本金和借款期限确定后，利率的高低直接决定利息的多少，从而反映借款人资金成本的高低。但实践中，由于利率标注的方式、本息支付的方式不同，致使标注利率相同的借款合同实际用资成本迥异。**本案属于分次还本付息贷款产品因表面利率与实际利率存在差异而引发的纠纷**……合同首部载明的平均年利率 11.88% 即表面利率，根据合同所附《还款计划表》进行核算，其实际年利率约为 20.94%。

（2）贷款人应当就其制作的格式条款向借款人明确披露

首先，利率是借款合同的核心要素，关系到借款人在合同项下的根本利益。如果将贷款视为商品，那么利率即是其价格，贷款人有义务如实披露利率，为其提供的贷款“明码标价”。**其次**，只有实际利率方能如实反映借款人的用资成本。本案中，在本金因分次归还而逐渐减少的情况下，以初始本金为基数计算的利率必然低于实际利率，并不能反映借款人的实际用资成本。**再次**，明确披露实际利率是确保借款合同平等缔约，保护金融消费者权益的必然要求。金融消费者是指购买、使用金融机构提供的金融产品和服务的自然人。一般而言，实际利率是普通金融消费者所理解的利率，**但利率计算具有专业性，不同的本息支付方式又增加了计算的复杂程度，缺乏会计或金融专业知识的普通民众难以具备计算实际利率的能力**。实践中，一些贷款产品的提供者利用其与借款人在专业知识上的不对称，通过只展示较低的表面利率，或只展示每期支付的利息或费用，掩盖较高的实际利率，给金融消费者带来“**利率幻觉**”的困扰。**最后**，根据《消费者权益保护法》第 28 条①将金融服务纳入消费者权益保护范围、第 26 条第 1 款②将格式条款**提示说明**的范

---

① 《消费者权益保护法》第 28 条规定：“……提供证券、保险、银行等金融服务的经营者，应当向消费者提供经营地址、联系方式、商品或者服务的数量和质量、价款或者费用、履行期限和方式、安全注意事项和风险警示、售后服务、民事责任等信息。”

② 《消费者权益保护法》第 26 条第 1 款规定：“经营者在经营活动中使用格式条款的，应当以显著方式提请消费者注意商品或者服务的数量和质量、价款或者费用、履行期限和方式、安全注意事项和风险警示、售后服务、民事责任等与消费者有重大利害关系的内容，并按照消费者的要求予以说明。”

围扩大到“与消费者有重大利害关系的内容”的规定，而关于金融消费者权益保护的部门规章亦与民法公平、诚信的基本原则相契合，这些法律法规旨在确保双方当事人**在信息充分公开对称的前提下**自愿定约，作出符合内心真意之意思表示。**据此，贷款人在与借款人，尤其是金融消费者订立借款合同时，应当采用通俗易懂的方式明确告知实际利率，或者明确告知能够反映实际利率的利息计算方式。如果贷款人以格式条款方式约定利率，还应当采取合理方式提请借款人注意该条款，并按照借款人的要求，对该条款予以说明。**

（3）中原信托未尽到明确披露实际利率的义务

《民法典》第496条是民法公平、诚信的基本原则在合同领域的具体体现，其在沿袭原《合同法》第39条的基础上，吸收借鉴《消费者权益保护法》及相关司法解释的规定，将格式条款提供方的提示说明义务扩大到“与对方有重大利害关系的条款”，进一步明确了未履行该义务时的法律后果。根据这一规定，贷款人与金融消费者订立借款合同时，若因贷款人对利率格式条款未予披露和详细说明，致使借款人没有注意或者理解借款合同的实际利率，**应当认为双方就“按照该实际利率计算利息”未达成合意**，贷款人无权据此收取利息。

（4）按照一般理性人标准判断真实意思

本案中……田某主张《还款计划表》不足以揭示实际利率，中原信托则主张借款人同意按照《还款计划表》还本付息即视为认可实际利率。对此法院认为……**《民法典》第466条第1款**[①]**和第142条第1款**[②]**在沿袭原《合同法》第125条的基础上进行了优化**，包括增加考虑“行为的性质”，解释目的从确定“真实意思”调整为确定“意思表示的含义”，更符合合同解释的特点，更有利于保护合同当事人的合法权益，因此应溯及适用于《民法典》施行前订立的合同。根据上述规定，合同解释应当采用内在意思与外在表示兼顾的原则，对格式条款的解释应当采用通常理解，无论是外在表示还是通

---

① 《民法典》第466条第1款规定：“当事人对合同条款的理解有争议的，应当依据本法第一百四十二条第一款的规定，确定争议条款的含义。”

② 《民法典》第142条第1款规定：“有相对人的意思表示的解释，应当按照所使用的词句，结合相关条款、行为的性质和目的、习惯以及诚信原则，确定意思表示的含义。”

常理解，**均应当采用一般理性人的标准**。《还款计划表》仅载明了每期还款本息额和剩余本金额，未载明实际利率或能够反映实际利率的利息计算方式，甚至未载明利息总额或其计算公式。一般人若不具备会计或金融专业知识，难以通过短时阅看而自行发现实际利率与合同首部载明利率存在差别，亦难以自行验算实际利率。因此，**系争《还款计划表》不足以揭示借款合同的实际利率，中原信托未尽到明确披露实际利率的义务**，其主张按照《还款计划表》收取利息缺乏法律依据。

（5）未尽到披露义务的情况下，利率应当如何确定

在中原信托未明确披露实际利率的情况下，**应当根据合同解释原则，结合合同的相关条款、行为的性质和目的、交易习惯以及诚信原则来确定系争借款的利息计算方式**。借款合同关于利率的明确表述即为合同首部载明的平均年利率 11.88%，同时载明还款方式为分次还款。上述条款应当作为确定利息计算方式的主要依据，采用**一般理性人的标准**对该部分条款进行解释。以实际借款本金为基数计算利息是利息概念的应有之义，也是民众从储蓄存款等常见金融业务中逐渐形成的对利息的通常理解。因此在分次还本付息的场合，以剩余本金为基数计算利息属于常理通识。借款人田某主张以 11.88% 为年利率，以剩余本金为基数计算利息，符合一般理性人对利息、利率的通常理解，也符合交易习惯和诚信原则，应予支持。

据此，**二审判决**：（1）撤销一审判决；（2）中原信托向田某返还 844,578.54 元，并按照银行同期存款利率支付 844,578.54 元的利息；（3）驳回田某的其他诉讼请求。

【白律师析法】

本案中，**一审法院驳回原告诉请的理由有三**：一是合同约定了以《还款计划表》为准，不存在欺诈；二是即便按 20% 以上的实际利率收取，也并未超过金融借款 24% 的利率上限，即并不违法；三是合同已经实际履行完毕，说明田某对实际利率的约定是认可的。

然而，二审法院并不认同一审判决理由，在确认贷款利率条款系格式条款的同时还认定贷款机构未尽到提示说明义务，损害了金融消费者的利益。

值得注意的是，二审判决明确指出《民法典》有关格式条款的规定吸收了原《合同法》、《消费者权益保护法》的相关规定并进行了优化，详细阐述了“与对方有重大利害关系的条款”应如何解读、提供格式条款一方应如何履行提示说明义务、未履行提示说明义务的法律后果等问题，笔者认为**这正是本案被推选为经典案例的价值所在**。

1. 格式条款的典型特征

《民法典》第496条第1款规定：“格式条款是当事人为了重复使用而预先拟定，并在订立合同时未与对方协商的条款。”根据该定义，**格式条款应同时具备三个特征**：一是事先拟定；二是重复使用；三是拟定合同缺少协商步骤。

显然，本案中中原信托制作的《贷款合同》《还款计划表》完全符合上述格式条款的典型特征。

但也有学者指出，“重复使用”并非格式条款的要件。民法典合同编草案一审稿、二审稿、三审稿曾一度删除“为了重复使用”的表述，值得赞同。遗憾的是，《民法典》最后又将“重复使用”纳入格式条款的定义，容易令人误以为格式条款必须具备“重复使用”的特征。为此，在法律适用上，必须明确“重复使用”并非格式条款的要件，只是其常态，涉案条款虽非重复使用，只要其为预先拟定、未与对方协商，仍可能构成格式条款。①

2. 格式条款提供方的提示说明义务

《民法典》第496条第2款规定：“采用格式条款订立合同的，提供格式条款的一方应当遵循公平原则确定当事人之间的权利和义务，并采取合理的方式提示对方注意免除或者减轻其责任等与对方有重大利害关系的条款，按照对方的要求，对该条款予以说明。提供格式条款的一方未履行提示或者说明义务，致使对方没有注意或者理解与其有重大利害关系的条款的，对方可以主张该条款不成为合同的内容。”

相较于原《合同法》的相关规定，《民法典》将格式条款提供方的提示义

---

① 参见金可可：《格式条款及其提示说明义务》，载《上海法治报》2020年11月4日，第B03版。

务扩展至“与对方有重大利害关系的条款”，不再限于免除或限制责任的条款。

何为重大利害关系条款？《民法典》第470条规定了合同一般应包括的条款。一般而言，该法条列举的标的数量、质量、价款或者报酬、履行期限、地点和方式、违约责任、解决争议的方法等条款，均可能构成重大利害关系条款，实践中还需要根据合同内容具体判断。如果是涉及免除或者减轻格式条款提供方责任的条款，则必然属于重大利害关系条款。

另外，《消费者权益保护法》则更加明确地指出了消费领域所涉重大利害关系条款的范围，其第26条第1款规定：“经营者在经营活动中使用格式条款的，应当以显著方式提请消费者注意商品或者服务的数量和质量、价款或者费用、履行期限和方式、安全注意事项和风险警示、售后服务、民事责任等与消费者有重大利害关系的内容，并按照消费者的要求予以说明。”

3. 提示说明义务是否履行的判断标准

司法实践中，由于《民法典》第496条第2款只规定提示义务要按“合理的方式”履行，并没有进一步解释何为“合理的方式”，所以格式条款引发的纠纷中最主要的争议焦点就是格式条款提供方是否正确履行了提示义务。

原《合同法司法解释二》第6条第1款规定：“提供格式条款的一方对格式条款中免除或者限制其责任的内容，在合同订立时采用足以引起对方注意的文字、符号、字体等特别标识，并按照对方的要求对该格式条款予以说明的，人民法院应当认定符合合同法第三十九条所称‘采取合理的方式’。”该条虽然是对原《合同法》的规定作出的解释，但是其解释的内容和现条文并无区别，仍然可以适用。①

另外，格式条款提供方应如何履行说明义务？就此问题目前法律和司法解释并无对应规定。但按照《民法典》的文义理解，在对方提出要求的情况下，格式条款提供方需要就免除或者减轻格式条款提供方责任等与对方有重大利害关系条款的基本含义、对双方当事人责任的影响等问题进行充分说明，并以对方能够理解和接受的方式进行，同时还要注意留存履行说明义务的相

---

① 参见最高人民法院民法典贯彻实施工作领导小组主编：《中华人民共和国民法典合同编理解与适用（一）》，人民法院出版社2020年版，第246页。

应证据。

4. 与格式条款相关的法律效果

《民法典》第496条第2款规定未履行提示说明义务的法律后果是对方可主张该条款不成为合同的内容，学理上称为“**未订入合同**”。

但需注意的是，格式条款提供方未履行提示和明确说明义务并不必然导致格式条款未订入合同，认定未订入合同除了相对方必须明确提出主张之外，还需要以相对方未注意到格式条款并且不理解其含义为前提。

例如，在（2015）**佛城法民二初字第1040号**佛山市盈盛食品有限公司诉佛山市禅城区鑫联程货运部公路货物运输合同纠纷案中，法院认定：（1）原告系食品有限公司，具备酒类批发的营业资格，故酒品运输应该是原告在日常经营活动中大量处理的事项，原告成立至今已14年，其应熟知物流运输的交易习惯和交易规则。（2）根据原、被告在庭审中的陈述，双方已经有多次合作，据此也可推定原告熟知托运单的内容。（3）根据原告的陈述，其确认未保价的原因是已投保了货物运输险，据此可推定原告已清楚运输中存在的风险，并就风险的救济方式进行了选择。据此，法院认为，格式条款提供者虽未举证证明其已采取合理方式提醒对方注意关于保价的格式条款，但根据证据状况，并结合双方的身份和合同地位，能够认定原告知道保价条款的存在并理解保价条款内容，所以原告无权主张把该保价条款排除在合同之外。

另外，还需注意区分未订入合同和格式条款无效两种法律效果。

《民法典》第497条规定：“有下列情形之一的，该格式条款无效：（一）具有本法第一编第六章第三节和本法第五百零六条规定的无效情形；（二）提供格式条款一方不合理地免除或者减轻其责任、加重对方责任、限制对方主要权利；（三）提供格式条款一方排除对方主要权利。”

假设格式条款不合理地免除或者减轻提供方的责任、加重对方责任、限制对方主要权利，或者直接排除对方主要权利，那么就无须进一步探讨是否履行了提示和说明义务问题，格式条款无效将导致该条款无法得到适用。

未订入合同和格式条款无效的两个区别点在于：其一，《民法典》第496

条第2款中可能发生未订入合同的法律效果的条款范围仅限于与对方有重大利害关系的条款，而第497条则是针对所有的格式条款。任何格式条款，只要符合关于格式条款无效的规定，无论其是否属于与对方有重大利害关系的条款，均属于无效条款。其二，主张未订入合同应当由相对方先提出，法院则采取"不告不理"的原则，而格式条款效力问题则无须当事人主张，由人民法院依职权进行审查和认定。

为了方便理解，我们总结了以下图示。

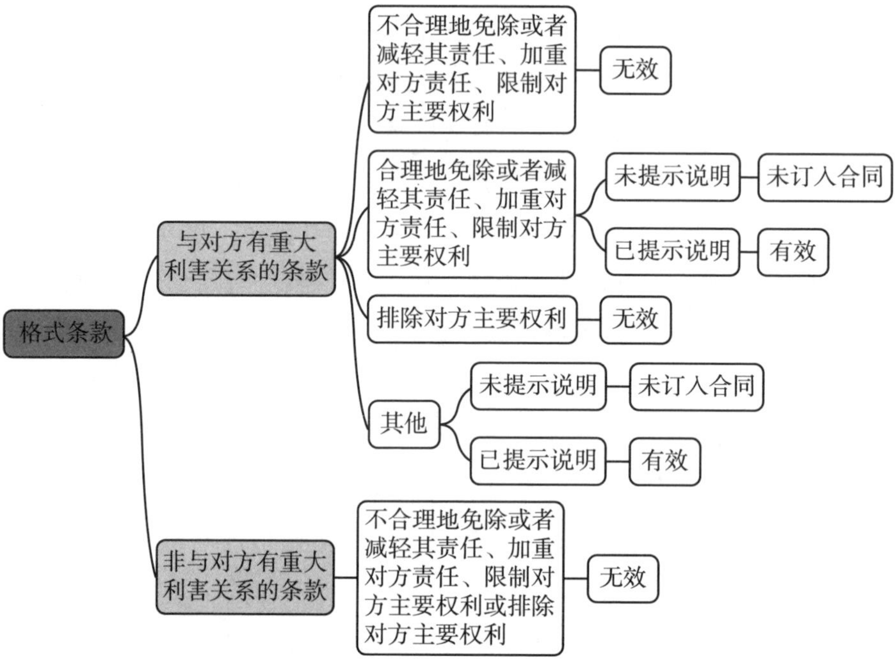

5. 争议格式条款的解释

《民法典》第498条规定："对格式条款的理解发生争议的，应当按照**通常理解**予以解释。对格式条款有两种以上解释的，应当作出不利于提供格式条款一方的解释。格式条款和非格式条款不一致的，应当采用非格式条款。"

有争议的合同条款按照通常理解予以解释，其中的通常理解又应作何理解？法律和司法解释对此都没有明确规定。有学者认为，应当以可能订约者平均合理的理解对格式条款进行解释。既然格式条款是为不特定的人所制定的，就应考虑到多数人而不是个别消费者的意志和利益。因此就格式条款的理解发生争议时，应以可能订约者平均的、合理的理解对格式条款进行解释。具体来说：第一，对格式条款不应仅以条款制作人的理解进行解释，而更应以一般人的理解进行解释。第二，对某些特殊的术语应作出平常的、通常的、通俗的、日常的、一般意义的解释。第三，若格式条款经过长期使用以后，消费者对其中某些用语的理解与条款制作人制定条款时的理解已有所不同，此时应以交易时消费者的理解为标准进行解释。①

本案中，二审判决即根据上述原则详细阐明了判断标准：（1）合同解释应当采用内在意思与外在表示兼顾的原则，对格式条款的解释应当采用**通常理解**的原则，无论是外在表示还是通常理解，**均应当采用一般理性人的标准**。（2）以实际借款本金为基数计算利息是利息概念的应有之义，也是民众从储蓄存款等常见金融业务中逐渐形成的对利息的通常理解。（3）在分次还本付息的场合，以剩余本金为基数计算利息属于**常理通识**。借款人田某主张以11.88%为年利率，以剩余本金为基数计算利息，符合一般理性人对利息、利率的通常理解，也符合交易习惯和诚信原则，应予支持。

6. 合同是否履行完毕不影响相对方提出主张

本案中，一审法院驳回原告诉请的一项重要依据是原告已按照《还款计划表》的约定实际履行了还款义务，合同已经履行完毕，而其潜台词则是，实际履行行为证明原告认可《还款计划表》的相关约定。但二审判决纠正了这一观点，其认为无论合同是在履行中还是已经履行完毕，均不影响格式条款相对方提出抗辩的权利。笔者支持二审观点。

事实上，从格式条款法律制度的构建目的而言，格式条款单方制定、未经协商的特点可能会导致相对方真实意思表示的偏离，同时格式条款还可能无效。假设格式条款本身就是无效的，或者违背相对方的真实意思，即使该格式条款已经实际履行，依然不能构成相对方对格式条款的同意，相对方依

① 参见最高人民法院民法典贯彻实施工作领导小组主编：《中华人民共和国民法典合同编理解与适用（一）》，人民法院出版社2020年版，第257页。

然可以在排除格式条款的情况下主张返还或者赔偿损失。

【复盘时间】

1. 格式条款提供方应该如何做到必要提示

结合原《合同法》及其司法解释的规定和现实中的做法，建议格式条款提供方履行提示义务时，采取以下几方面措施：（1）对格式条款相关文字做特殊标识，单独突出显示；（2）使格式条款的表述通俗易懂、上下文一致，一般人不会产生歧义或难以理解；（3）要求相对方单独签字确认其已同意并理解该条款；（4）当相对方要求对合同条款进行具体解释时，不但不得推诿，反而要详尽予以说明，且最好对释明过程进行录音、录像，以备未来作为证据使用。

2. 金融投资机构应尤为注意格式条款问题

商品消费、服务领域是格式条款争议的高发地，而金钱作为一种特殊的商品，投融资业务其实亦属于广义的商品消费、服务领域，加之近年来裁判机构对金融消费者的保护力度不断加强，金融投资机构应尤为重视格式条款的实操性问题。从本案可见，尽管案涉标的仅仅80余万元，但格式条款纠纷的特点就在于“一案输、多案输”，不排除受同一格式条款影响的众多借款人都会提出相应主张，中原信托在遭受经济损失的同时，还可能因为交易模式被认定存在问题而受到商誉损失。另外，除了资金端的投资者，金融投资机构还可能面临来自融资方的挑战，例如很多借款合同或者融资合同会设定加速到期条款，如果因为融资人的违约行为宣布加速到期，不排除融资人以格式条款问题提出抗辩，此时金融投资机构则需要谨慎应对。

5. 法律适用条款

争点28：国际条约在涉外民商事案件中的法律适用如何体现

【本集提要】

国际条约适用的优先性最早规定在原《民法通则》中，但我国在步入《民法典》时代后，并未保留相关条款。但这并不意味着国际条约优先适用的原则已经彻底废除，实际上最高人民法院配套出台了大量司法解释及指导案例，为涉外民商事法律案件中的国际条约适用问题提供指引。在本集举示的一起涉外商事合同纠纷案件中，当事人未对法律适用作出约定，双方当事人在庭审过程中均自愿同意适用中国法律，但法院在审理过程中系根据国际条约确定双方权利义务关系并作出实体认定。那么，在本案中，法院是否违反当事人在合同领域的意思自治原则，存在法律适用错误？司法实践中直接适用国际条约的国内法依据有哪些？当事人在涉外民商事案件中选择适用法律时应该注意哪些问题？

【本集出镜】

萨拉公司：成立于美国的、主要从事国际货物贸易的企业，为本案中的买方、原告、上诉人。

劳特斯公司：一家从事纺织面料、鞋类制造的中国企业，为本案中的卖方、被告、被上诉人。

【基本案情】

2012 年 3 月 3 日，萨拉公司通过发送订购清单的方式向劳特斯公司订购鞋类 2100 双。订购清单针对货品的款式、颜色、材质、尺寸、单价及总价款列出明细，并对该批货物的出厂发货时间、支付订金、装运货物的要求做了说明，但订购清单中未注明法律适用条款。

2012 年 4 月 11 日，双方正式确立了买卖关系，萨拉公司依约支付劳特斯公司合同款 15, 255 美元；劳特斯公司也依约发货。

2012 年 7 月 10 日，上述货物运抵萨拉公司在日本的收货地点，但经日本海事检定协会检验确认：**萨拉公司购买的 2100 双女鞋中有 1454 双损坏，不能在日本市场销售**。

萨拉公司经多次发函沟通未果后，于 2017 年向广东省潮州市中级人民法院提起诉讼，**诉讼请求为**：（1）解除萨拉公司、劳特斯公司之间的买卖合同；（2）劳特斯公司向萨拉公司退回合同款 15, 255 美元；（3）劳特斯公司支付萨拉公司 X 光作业费用、检验费、工业废物处理费等；（4）劳特斯公司支付案件受理费和其他有关诉讼费用。

【审理与裁判】

一审法院认为：

劳特斯公司是在中国注册的法人，萨拉公司是在美国注册的法人，中国和美国均是《联合国国际货物销售合同公约》（以下简称《销售公约》）的缔约国，双方当事人并未明确约定排除该公约的适用，故案涉合同争议应当优先适用《销售公约》。

根据《销售公约》第 39 条[①]之规定，买方应自实际收到货物之日起两年内履行通知义务，否则将丧失主张货物存在质量问题的权利。本案中因萨拉

① 《销售公约》第 39 条规定：“（1）买方对货物不符合同，必须在发现或理应发现不符情形后一段合理时间内通知卖方，说明不符合同情形的性质，否则就丧失声称货物不符合同的权利。（2）无论如何，如果买方不在实际收到货物之日起两年内将货物不符合同情形通知卖方，他就丧失声称货物不符合同的权利，除非这一时限与合同规定的保证期限不符。”

公司未在实际收到货物之日起两年内向劳特斯公司履行通知义务，萨拉公司由此丧失向劳特斯公司主张货物不符合合同约定的权利。

据此，**一审判决**：驳回萨拉公司的诉讼请求。

萨拉公司不服，提起上诉，**上诉理由为：一审法院适用《销售公约》审理本案，属于适用法律错误**。在本案一审审理过程中，法官当庭询问双方当事人是否同意适用中国法律审理此案，双方均回答同意。既然双方当事人均同意适用中国法律，且均在随后的庭审中多次引用中国法律进行攻防，依据相关法律规定，案涉争议应适用中国法律解决，排除《销售公约》的适用是完全正确的。《销售公约》应该是在双方当事人无法就适用哪国法律作为准据法达成一致时才优先适用，一审法院系错误适用了《销售公约》。

广东省高级人民法院二审认定：

1. 本案应否适用《销售公约》的问题

因本案为国际货物买卖合同纠纷，根据《涉外民事关系法律适用法》第41条的规定，当事人可以协议选择合同适用的法律。当事人没有选择的，适用履行义务最能体现该合同特征的一方当事人经常居所地法律或者其他与该合同有最密切联系的法律。萨拉公司与劳特斯公司在第一次开庭时均援引我国法律对相关事实进行阐述，依照《最高人民法院关于适用〈中华人民共和国涉外民事关系法律适用法〉若干问题的解释（一）》［以下简称《涉外民事关系法律适用法解释（一）》，已修订］第8条第2款关于“各方当事人援引相同国家的法律且未提出法律适用异议的，人民法院可以认定当事人已经就涉外民事关系适用的法律做出了选择”的规定，应认定双方当事人已经就本案争议的法律关系应适用的法律做出了选择，**即中国法律为本案争议的准据法**。

目前没有证据显示萨拉公司和劳特斯公司有除登记地之外的主营业地或不同于登记地的经常居所地，因此，应认定萨拉公司和劳特斯公司的登记地为其营业地。**案涉买卖合同的当事人萨拉公司与劳特斯公司的营业地分别在美国和中国，美国和中国均为《销售公约》的缔约国**。根据《销售公约》第1条第1款a项的规定，《销售公约》适用于营业地在不同缔约国的当事人之间所订立的货物销售合同，即使双方对于适用《销售公约》没有选定，双方争讼的买卖合同也应适用该公约规定，除非双方当事人明确排除该公约的适用。虽然萨拉公司与劳特斯公司选择适用我国法律，但双方并没有明确排除公约适用，故**本案买卖合同的处理应首先适用《销售公约》，《销售公约》没有规定的，再适用我国法律的有关规定**。萨拉公司上诉认为一审法院适用《销售公约》属于法律适用错误的理由不成立，不予支持。

2. 关于劳特斯公司是否构成根本违约及双方的买卖合同是否应予解除的问题

《销售公约》对质量标准约定不明时如何处理没有规定，依据原《合同法》第61条的规定，合同生效后，当事人就质量、价款或者报酬、履行地点等内容没有约定或者约定不明确的，可以协议补充；不能达成补充协议的，按照合同有关条款或者交易习惯确定。**依交易习惯以及合同目的解释，萨拉公司购买女鞋的目的是再行出售**。因为女鞋的外观对买家来说是非常重要的，而萨拉公司交付的女鞋中其中有1454双不符合该产品基本的质量标准，缺乏商业价值。萨拉公司期望通过签订合同取得商业利益的可能性根本丧失，其完全无法获取合同正常履行情况下的商业利益，且无法采取其他补救措施，根据《销售公约》第25条①，劳特斯公司的行为构成根本违约。

此外，根据《销售公约》第40条②，在劳特斯公司明知货物出厂时质量存在问题而又没有向萨拉公司披露的情况下，其不能援引《销售公约》第39条③的规定，认为萨拉公司已超过对货物质量提出异议的时间。

---

① 《销售公约》第25条规定："一方当事人违反合同的结果，如使另一方当事人蒙受损害，以至于实际上剥夺了他根据合同规定有权期待得到的东西，即为根本违反合同，除非违反合同一方并不预知而且一个同等资格、通情达理的人处于相同情况中也没有理由预知会发生这种结果。"

② 《销售公约》第40条规定："如果货物不符合同规定指的是卖方已知道或不可能不知道而又没有告知买方的一些事实，则卖方无权援引第三十八条和第三十九条的规定。"

③ 《销售公约》第39条第2款规定："无论如何，如果买方不在实际收到货物之日起两年内将货物不符合同情形通知卖方，他就丧失声称货物不符合同的权利，除非这一时限与合同规定的保证期限不符。"

但由于《销售公约》第49条[①]亦对买方行使宣告合同无效的权利进行了限制，要求买方必须在公约规定的合理时间内向卖方发出宣告合同无效的声明，公约规定的宣告无效与萨拉公司所称的解除合同的法律含义与法律后果相同，故萨拉公司请求解除合同应理解为请求法院依据《销售公约》的规定宣告合同无效。而本案中萨拉公司在知道劳特斯公司的违约事实三年多后才向劳特斯公司提出解除合同的请求，应认定为超出了合理时间。因萨拉公司未在《销售公约》规定的合理时间内向劳特斯公司提出解除合同的请求，且本案讼争合同双方已履行完毕，已无解除必要，故该项上诉请求应予驳回。

3. 关于劳特斯公司应否赔偿萨拉公司各项损失的问题

依据日本海事检定协会作出的《检验报告书》，2100双女鞋中的1454双完全损坏，没有商业价值。其余的646双女鞋并无严重的质量问题。虽然萨拉公司确认已将其低价处理，但未提供其以合理价格处置该646双女鞋的证据，故该部分女鞋对应的货款不属于萨拉公司损失范围，不应由劳特斯公司承担赔偿责任。

据此，**二审判决**：（1）**撤销**一审判决；（2）劳特斯公司于本判决生效之日起三十日内赔偿萨拉公司货款损失人民币59,463.76元及利息；（3）劳特斯公司于本判决生效之日起三十日内赔偿萨拉公司海运费、货物检验费、检查费、工业废物处理费等；（4）驳回萨拉公司的其他诉讼请求。

【白律师析法】

在当事人未在合同中事先约定准据法的情况下，二审法院一方面确认双方均援引我国法律对相关事实进行阐述的行为视为双方已就准据法进行了选择，另一方面又明确了双方未事先排除国际条约适用时，国际条约的适用具有优先性。这样的“反转”再“反转”虽然结果上和一审法院认为应当适用《销售公约》的认定一致，但显然二审判决说理更充分、条理更清晰，也足

① 《销售公约》第49条第2款b项规定：但是，如果卖方已交付货物，买方就丧失宣告合同无效的权利，除非对于迟延交货以外的任何违反合同事情他在已知道或理应知道这种违反合同后一段合理时间内这样做。

见当事人未进行事先约定的情况下法律适用问题相对复杂。因此下文重点探讨本案优先适用国际条约的主要原因、法院直接适用国际条约的国内法依据演进、涉外民商事案件中的法律适用等相关法律问题。

1. 本案优先适用国际条约的主要原因

《销售公约》第1条第1款a项规定:《销售公约》适用于营业地在不同国家的当事人之间所订立的货物销售合同:(a) 如果这些国家是缔约国,即使双方对于适用《销售公约》没有选定,双方争讼的买卖合同也应适用该公约规定,除非双方当事人明确排除该公约的适用……

《最高人民法院转发对外经济贸易部〈关于执行联合国国际货物销售合同公约应注意的几个问题〉的通知》(法[经]发〔1987〕34号)第1条规定:"自1988年1月1日起我各公司与上述国家(匈牙利除外)的公司达成的货物买卖合同如不另做法律选择,则合同规定事项将自动适用公约的有关规定,发生纠纷或诉讼亦得依据公约处理。故各公司对一般的货物买卖合同应考虑适用公约,但公司亦可根据交易的性质、产品的特性以及国别等具体因素,与外商达成与公约条文不一致的合同条款,或在合同中明确排除适用公约,转而选择某一国的国内法为合同适用法律。"

根据上述规定可见,我国在加入《销售公约》后即积极履行相应的条约义务,在司法实践中积极践行"条约必须遵守"的原则。

最高人民法院指导案例107号德国蒂森克虏伯冶金产品有限责任公司与中化国际(新加坡)有限公司国际货物买卖合同纠纷案亦可体现上述司法原则。该案中,双方当事人已事先明确约定"本合同应当根据美国纽约州当时有效的法律订立、管辖和解释",后买方因卖方交付的石油焦的HGI指数严重偏离合同约定要求解除合同并诉诸法院时,最高人民法院虽然肯定了合同约定的法律适用条款的有效性,但同时认为:"由于本案当事人营业地所在国新加坡和德国均为《销售公约》缔约国,美国亦为《销售公约》的缔约国,且在一审审理期间双方当事人一致选择适用《销售公约》作为确定其权利义务的依据,并未排除《销售公约》的适用,一审法院优先适用《销售公约》审理本案是正确的,而对于审理案件中涉及到的问题《销售公约》没有规定的，应当适用当事人选择的美国纽约州法律。”

本案二审法院裁判观点与上述最高人民法院指导案例保持一致，可见最高人民法院指导案例确立的裁判观点一直持续沿用。

2. 优先适用国际条约的国内法律规定演进

（1）《民法典》未延续原《民法通则》的规定

关于国际条约优先适用的规定最早见于原《民法通则》第142条第2款：“中华人民共和国缔结或者参加的国际条约同中华人民共和国的民事法律有不同规定的，适用国际条约的规定，但中华人民共和国声明保留的条款除外。”在一些较早出台的单行法中也有类似规定，如《海商法》第268条、《票据法》第95条、《民用航空法》第184条等。

此外，2012年出台的《涉外民事关系法律适用法解释（一）》（已修订），第4条进一步规定：“涉外民事关系的法律适用涉及适用国际条约的，人民法院应当根据《中华人民共和国民法通则》第一百四十二条第二款以及《中华人民共和国票据法》第九十五条第一款、《中华人民共和国海商法》第二百六十八条第一款、《中华人民共和国民用航空法》第一百八十四条第一款等法律规定予以适用，但知识产权领域的国际条约已经转化或者需要转化为国内法律的除外。”

但后续出台的《民法总则》（已失效）及《民法典》并未保留原《民法通则》第142条的相关规定。2020年12月，最高人民法院作出《关于修改〈最高人民法院关于破产企业国有划拨土地使用权应否列入破产财产等问题的批复〉等二十九件商事类司法解释的决定》，亦删除了原《涉外民事关系法律适用法解释（一）》第4条。至此，我国关于优先适用国际民商事条约的规定基本已不复存在。

（2）最高人民法院出台了大量司法解释及指导案例为涉外民商事案件中国际条约适用问题提供指引

原《民法通则》第142条被删除后，目前涉及国际条约适用的法律规范除了一些较早出台的商事单行法如《海商法》《票据法》外，主要存在于相关司法解释中。如最高人民法院2015年发布的《涉外商事海事裁判文书写作规范》第 14 条规定“适用公约时，应当援引适用的公约具体条款。引用公约条款的顺序应置于法律、司法解释之前”；最高人民法院发布的《关于人民法院为“一带一路”建设提供司法服务和保障的若干意见》（法发〔2015〕9 号）第 7 条规定：“依法准确适用国际条约和惯例，准确查明和适用外国法律，增强裁判的国际公信力。要不断提高适用国际条约和惯例的司法能力，在依法应当适用国际条约和惯例的案件中，准确适用国际条约和惯例。”

此外，为进一步指导司法实践，最高人民法院在相关司法解释中还对于特定国际条约的适用进行了特别强调。如最高人民法院 2020 年 6 月印发的《关于依法妥善审理涉新冠肺炎疫情民事案件若干问题的指导意见（三）的通知》第 7 条规定：“……对公约条款的解释，应当依据其用语按其上下文并参照公约的目的及宗旨所具有的通常意义，进行善意解释。同时要注意，《〈联合国国际货物销售合同公约〉判例法摘要汇编》并非公约的组成部分，审理案件过程中可以作为参考，但不能作为法律依据。”该指导意见受到了联合国大会的关注，并且被收入了联合国贸法会的法规判例法系统。[①]

除了司法解释，最高人民法院还通过发布指导性案例的方式为涉外民商事案件中的法律适用问题提供指引。如最高人民法院于 2015 年发布的 (2012) **鄂武汉中民商外初字第** 00012 **号**指导案例，该案中，双方当事人就委托办理国际航空快件运输事宜签订了《国际航空快件运输协议》，协议同时包括《TNT 运输及其他服务条款》等三个附录文件，其中就承运人免责条款作出了详细约定。后因承运人运输迟延导致收货人拒绝接受交付，托运人主张行使解除权，承运人主张双方签署的协议中已豁免承运人的部分责任。法院认定：“《1999 年蒙特利尔公约》第四十七条规定：‘任何旨在免除本章规定的缔约承运人或者实际承运人责任或者降低适用于本章的责任限额的合同条款，均属无效，但是，此种条款的无效，不影响整个合同的效力，该合同仍受本章规定的约束。’……天地国际分公司无论是缔约承运人或是实际承运人，都应对航空货物运输迟延造成的损失在法定限额内承担赔偿责任，

① 参见王勇：《论民法典时代我国法院直接适用条约的法律指引模式之革新》，载《法学评论》2022 年第 6 期。

因此，双方合同中免除天地国际分公司法律责任的约定违反了国际公约规定，属无效条款，天地国际分公司无权援引上述无效条款免除其违约责任。”

3. 涉外民商事案件中的法律适用

《涉外民事关系法律适用法》第 3 条规定：“当事人依照法律规定可以明示选择涉外民事关系适用的法律。”《涉外民事关系法律适用法解释（一）》第 4 条规定：“中华人民共和国法律没有明确规定当事人可以选择涉外民事关系适用的法律，当事人选择适用法律的，人民法院应认定该选择无效。”根据上述法律规定，当事人选择涉外案件中的法律需以法律明确规定为前提，而涉外合同领域法律已明确规定允许当事人意思自治。该法第 41 条规定：“当事人可以协议选择合同适用的法律。当事人没有选择的，适用履行义务最能体现该合同特征的一方当事人经常居所地法律或者其他与该合同有最密切联系的法律。”但当事人协议选择法律仍受一定限制，该法第 4 条规定：“中华人民共和国法律对涉外民事关系有强制性规定的，直接适用该强制性规定。”第 5 条规定：“外国法律的适用将损害中华人民共和国社会公共利益的，适用中华人民共和国法律。”《第二次全国涉外商事海事审判工作会议纪要》第 54 条规定：“适用外国法律违反中华人民共和国法律的基本原则和社会公共利益的，该外国法律不予适用，而应适用中华人民共和国的法律。”根据上述法律规定，当事人协议选择的法律不得违反我国法律的强制性规定、基本原则及社会公共利益。

此外，虽然《民法典》及《涉外民事关系法律适用法》已删除无条件优先适用国际条约的相关规定，但从本案裁判原则可见，即便当事人已协商选择适用我国法律，在当事人没有明确排除适用国际条约的情况下，出于对我国已加入国际条约的遵守，国际条约的适用顺位仍然优先于国内法，只有在国际条约未规定时才会适用国内法。

另外，《涉外民事关系法律适用法》第 10 条第 1 款规定：“涉外民事关系适用的外国法律，由人民法院、仲裁机构或者行政机关查明。当事人选择适用外国法律的，应当提供该国法律。”说明选择适用外国法的当事人需自行提供外国法的相关规定。关于外国法的提供方式，《第二次全国涉外商事海事审判工作会议纪要》第 51 条规定："涉外商事纠纷案件应当适用的法律为外国法律时，由当事人提供或者证明该外国法律的相关内容。当事人可以通过法律专家、法律服务机构、行业自律性组织、国际组织、互联网等途径提供相关外国法律的成文法或者判例，亦可同时提供相关的法律著述、法律介绍资料、专家意见书等。当事人对提供外国法律确有困难的，可以申请人民法院依职权查明相关外国法律。"

【复盘时间】

法律适用条款要根据现行司法解释的规定详细约定

通过上述分析可见，涉外民商事案件中，尤其是合同纠纷领域，当事人意思自治自由度较高，但如果当事人事先没有约定准据法或者作出排除性约定，则很可能优先适用我国加入的国际条约。因此为防止日后发生法律适用方面的争议，建议公司法务人员在起草或审阅相关合同时事先在合同中约定适用的准据法并确认是否排除国际条约的适用。选择适用外国法律的，须注意选择适用的准据法不能与我国法中的强制性规范相冲突，并事先做好外国法的查明与研判工作，尽量避免按照我国法的语境和思维理解、解释外国法。此外，尤其应当注意涉外案件是否存在纳入国际条约管辖的范畴，若存在自动适用的情况，须注意准据法与国际公约的衔接问题——因各国自加入条约即自动承担国际条约项下的"善意履行"义务，因此国际条约相较于当事人意定的准据法在适用顺位上具有优先性。

6. 通知与送达条款

争点29：通知与送达条款如何体现其真正作用

【本集提要】

通知与送达条款的作用常被人们忽视，甚至有些合同文本因该条款的详尽设置而被批判“又臭又长”“凑字数”。然而通过本集举示案例可见，通知与送达条款在促进合同履行、及时解除合同及解决各方纠纷方面可以起到非常重要的作用。本集将以最高人民法院的一起案例为视角，重点探讨通知与送达条款的概念及作用、常见类型以及如何设置完善的通知与送达条款等法律问题。

【基本案情】

2017年12月，中航信托与龙顺公司签订《信托贷款合同》，与唐某等相关保证人签订《保证合同》，约定中航信托向龙顺公司提供9000万元信托贷款，贷款期限12个月，贷款利率12%/年，由唐某等人对上述贷款承担连带保证责任。

《信托贷款合同》《保证合同》均约定了相同内容的通知与送达条款，载明：

1. **（送达内容和送达方式）** 商业文件信函、通知和诉讼文书均以书面形式作为最终的送达方式，可由专人递送、挂号信邮递、特快专递等方式送达，传真可作为辅助送达方式，但事后应以上述约定方式补充送达。

2. **（送达时间）** 商业文件信函、通知和诉讼文书在下列日期视为送达被通知方：（1）专人递送：通知方取得的被通知方签收单所示日；（2）挂号信邮递：发出通知方持有的国内挂号函件收据所示日后第5日；（3）特快专递：发出通知方持有的发送凭证上邮戳日后第4日；（4）传真：收到成功发送确认的当日。

3. **（联系地址和联系方式）**合同各方一致确认本合同首部记载的各方联系地址和联系方式为各方履行合同、解决合同争议时向其他方送交商业文件函信、通知或司法机关（法院、仲裁机构）向各方送达诉讼、仲裁文书的联系地址和联系方式。

4. **（联系地址和联系方式的适用期间）**本合同首部记载的各方联系地址和联系方式适用至本合同履行完毕或争议经过一审、二审至案件执行终结时止，除非各方依下款告知变更。

5. **（联系地址和联系方式的变更）**任何一方联系地址和联系方式需要变更的，应提前五个工作日向合同其他方和司法机关送交书面变更告知函（若争议已经进入司法程序解决）。

6. **（承诺）**本合同首部填写的各方联系地址和联系方式真实有效，如填写错误或未填写，导致的商业信函、通知和诉讼文书送达不能的法律后果由自己承担。

7. **（风险提示）**因各方提供的联系地址不准确，地址变更后未及时告知各方和司法机关，导致商业文件信函、通知和诉讼文书未能被实际接收的，直接送达的可以适用留置送达或送达人当场记明情况即为送达，邮寄送达的文书退回之日视为送达之日。

此外，在唐某签署的《保证合同》中，合同首部已列明“保证人：唐某，港澳证件号码：R×××××，住所：北京市朝阳区×××，邮政编码：100×××”，并标注有明确的联系电话与传真号码。

合同签订后，中航信托依约发放了信托贷款。2018年7月，因龙顺公司发生还款逾期，中航信托向龙顺公司邮寄《提前解除合同通知函》，宣布《信托贷款合同》项下贷款于2018年7月24日到期，并要求龙顺公司归还贷款本金、利息、罚息等款项。龙顺公司于2018年7月20日签收该通知函。

2018年11月29日，中航信托向江西省高级人民法院提起诉讼，**诉讼请**

求为：（1）解除中航信托与龙顺公司签订的《信托贷款合同》；（2）龙顺公司立即清偿欠付中航信托的债务本金9000万元及利息、罚息、违约金等款项；（3）判决唐某等保证人对上述债务本息、违约金等承担连带清偿责任；（4）诉讼费、保全费、律师费等由全体被告共同承担。

【审理与裁判】

本案一审诉讼中，江西省高级人民法院对全体被告按合同约定地址进行了司法文书送达，但包括唐某在内的各被告均未到庭应诉，也未提交答辩意见。法院随即进行了公告送达，并在公告期满后决定缺席审理。经审理，一**审法院支持了中航信托除违约金、律师费外的其他主要诉讼请求**。

一审判决作出后，唐某提起上诉，中航信托及其他被告未提起上诉。而唐某除提出《保证合同》无效的实体上诉意见外，还提出“**一审法院适用公告送达属于程序违法**”**的上诉意见**，其认为：根据《最高人民法院关于涉港澳民商事案件司法文书送达问题若干规定》，一审法院在明知唐某是我国香港地区居民的情况下，仅采取邮寄送达方式向唐某在内地的地址送达，并没有穷尽送达方式，且邮寄地址是唐某已注销的身份证上的地址，程序违法。另，从公告送达的途径和内容来看，一审法院未在内地和唐某住所地公开发行的报刊上刊登公告，仅在其审判信息网进行公告，公告时间也仅有两个月，与“涉港澳案件公告送达应满三个月才能视为送达”的规定不符。

关于送达程序问题，最高人民法院二审认定：唐某与中航信托签订的《保证合同》第14.3条约定，合同各方一致确认本合同首部记载的各方联系地址和联系方式为各方履行合同、解决合同争议时向其他方送交商业文件函信、通知或司法机关（法院、仲裁机构）向各方送达诉讼、仲裁文书的地址和联系方式。**而该合同首部明确记载唐某的住所为北京市朝阳区，亦有明确的联系电话**。《最高人民法院关于进一步加强民事送达工作的若干意见》第8条第1款规定：“当事人拒绝确认送达地址或以拒绝应诉、拒接电话、避而不见送达人员、搬离原住所等躲避、规避送达，人民法院不能或无法要求其确认送达地址的，可以分别以下列情形处理：（一）**当事人在诉讼所涉及的合同、往来函件中对送达地址有明确约定的，以约定的地址为送达地址……**”

一审法院按照上述案涉合同明确约定的内地地址向唐某邮寄诉讼材料，在联系未果、未妥投的情况下再适用公告送达，并未违反法律规定。

现唐某欲否认该送达地址的法律效力，但并未提交证据表明其事先已按照案涉《保证合同》第14.5条“任何一方联系地址和联系方式需要变更的，应提前五个工作日向合同其他方和司法机关送交书面变更告知函”的约定向中航信托或一审法院告知其变更的送达地址。根据该合同第14.6条的约定，合同各方承诺本合同首部填写的各方联系地址和联系方式真实有效，如填写错误或未填写，导致的商业信函、通知和诉讼文书送达不能的法律后果由自己承担，故唐某应当自行承担相应的不利后果。

另外，唐某同时期在（2019）最高法民辖终17号案件的诉讼材料显示，其自认经常居住地为北京市，故**在当事人对司法送达地址有明确约定，且在同时期诉讼中唐某亦表示以北京市作为经常居住地的情况下，一审法院以其自行确认的内地地址作为送达地址并无不当**。唐某在本案上诉期内提起上诉，亦可印证其实质上已经获悉相关涉诉信息。因此，唐某主张的一审法院送达地址有误、送达程序不当的上诉理由与案涉事实不符，不予支持。

据此，**二审判决**：驳回上诉，维持原判。

【白律师析法】

本案是债权人通过约定明确的通知与送达条款快速实现诉讼意图的正面案例。正是由于《信托贷款合同》及《保证合同》已明确约定以合同首部记载的各方联系地址和联系方式为送达地址，且通知与送达条款针对送达内容和送达方式、送达时间、联系地址和联系方式及其适用期间与变更、承诺和风险提示等内容进行了详细而明确的约定，因此最高人民法院认定一审法院依合同地址送达后径行采用公告送达方式，并未违反相关程序规定。由此可见，通知与送达条款并非无足轻重，相反，其在协议各方当事人发生纠纷时会起到非常重要的作用。以下将进一步针对通知与送达条款进行法律解析。

1. 通知与送达条款的作用

通知与送达条款是合同当事人将各方姓名、联系方式（包括但不限于电话、邮件、传真）、文书送达地等进行约定，以便于各方当事人及时、有效传递通知、信函、诉讼文书的合同常见条款。

通知与送达条款的作用主要体现为以下三点：

（1）**促使各方当事人及时沟通、高效履行**。合同履行过程中，协议各方往往需要通过发送书面文书、对账单、通知函等方式进行沟通。对通知与送达条款进行明确约定并依约送达，有利于促进合同及时、高效履行，为合同目的顺利实现发挥重要作用。

（2）**通知文件与送达凭证可留痕并用作证据**。明确送达内容、方式、时间和联系地址等，可以确保送达的有效性，避免因送达存在瑕疵被认定为未及时主张权利、未有效送达而承担不利法律后果。现实中，当事人在合同履行过程中发生争议时，往往需要向对方发送沟通函、违约提示函甚至解约通知，但如果没有通知与送达条款的相关约定，就很难实现有效送达，这对己方维权和下一步进入诉讼显然不利。

（3）**及时送达法院诉讼文书、提高诉讼效率**。如果合同缺少通知与送达条款或者约定存在瑕疵，法院无法直接按事先约定的地址和方式送达，就只能向被告户籍地或注册地送达和进行公告送达。例如，前文举示案例中，假设合同没有约定清楚送达地址和送达方式、效力，法院就只能向唐某的我国香港地区地址进行送达，而根据目前内地与我国香港地区的司法互助情况，向我国香港地区地址进行送达依然需要经历漫长的送达周期。在仅需按事先约定地址送达的情况下，诉讼周期相对缩短，为债权人以更快速度取得回款奠定了基础。

2. 两种重要法律文件的通知与送达

（1）解约通知

《民法典》第565条规定："当事人一方依法主张解除合同的，应当通知对方。**合同自通知到达对方时解除**；通知载明债务人在一定期限内不履行债务则合同自动解除，债务人在该期限内未履行债务的，合同自通知载明的期限届满时解除。对方对解除合同有异议的，任何一方当事人均可以请求人民法院或者仲裁机构确认解除行为的效力。当事人一方未通知对方，直接以提起诉讼或者申请仲裁的方式依法主张解除合同，人民法院或者仲裁机构确认该主张的，合同自起诉状副本或者仲裁申请书副本送达对方时解除。”

上述法律规定即表明了通知与送达条款在当事人行使合同解除权时的重要意义——如果当事人明确约定了通知与送达条款，则解约通知到达当事人即产生函告效力；反之，如果没有通知与送达条款或者约定不明，除非对方明确表示收到或者解约方有充分证据证明对方已接收，否则解约方只能通过起诉方式要求解除合同，合同自相关诉讼材料送达对方当事人时解除。而以该种方式解约显然会使合同解除时点明显推迟，可能造成解约方损失进一步扩大。

（2）司法文书

据笔者观察，**我国法院在司法文书送达程序上经历了从登记地优先到约定优先的转变**。以往法院确定送达地址的通常做法是根据原告提供的线索，结合自然人的户籍登记地、法人的工商注册地综合确定，如果无法送达，将采取公告送达方式。例如，2005 年 1 月 1 日起实施的《最高人民法院关于以法院专递方式邮寄送达民事诉讼文书的若干规定》第 5 条规定：“当事人拒绝提供自己的送达地址，经人民法院告知后仍不提供的，自然人以其户籍登记中的住所地或者经常居住地为送达地址；法人或者其他组织以其工商登记或者其他依法登记、备案中的住所地为送达地址。”

但 2016 年 9 月 12 日出台的《最高人民法院关于进一步推进案件繁简分流优化司法资源配置的若干意见》首次明确了约定优先的送达方式，其第 3 条规定：“完善送达程序与送达方式。当事人在纠纷发生之前**约定送达地址的，人民法院可以将该地址作为送达诉讼文书的确认地址**……”

2017 年 7 月 19 日发布并实施的《最高人民法院关于进一步加强民事送达工作的若干意见》则进一步明确了约定优先原则，其第 8 条规定：“当事人拒绝确认送达地址或以拒绝应诉、拒接电话、避而不见送达人员、搬离原住所等躲避、规避送达，人民法院不能或无法要求其确认送达地址的，可以分别以下列情形处理：（一）**当事人在诉讼所涉及的合同、往来函件中对送达地址有明确约定的，以约定的地址为送达地址**；（二）没有约定的，以当事人在诉讼中提交的书面材料中载明的自己的地址为送达地址；（三）没有约定、当事人也未提交书面材料或者书面材料中未载明地址的，以一年内进行其他诉讼、仲裁案件中提供的地址为送达地址；（四）无以上情形的，以当事人一年内进行民事活动时经常使用的地址为送达地址。人民法院按照上述地址进行送达的，可以同时以电话、微信等方式通知受送达人。”第9条规定：“依第八条规定仍不能确认送达地址的，自然人以其户籍登记的住所或者在经常居住地登记的住址为送达地址，法人或者其他组织以其工商登记或其他依法登记、备案的住所地为送达地址。”

笔者通过案例检索发现，上述规定实施后，各地法院已逐渐将合同约定地址作为司法文书的送达地址，至于按约定地址送达被退回后是否要另行向被告登记地址送达，以及是否进行公告送达，各地法院和法官采取的做法不一。除前文举示案例中一审法院后续采取了公告送达的方式外，也有不少法院采取相同做法。

例如，在（2019）**最高法民终**1961**号**案中，一审法院同时向瑞联公司登记地址和合同约定地址送达了起诉书和传票，被退回后并未采取公告送达方式，而在最高人民法院二审过程中，法院表示其“曾按天宇公司提交的《民事上诉状》所载瑞联公司地址向其邮寄送达被退回后，为充分保障瑞联公司诉讼权利，也为回应天宇公司的该项上诉主张，通过公告向瑞联公司送达了应诉通知书、开庭传票等法律文书，但瑞联公司并未在公告的开庭日到庭，亦未与本院联系……”可见有些较为审慎的法院除向约定地址送达以外也有可能向登记地址送达或者采取公告送达方式。

在（2019）**鲁民终**1367**号**案中，一审法院审慎起见采取了公告送达方式。判决载明：“《保证反担保合同》约定了皇明公司的送达地址，该约定地址与皇明公司的工商登记公示地址一致。没有证据证明一审法院查封皇明公司土地使用权项下土地的所在地，是皇明公司的实际住所地。一审法院按该合同约定地址送达未果，已无其他送达法律文书的方式。采取公告送达的方式并不违反民事诉讼法的规定。”

不过，尽管不同法院在是否进行公告送达方面体现出差异性，但根据前述司法解释的明确规定，**法院向约定地址进行送达后未再进行公告送达的，相关司法判例均认定不存在程序错误**，具体案例包括（2023）**辽**02**民申**50**号**、

(2020) 豫民终 1021 号等。

另须提示，《最高人民法院关于进一步加强民事送达工作的若干意见》第 8 条的规定只适用于当事人躲避、规避送达的情形，当事人被刑事羁押而没有向其被羁押场所送达的，存在程序错误。相关案例如（2020）赣民申 1691 号案，法院再审认为："肖珣被羁押不属于躲避、规避送达的情形，原审法院直接按案涉合同约定的地址为送达地址，致使肖珣未收到诉讼文书，无法行使辩论权，属于违反法律规定剥夺当事人辩论权利的情形。"据此，江西省高级人民法院指令下级法院对该案进行了再审。

【复盘时间】

1. 通知与送达条款应当如何设定

本集举示案例中，中航信托拟订的合同对于通知与送达条款进行了非常详尽的约定，而这一做法在发生纠纷时对推动诉讼进程起到了关键作用。在此，笔者列举出起草与审阅通知与送达条款通常需要注意的要点，以期为广大公司法务人员提供参考。

（1）**送达信息**。送达信息一般包括姓名或名称、住址或住所地、联系电话、电子邮件、传真、指定联系人等。需要注意的是，送达主体应与签约主体一致；住所地与实际经营地不一致时，应以实际经营地为准；为促进合同履行，指定联系人可以直接填写项目直接负责人或对接人，邮箱最好填写企业邮箱地址。

（2）**送达方式**。常用的送达方式有邮寄送达、电子送达、直接送达。若采用邮件、微信、传真等方式电子送达，建议在合同中明确约定"电子送达产生与直接送达同等的法律效力"。

（3）**法律后果**。为确保送达的有效性，建议明确约定无法送达时的视为送达条款，确保文书退回时仍能够产生推定送达的法律后果。

（4）**送达信息的变更**。为确保当事人送达信息的变更为其他各方接收，建议明确约定送达信息的变更需以书面形式通知各方当事人，各方当事人在实际收到变更通知前的送达仍为有效。

（5）**对通知与送达条款应进行特别提示**。如果一方事先拟定通知与送达条款，未对对方当事人进行特别提示，该条款可能因被法院认定为格式条款而无效，不发生视为送达的法律效果。

2. 切记预留地址应当准确无误，发生变化时应及时通知

恰如本案，唐某表示其早已是我国香港地区居民，内地身份证实际已经注销，但法院依然以合同约定地址明确为由未支持其二审主张。笔者猜想，唐某在合同中预留的联系地址有误存在两种可能，一种可能是制作合同的一方代其填写了身份证地址，而唐某未加留意，另一种可能是唐某故意留下错误地址，不希望被打扰。但无论基于哪种情况，当事人都应充分重视该条款的重要作用，对自己预留的联系方式负责，预留错误地址事实上对己方并无任何益处。同时，还要注意在地址发生变化时及时通知其他合同当事人，这样才可确保己方合同权利的实现。

7. 争议解决条款

争点30：10种“另类”管辖条款效力裁判观点总结及建议

【本集提要】

协议管辖条款能够体现合同当事人的意思自治，但实践中常常因为约定不明导致无效，不但造成异地管辖带来的诉讼成本和不确定性增加，还会因为引发管辖异议影响诉讼效率和效果，所以协议管辖条款应当是法务人员必审和必争的条款。本集总结了10种较为常见的“另类”管辖条款，并分别对关于其效力的最新裁判观点进行分析，最终为审查协议管辖条款提供一些建议。

【基本案情】

2017年，中卫合伙作为投资人与升登永公司、升登永公司实控人林某及升登永公司其他股东共同签订《增资协议》《补充协议》，约定中卫合伙向升登永公司进行增资，同时约定升登永公司、林某提供业绩对赌。关于争议解决条款，《增资协议》第9.2条和《补充协议》第8.2条均约定应由**合同签订地**有管辖权的人民法院管辖，但两份协议仅载明合同签署地为上海市，未载明具体签订地址。

事后，中卫合伙以协议约定的对赌业绩未实现为由，选择向上海市黄浦区人民法院对升登永公司、林某提起诉讼。

【审理与裁判】

升登永公司、林某在答辩期内对管辖权提出异议。**二被告称**：《增资协议》及《补充协议》均系中卫合伙在其位于上海市徐汇区的办公地址最后签署。2017 年 7 月 12 日，中卫合伙工作人员向林某发送标题为"升登永 - 增资协议以及补充协议"的电子邮件表示，两份协议已经定稿，林某及升登永公司其他股东可开始签章流程，中卫合伙将最后签章。故本案应根据协议最后签约地确定管辖法院。

上海市黄浦区人民法院就管辖权异议一审认定：案涉《增资协议》第 9.2 条、《补充协议》第 8.2 条约定争议应由合同签订地有管辖权的人民法院管辖。上述约定系各方真实意思表示，未违反法律对级别管辖及专属管辖的规定，合法有效。两份协议均仅载明协议在上海市签署，《补充协议》第 9.1 条约定投资方联系人常某的地址在上海市徐汇区，可认定常某系中卫合伙针对案涉两份协议的联络人，林某、升登永公司提供的电子邮件中常某为被抄送人，在中卫合伙未提供反证的情况下，法院对电子邮件真实性予以确认，结合快递单照片，对中卫合伙系最后签署方的观点予以采信。中卫合伙有能力说明其签署协议的具体地点，但并未说明，在此情况下，结合《补充协议》关于中卫合伙联络人地址的内容以及中卫合伙关于其办公地点的陈述，法院对两份协议最后签订地为中卫合伙办公地址的观点予以采信。

根据原《合同法司法解释二》第 4 条的规定，法院认定，案涉两份协议签订地为上海市徐汇区中卫合伙办公地址。根据案涉《增资协议》《补充协议》关于争议由合同签订地法院管辖的约定，上海市黄浦区人民法院对本案不具有管辖权。

据此，**一审裁定**：二被告提出的管辖权异议成立，本案移送上海市徐汇区人民法院处理。

上海市第二中级人民法院二审认定：根据管辖协议，起诉时能够确定管辖法院的，从其约定；不能确定的，依照《民事诉讼法》的相关规定确定管辖。系争协议中虽约定争议应由合同签订地有管辖权的人民法院管辖，但仅明确签订地点为上海，**被上诉人提交的证据不足以证明系争协议签订地点为**

上海市徐汇区，协议管辖条款约定不明，应为无效。因合同纠纷提起的诉讼，由被告住所地或者合同履行地人民法院管辖。上诉人林某住所地位于原审法院辖区，故原审法院对本案具有管辖权。

据此，**二审裁定**：撤销一审裁定，本案由上海市黄浦区人民法院管辖。

【白律师析法】

协议管辖又称合意管辖、约定管辖，一般是指双方当事人在民商事纠纷发生之前或者发生之后，以书面方式就争议解决事项达成协议管辖条款，以确定案件的管辖法院或者仲裁机关。在协议管辖条款有效的前提下，协议管辖排除法定管辖，是当事人意思自治原则的体现。《最高人民法院关于适用〈中华人民共和国民事诉讼法〉的解释》第30条第1款规定："根据管辖协议，起诉时能够确定管辖法院的，从其约定；不能确定的，依照民事诉讼法的相关规定确定管辖。"

当事人可以通过管辖条款约定与争议有实际联系的地点的法院管辖，也可以约定仲裁管辖以排除法院管辖。本案中，当事人选择了协议签订地法院管辖，却没有载明签订协议的具体地址，是本案发生管辖争议的原因。在此，笔者对约定法院管辖和约定仲裁管辖的各种情形及其法律效力的司法认定规则进行总结。

1. 约定法院管辖的几种情形及其效力辨析

《民事诉讼法》第35条规定："合同或者其他财产权益纠纷的当事人可以书面协议选择被告住所地、合同履行地、合同签订地、原告住所地、标的物所在地等与争议有实际联系的地点的人民法院管辖，但不得违反本法对级别管辖和专属管辖的规定。"据此，当事人可以协议管辖的法院包括原被告住所地、合同签订地、合同履行地、标的物所在地法院，大原则是与争议有实际联系，大前提是不得违反级别管辖和专属管辖的规定。

当事人选择管辖法院的约定是否明确、有效，实践中存在以下几种情形。

（1）约定协议签订地法院管辖但签订地点不明确

实践中，当事人较少约定协议履行地法院管辖，原因在于合同履行地法院管辖是法定的合同纠纷管辖原则，当事人没有必要采取与法定管辖相重合的约定方式，所以约定合同签订地法院管辖是协议管辖中最多见的一种情形。但有些当事人或因粗心大意，或故意模糊处理，导致如本案这样虽然约定了协议签订地法院管辖，却没有载明具体签约地点。

本案中，一审、二审法院的观点差异在于通过相关证据能否认定协议签订地点，但就未载明具体签约地点并不直接导致协议管辖无效的司法观点，两级法院的认识其实是一致的。即只有约定签订地不明且负有举证责任的一方所举证据不足以证明实际签订地的情况下，协议管辖条款才会无效。

上述裁判观点的最早依据是原《合同法司法解释二》第 4 条："采用书面形式订立合同，合同约定的签订地与实际签字或者盖章地点不符的，人民法院应当认定约定的签订地为合同签订地；合同没有约定签订地，双方当事人签字或者盖章不在同一地点的，人民法院应当认定最后签字或者盖章的地点为合同签订地。"

《民法典》颁布后，关于原《合同法》的司法解释已失效，但《民法典》第 493 条规定："当事人采用合同书形式订立合同的，最后签名、盖章或者按指印的地点为合同成立的地点，但是当事人另有约定的除外。"可见，《民法典》对上述规定予以部分吸收和改良，除非当事人另有约定，最后签章地应认定为合同成立地，不管是当事人没有约定签订地，还是签订地约定不明，如果能够确定最后签章地，协议管辖条款依然有效。

值得探讨的问题是，原司法解释有关"合同约定的签订地与实际签字或者盖章地点不符的，人民法院应当认定约定的签订地为合同签订地"的表述并没有被《民法典》第 493 条吸收，《民法典》第 493 条只是规定"当事人另有约定的除外"。按照原司法解释，如果约定签订地明确且确有其址，当事人无法以实际签订地与约定签订地不符为由提出管辖权异议，法院也无须对此进行审查。但是上述司法解释不再沿用后，《民法典》第 493 条"当事人另有约定的除外"则存在两种解读：一种是继续沿用原司法解释的规定，当事人约定的签订地可以完全排除实际签订地；另一种则是当事人的约定只排除"最后签订地为合同成立地"的法定规则，先盖章一方所在地也可以通过约定成为合同签订地，但是当约定签订地并非实际签订地时，约定无效。

关于上述两种截然相反的理解究竟何者正确，最近最高人民法院的一则判例给出了初步答案，据此我们继续总结下一种协议管辖条款效力的认定规则。

（2）约定签订地并非实际签订地

（2023）最高法民辖26号裁定书认定：湖北消费金融公司与秦晓强签订的《个人消费贷款合同》（主合同）第13条明确约定：双方因履行合同发生争议，应协商解决；协商不成的，双方同意向合同签订地北京市西城区人民法院起诉。但是，湖北消费金融公司未提供证据材料用以证明案涉合同的实际签订地在北京市西城区，同时，湖北消费金融公司住所地在湖北省武汉市武昌区，借款人秦晓强的住所地在河北省赵县，均不在北京市西城区，**北京市西城区与本案争议没有实际联系**。此类小额金融借款合同纠纷，出借方主体特定、借款方主体不特定，存在着面广量大的情形，虽然协议选择北京市西城区人民法院管辖，系双方当事人在案涉合同中进行的明确约定，但是，在无证据材料可以用以证明北京市西城区与本案争议有实际联系的情况下，就此认定北京互联网法院是本案的管辖法院，**势必造成大量的“异地”案件通过协议管辖进入约定法院，破坏正常的民事诉讼管辖公法秩序，故案涉协议管辖条款无效**。

笔者认为，该判例彻底摒弃了原司法解释的精神，回归到《民事诉讼法》第35条“约定管辖法院必须是与争议有实际联系的地点的法院”的原则上来，**是一种司法进步**，因此笔者赞同这一裁判观点。但笔者同时注意到，该判例实则是延续了**（2022）最高法民辖27号案件**的裁判观点，这两起案件同为小额消费贷款纠纷，最高人民法院均指出这类案件“出借方一方主体特定、借款方一方主体不特定，存在着面广量大的情形”，而“破坏正常的民事诉讼管辖公法秩序”的结论是建立在同类争议“面广量大”的基础上的，至于单一合同纠纷是不是同样适用该案裁判规则，从最高人民法院判例层面还没有明确答案。因此，仅凭上述两个判例还不足以表明“约定签订地并非实际签订地的管辖条款无效”的裁判观点已经在法院系统普遍确立，这个问题目前还没有明确答案。

不过，笔者通过裁判文书检索发现，在**（2023）粤0106民初3100号**承揽合同纠纷案件中，广州市天河区人民法院的裁判观点与最高人民法院相同，而该案显然并不存在“面广量大”的特点。由此可见，约定签订地并非实际签订地的管辖条款究竟有效还是无效，亟待最高人民法院出台规定或者指导案例予以明确。

（3）**管辖协议约定两个以上法院**

《最高人民法院关于适用〈中华人民共和国民事诉讼法〉的解释》第30条第2款规定：“管辖协议约定两个以上与争议有实际联系的地点的人民法院管辖，原告可以向其中一个人民法院起诉。”据此，如果当事人约定了两个以上的管辖法院，只要没有违反“与争议有实际联系”原则，该条款即有效，当事人选择任意一个法院起诉即可。

（4）**约定向当地法院起诉**

这类协议管辖条款又分为三种情形：第一种情形是在“当地法院”前面附加“甲方”“乙方”；第二种情形是附加“甲、乙双方”；第三种情形则是没有附加。

第一种情形应理解为明确约定了由原告或被告其中一方的住所地法院管辖，约定明确、有效。参考案例为（2023）**京03民辖终177号案**。

针对第二种情形，法院通常理解为双方同时约定了原告住所地、被告住所地法院管辖，同样符合法律规定。例如（2022）**京01民辖终21号**裁定书认定：“本案中，北京潘欣康达商贸中心依据《木材采购合同》及承诺书提起本案诉讼，而该合同约定发生纠纷需在**甲乙双方当地人民法院起诉**。该约定未违反级别管辖和专属管辖的规定，应属有效。”

第三种情形则在不同地域法院之间存在明显认识差异，有的法院直接将其理解为协议当事人任意一方的所在地，约定不违反法律规定；但也有法院认为“当地”可以指向当事人住所地、协议履行地、标的物所在地等不同地点的法院，指向并不明确，法院无法作出判断，应确认协议管辖条款无效。例如，（2020）**苏01民辖终25号**裁定书认定：“上诉人与河池汇能电力有限公司、钛能科技股份有限公司签订的三方协议已明确约定，协调不成任何一方可向当地人民法院起诉，但结合本案的具体情况，视为可向三方各自所在地法院起诉。”而（2021）**京01民辖终472号**裁定书认定：“本案中，《钢筋买卖合同》第10条虽约定‘协商不成，任何一方均可依法在当地人民法院起诉’，但该约定中‘当地人民法院’指向不明确，双方当事人的理解亦存在争议，故依据该约定不能确定管辖法院，本案应根据法定管辖原则确定管辖法院。”

（5）**约定向各自所在地法院起诉**

此种约定类似于上述第4项中的第二种情形，且在司法实践中并无争议，应当认定有效。可参见（2005）**民二终字第**94**号**最高人民法院公报案例。

（6）**约定向守约方所在地法院起诉**

当事人约定采取此等方式的目的在于显示公平，只有守约方才有资格向对方提起诉讼，所以为了进一步保护守约方的合同权益，将协议管辖条款设置为由守约方所在地法院管辖。但这种约定并不被法院认可，原因为没有当事人会自认自己构成违约，否则就不会进入诉讼程序并发生管辖争议，而案件进入实体审理前无法确认哪一方才是守约方，所以这种约定明显无效。参考案例为（2022）**沪**02 **民辖终**776 **号案**。

（7）**约定某市法院管辖但当地有多个法院**

有些当事人约定的协议管辖条款并不是选择《民事诉讼法》第35条五个争议联系地之一，而是约定“某市法院管辖”，但该地事实上存在多个法院。针对这种情况：一种观点是可以根据争议联系地确定具体法院，比如原告住所地位于某市某区，协议管辖条款可以指向具体法院；但另一种观点是协议并没有明确约定某市法院管辖与原告住所地有联系，所以指向不明。根据（2021）**最高法民辖**60 **号**裁定书，初始受理案件的辽宁省法库县人民法院即持第一种观点，将案件移送至原告住所地的湖南省长沙市芙蓉区人民法院审理，但芙蓉区人民法院持第二种观点，随即双方所在省高级人民法院报请最高人民法院指定管辖。最终，最高人民法院认定：“本案的诉讼标的额符合基层人民法院级别管辖标准，但长沙市有多个基层人民法院，无法根据前述管辖协议确定具体的管辖法院，本案应当依照《中华人民共和国民事诉讼法》第二十三条规定，由被告住所地或者合同履行地人民法院管辖。辽宁省法库县人民法院作为被告住所地有管辖权的法院，在先行立案的情况下，将本案移送湖南省长沙市芙蓉区人民法院处理不当，本院予以纠正。”

2. 约定仲裁管辖的几种情形及其效力辨析

《仲裁法》第2条规定："平等主体的公民、法人和其他组织之间发生的合同纠纷和其他财产权益纠纷，可以仲裁。"第5条规定："当事人达成仲裁协议，一方向人民法院起诉的，人民法院不予受理，但仲裁协议无效的除外。"据此，仲裁条款有效的情况下可以排除法院管辖。

实践中，有几种情形仲裁条款的效力存在争议，具体包括以下内容。

（1）约定的仲裁机构名称不够准确

当事人约定由某地仲裁委员会仲裁，但名称不够准确，这时法院需要根据具体约定和当地存在的仲裁机构数量来判断仲裁管辖约定是否明确。例如，(2019) **最高法知民终** 338 **号**案件中，仲裁条款约定为"在北京市仲裁委员会仲裁"，虽然北京市实际存在三家仲裁委员会，但最高人民法院最终认定"北京市仲裁委员会"与"北京市的仲裁委员会"这种并不指向特定机构的表达明显不同，与北京仲裁委员会的名称最为接近，据此判断双方当事人的真实意思就是选择北京仲裁委员会作为仲裁机构。

（2）约定违反一裁终局制度的仲裁条款

有的当事人既想选择仲裁管辖，又希望保留其他维权途径，就会出现"如对某仲裁委员会作出的裁决结果不服，可向某法院/某另一仲裁委员会重新提起诉讼/仲裁"的约定。而这种约定因违反"一裁终局"的基本仲裁制度属于无效约定，约定的仲裁机构并无管辖权。(2019) **最高法民终** 279 **号**裁定书认定："《数码电影汇展中心项目建设工程施工补充合同》中虽然约定将纠纷提交仲裁机构仲裁，但同时约定如仲裁调解不成，可由合同签订地人民法院诉讼解决，并未将仲裁作为纠纷的最终解决方式。故《数码电影汇展中心项目建设工程施工补充合同》约定的仲裁条款无效。一审法院以案涉仲裁协议有效，双方的工程结算纠纷应当向仲裁机构申请仲裁为由，裁定驳回江苏金厦公司的起诉不当，本院予以纠正。"

（3）当事人以因合同产生的侵权之诉路径提起仲裁

有人认为，当事人之间发生的侵权纠纷不属于仲裁范围，比如名誉权受损就只能向有管辖权的法院提起诉讼。但这种观点只对了一半，民法所指权利分为人身权和财产权，《仲裁法》第 2 条即规定其他财产权益纠纷可以仲裁，特别是法律规定合同当事人既可以选择违约之诉也可以选择侵权之诉，如果当事人以侵权路径申请仲裁，并不影响仲裁条款的效力。（2021）**最高法知民终** 1934 **号**裁定书认定：“本案中，化物所向原审法院起诉请求判令正大大连公司停止侵害商业秘密及赔偿其损失，同时明确商业秘密是指涉案合同第六条第一款约定的其向正大大连公司提供的上述技术秘密，但化物所认为因本案系侵权纠纷不属于可仲裁事项。对此，本院认为，一是根据前述仲裁法第三条规定，侵害技术秘密等财产权益纠纷并非仲裁法明确规定不可仲裁的争议。二是化物所主张正大公司侵害其商业秘密，该侵权纠纷的审理涉及涉案合同及补充合同对于该商业秘密的约定及履行情况等的审查，审查范围仍然在仲裁条款约定的与合同有关的争议范围内。三是本案当事人均为涉案合同当事人，不存在影响他人或社会公共利益的情形，因此本案争议内容属于涉案合同仲裁条款约定范围。”

【复盘时间】

1. 协议管辖条款是合同必审和“寸土必争”的条款

有些当事人对协议管辖条款不重视的原因是不想在合作初期就和对方为将来发生争议如何解决争得面红耳赤，这不符合中国人的商业习惯，就如同办理婚前财产公证一样为大多数人所难以接受。然而这类当事人需要理解的是，订立书面合同的目的一是便于履行，二是震慑违约方，三是当诉讼无可避免时能够快速、顺利地实现诉讼目的。因此，法务人员在审核管辖条款时不但要非常注意，还要尽可能坚持己方表述，与对方“寸土必争”。否则一旦发生诉讼，异地审理带来的各种隐患将是一个大问题，因为管辖异议将严重影响诉讼效率、效果。有些情况下，双方因为争执不下特意采用不够明确的管辖条款，这时聪明的法务就应当对照本集总结的各种情形及其效力认定规则，采用看似不明确实则有效的约定方式，这样既能满足对方想法，也不违背自身利益。

2. 约定签订地与实际签订地不符的问题要注意

如本集所述，约定合同签订地法院管辖是最常见的一种协议管辖约定，但随着相关司法解释的失效，目前已经出现约定签订地与实际签订地不符时协议管辖条款无效的裁判观点，需要当事人的注意。实践中，可以不要求约定签订地是合同最终完成签章的地点，但最好有一方是在约定签订地完成的签章，要在签章过程中做好证据留存工作，至少不能给对方证明实际签订地并非约定签订地的机会。

争点31：主从合同争议解决条款不一致有何隐患

【本集提要】

在合同条款的起草过程中，争议解决条款的严谨性至关重要，而从合同中争议解决条款的约定则很容易受到忽视。主合同约定了仲裁管辖，从合同如果未约定仲裁条款应当如何处理管辖问题？能否当然适用主合同中的仲裁条款？本集以一则实务案例的惨痛代价为例，为主从合同管辖约定的一致性问题敲响警钟。

【本集出镜】

振兴公司：奔马汽车上级供应商，由于双方合作多年，累积了数千万元货款尚未支付，向对方反复催收后好不容易达成了还款方案。

奔马集团：国产老牌民营车企，主营业务是汽车生产销售和周边产业，由于匆忙追逐新能源汽车项目，其“赌博式玩法”终将自己“玩死”。

奔马汽车：奔马集团下属生产经营实体，奔马集团主要资产实际都在奔马汽车，奔马集团除了控股各公司外实际没有更多有价值资产。

【基本案情】

2016年5月，振兴公司与奔马汽车签订《债权债务清算与还款协议》，内容包括双方经对账及债权债务折抵后确认奔马汽车累计应还款金额为3500万元，款项分3次支付，最迟于协议签订后1年内付清，否则应支付逾期违约金等。考虑到仲裁一裁终局和周期较短的特点，振兴公司提出增加仲裁管辖条款，因此协议约定：对于双方在履行本协议中发生的争议，首先协商解决。协商不成，任何一方均有权将争议提交××仲裁委员会仲裁解决，该仲裁裁决是终局的，对双方均有约束力。

在还款期限即将届满时，奔马汽车向振兴公司发出《延期还款申请》，请求延期6个月还款。此时振兴公司发现对方涉诉案件骤增，为增加增信保障措施，振兴公司立即派人到奔马集团进行现场谈判。经协商，奔马集团同意为奔马汽车提供保证担保，并将曾经向银行出具的《保证承诺函》修改后向振兴公司出具。振兴公司认为该函是银行确认过的版本就没有过多审核，因此忽略了该函并未约定管辖条款的问题。

随后，振兴公司并未书面回复同意延期还款，也未签订补充协议，不过公司内部已同意延长6个月还款期。

2017年11月，因奔马汽车依然未能还清欠款，尚欠本金2000万元，振兴公司随即向奔马集团住所地法院提起了诉讼，要求奔马汽车偿还欠款并支付违约金，奔马集团承担连带保证责任。

在诉前准备环节，振兴公司实际已经注意到主从合同约定管辖不一致的问题，但其一方面认为法律规定债权人有权选择就主从合同关系一并起诉，另一方面认为奔马汽车提交的《延期还款申请》同样没有继续约定仲裁管辖，应属于对管辖条款的变更，于是选择了法院起诉路径。

【审理与裁判】

法院审查后认为，《债权债务清算与还款协议》中存在明确的仲裁条款，该案不属于法院主管范围，据此裁定驳回振兴公司的起诉，振兴公司随即提起上诉，二审依然维持原裁定。至此，振兴公司无端耗费了6个月，只能重新选择仲裁路径。

2018年6月，振兴公司向××仲裁委员会提起仲裁，仲裁委员会询问奔马集团是否同意补签仲裁条款，后者表示拒绝，于是仲裁委员会决定只受理振兴公司对奔马汽车的仲裁申请，不同意将奔马集团列为共同仲裁当事人。

2018年10月，振兴公司根据仲裁委决定在法院单独起诉奔马集团，这次法院并未提出反对意见，但认为由于仲裁案件涉及主债权金额的认定，于是决定中止诉讼案件审理。而在案件审理期间，奔马汽车、奔马集团先后于2019年7月、11月被其他债权人申请破产，法院裁定受理破产和指定破产管理人前振兴公司起诉，案件只能继续中止审理。

最终，振兴公司于2021年8月取得生效裁决书、判决书，但此时距离振兴公司第一次起诉已经过去将近4年，且振兴公司2000余万元的债权只是普通债权，后续还要经历漫长的破产程序，可实现债权将严重打折。一个看似微小的瑕疵却为后续诉讼进程带来了灾难性麻烦，不知振兴公司是否会为此悔恨。

【白律师析法】

1.《延期还款申请》《保证承诺函》为何产生不同法律后果

首先，《延期还款申请》只是奔马汽车为了变更原协议还款期限发出的要约，振兴公司对此并未作出书面承诺，所以双方并未就还款期限变更达成合意。振兴公司内部表示接受延长6个月还款期，但实际也可以不受其约束，在原协议还款期满时立即行使诉权。此外，即便双方就延期还款达成合意，只要未约定变更管辖方式或者未签订替代原协议的新协议，那么仲裁管辖条款始终是有效的。

其次，原《担保法》和《民法典》均规定，保证（保证合同）是指保证人和债权人约定，当债务人不履行债务（《民法典》还包括发生当事人约定的情形）时，保证人按照约定履行债务或者承担责任的行为。从上述文义理解，构成保证需要债权人和保证人进行约定。不过在司法实践中，由于保证人提供保证担保对于债权人而言并不附加义务，所以保证人单方出具的承诺函只要符合法律关于保证的规定，即构成保证合同关系。原《最高人民法院关于适用〈中华人民共和国担保法〉若干问题的解释》（以下简称《担保法司法解释》）第22条第1款也规定："第三人单方以书面形式向债权人出具担保书，债权人接受且未提出异议的，保证合同成立。"本案中，《保证承诺函》并未约定管辖条款，所以按照合同纠纷管辖的一般原则，应由合同履行地或被告住所地法院管辖。

2. 主从合同管辖不一致时可否拆分诉讼

为追求最大回款效果，债权人通常会选择一并起诉债务人、保证人，那么，债权人可否选择起诉其一？当主从合同管辖不一致时又可否拆分诉讼？

（1）债权人对债务人、保证人的诉讼选择权

《民法典》第688条规定："当事人在保证合同中约定保证人和债务人对债务承担连带责任的，为连带责任保证。连带责任保证的债务人不履行到期债务或者发生当事人约定的情形时，债权人可以请求债务人履行债务，也可以请求保证人在其保证范围内承担保证责任。"原《担保法司法解释》也明确规定："连带责任保证的债权人可以将债务人或者保证人作为被告提起诉讼，也可以将债务人和保证人作为共同被告提起诉讼。"

据此，振兴公司可以单独起诉奔马集团或奔马汽车，也可以将二者列为共同被告。然而**本案的特殊之处在于**，在主合同约定仲裁管辖而从合同无此约定的情况下，债权人是否丧失了连带起诉的选择权。

（2）主从合同约定管辖不一致情形下司法解释的变化

原《担保法司法解释》第129条规定："主合同和担保合同发生纠纷提起诉讼的，应当根据主合同确定案件管辖。担保人承担连带责任的担保合同发生纠纷，债权人向担保人主张权利的，应当由担保人住所地的法院管辖。主合同和担保合同选择管辖的法院不一致的，应当根据主合同确定案件管辖。"

由此可见，在不考虑仲裁管辖条款存在的情况下，如果债权人单独起诉保证人，应当由保证人住所地法院管辖；如果债权人一并起诉债务人和保证人，仅根据主合同确定管辖。

显然，上述司法解释并未考虑主从合同之一约定了仲裁管辖导致的主管权排除问题，所以在《民法典》出台前，有的法院会根据主合同约定的法院管辖排除从合同的仲裁管辖，也会出现本案中的情形，即法院根据主合同的仲裁管辖条款一并排除从合同的法院管辖。

不过，在《最高人民法院关于成都优邦文具有限公司、王国建申请撤销深圳仲裁委员会（2011）深仲裁字第601号仲裁裁决一案的请示的复函》

（〔2013〕民四他字第9号）中，最高人民法院明确指出："案涉担保合同没有约定仲裁条款，仲裁庭关于主合同有仲裁条款，担保合同作为从合同应当受到主合同中仲裁条款约束的意见缺乏法律依据。仲裁庭对没有约定仲裁条款的担保合同进行审理并作出裁决，担保人王国建申请撤销该仲裁裁决中涉及其作为担保人部分的裁项的理由成立。"

在（2016）最高法民辖终122号案件中，最高人民法院也延续了2013民四他字第9号复函中的裁判观点。最高人民法院认为，《抵押合同》双方约定仲裁合法有效，因此方正信托与北京政泉之间的抵押关系不属于法院主管范围，而案涉主合同未约定仲裁，应属于法院主管范围。最终，最高人民法院裁定驳回原告对北京政泉的起诉，并指令湖北省高级人民法院继续审理原告与盘古氏酒店的借款合同纠纷。

《民法典》出台后，上述问题进一步明确。《民法典担保制度解释》第21条第1款规定："主合同或者担保合同约定了仲裁条款的，人民法院对约定仲裁条款的合同当事人之间的纠纷无管辖权。"简单理解就是：法院和仲裁机构应当按照**"各司其职、各管一摊"**的原则分别进行管辖。

（3）单独起诉保证人能否得到支持

通过上述分析，仅从理论层面而言，振兴公司如果认为单独起诉奔马集团效果更佳、成本更低，可以只选择在法院起诉奔马集团，不再同步对奔马汽车提起仲裁。但实际能更为顺利吗？答案是未必。

在（2015）民二终字第125号案件中，中航公司与瑞祥公司之间存在供货合同关系，并约定发生的纠纷由北京仲裁委员会仲裁。同时，高科公司出具《担保函》对主合同承担保证责任，其中未约定争议解决条款。中航公司选择在法院单独起诉保证人高科公司，将瑞祥公司列为诉讼第三人。但最高人民法院二审判决认为：高科公司作为保证人享有主债务人的抗辩权，而主债务人的合同履行情况以及主债务金额的确定都属于仲裁管辖的范围，如果保证人以主合同的约定和履行情况进行抗辩，法院无权对上述争议进行审理。因此，在主债务未经过仲裁裁决确定的情况下，中航公司直接要求其承担保证责任，属于证据不足。中航公司可在与瑞祥公司的主合同争议协商一致或者通过仲裁程序解决之后，再另行向高科公司主张权利。

显然，中航公司选择“诉讼捷径”的策略并未成功，反而耽误了时间、损失了诉讼成本。该案进一步说明，主从合同管辖不一致会给诉讼实操带来明显障碍。

【复盘时间】

1. 先后签署的合同中管辖条款必须保持一致

本案在实践中绝非个例而是非常普遍的现象，其主要原因是当交易对手发生违约时，本方急于寻找解决方案或增加增信措施，从而忽略了对于后补法律文件的认真审核。特别是本案中出现的《保证承诺函》系保证人单方出具，债权人一方极易忽略管辖方面的约定。还有一种情况是，先后签署的合同相隔时间过久，法务或其他经办人员发生更迭，而负责盖章的人又通常不会审查管辖条款这些具体内容，于是同样会造成这样的疏漏。因此，法务人员在审核相关协议时要养成系统梳理的习惯，不能“就合同论合同”，无论在先签署的合同是不是自己经办，一定要调阅在先合同并确定相关合同管辖条款等的一致性。

2. 要仔细考虑补充保证文件的作用和价值

一名好的法务人员一定是项目风险控制方面的专家，其作用不仅在于审核合同条款，还应当对拟签署合同或拟达成的谈判条件的价值提供决策依据。本案中，振兴公司花费巨大精力与奔马汽车完成对账并达成还款协议，当时奔马汽车完全有能力履行还款义务，加之奔马汽车本身就是实体企业，现金流充裕，而奔马集团其实并无太多可供执行的财产，所以当奔马汽车发生违约时，要求奔马集团追加保证担保更像是振兴公司寻求的自我安慰。即便不考虑因管辖问题白白耽误掉的 4 年时光，如果振兴公司不寻求奔马集团的担保，也就不必多等待半年时间，其快速推动诉讼和保全工作有可能第一时间就取得回款。当然，我们并不鼓励轻易动用诉讼这一“终极武器”，重点强调的问题还是谈判筹码是不是等值的交换。

争点32：当事人之间签订多份合同时应当注意的问题

【本集提要】

凯旋融租与腾飞租车共签订了上千份融资租赁合同，更不利的是每单合同约定的管辖法院和债务人也不一致。凯旋融租直至起诉时才发现，按照“一案一诉”原则，只能把整个交易拆分为上千起案件并在33家不同的法院起诉，由此造成的巨大诉讼成本消耗是难以想象的。面对如此不利的局面，凯旋融租应该如何破解？如果能够重新设计合同条款，又该如何规避？

【本集出镜】

凯旋融租：刚刚进入中国市场的外商融资租赁公司，由于还在业务试水阶段，第一单业务并没有直接面向底层租车用户，而是选择与腾飞租车以融资租赁模式开展合作。

腾飞租车：在汽车租赁市场火爆期间成立的一家互联网租车公司，向底层用户提供“先租后买”的用车模式，但随着市场热度消退，没能挺过激烈的市场竞争。

【基本案情】*

凯旋融租与腾飞租车开展融资租赁业务合作，业务模式包括已购车辆的售后回租和新购入车辆的直租两种。2017年4月至2018年4月，**双方先后签**

---

* 根据真实案例提炼，当事人名称采用化名。

订千余份《融资租赁合同》，每份合同均约定了分期租金和还租时间，合计租金为1.8亿余元。由于腾飞租车已购车辆和待购车辆均登记于其在全国二、三线城市分别设立的33家子公司名下，所以**上千份合同实际由凯旋融租与腾飞租车及腾飞租车下属不同的子公司分别签订**，每份合同均约定由腾飞租车和签约子公司共同承担连带还款责任，而各子公司实际签订合同数量则在十几份到上百份不等。关于管辖，**合同约定以合同签订地人民法院作为管辖法院，但“合同签订地”一栏为空白**。

自合同签订之日至2019年5月，腾飞租车尚能正常履行支付租金义务。但从2019年6月起，腾飞租车在激烈的市场竞争面前逐渐力不从心，部分门店发生倒闭，加之底层租车用户出现大规模违约，于是出现迟付和欠付租金现象。凯旋融租经过4个月等待后发现并无好转迹象，于是开始准备诉讼。

诉讼准备中，凯旋融租方才发现**此前设定的交易模式对诉讼产生了严重障碍**。

首先，每份合同约定的租赁物不同、租金和期限不同，合同相对方也不同。由于作为融租物的车辆实际登记于各子公司名下，腾飞租车作为一家互联网公司实际并无太多资产，凯旋融租若想逐步实现资金回收，唯有通过诉讼确认车辆所有权并将车辆处置变现，所以凯旋融租不可能仅起诉腾飞租车而放弃对其各子公司的起诉。向法院进行立案咨询，法院回复意见是建议分拆诉讼，但这样就要将整个交易分拆为上千个案件，诉讼成本、诉讼准备工作量必然大大增加。

其次，合同约定由合同签订地法院管辖，却未注明具体签订地。经律师调查了解，每份合同均按照凯旋融租→腾飞租车→腾飞租车子公司的顺序进行传签，根据相关司法实践，**合同未标注签订地且协议当事人分属不同地域时，应将最终完成合同签署一方所在地作为合同签订地**。这就意味着相关案件不但要分成上千起，还要根据33家子公司所在地进一步分拆起诉。

最后，由于腾飞租车2019年6月以后偿还的部分款项并未分拆对应到每一单合同的当期应付租金，双方也未对账，所以欠租金额和欠租时间只能整体计算。一旦分拆到每个具体案件中，凯旋融租只能根据单方口径计算欠付金额和逾期违约金，届时如果腾飞租车拒不认可，凯旋融租根本没有能力协调33家法院作出统一认定。

【白律师析法】

当事人双方就多份合同引发的纠纷可否合并起诉的问题，在司法实践中存在一定争议。

有人认为，应当依照《民事诉讼法》第55条第1款的规定处理，该条规定："当事人一方或者双方为二人以上，其诉讼标的是共同的，或者诉讼标的是同一种类、人民法院认为可以合并审理并经当事人同意的，为共同诉讼。"根据上述规定，如果诉讼标的是共同的或同一种类，在双方当事人均同意的前提下，可以合并审理；反之，如果诉讼标的不能合并，或者其中一方当事人不同意，则不应合并审理。

但主流司法裁判观点则认为，《民事诉讼法》第55条规定的普通共同诉讼是指当事人一方或者双方为二人以上的合并审理情形，而多份合同的当事人双方均为一人的纠纷，不属于普通共同诉讼规定的情形。

例如，（2021）**辽民终42号民事裁定书**中，辽宁省高级人民法院即认为："尽管案涉两份《借款合同》项下所涉的保证人不尽相同，但贷款人和借款人均为工行庄河支行和弘润旅游公司，工行庄河支行将涉及两份合同的借款担保纠纷一并提起诉讼，属于诉的客体合并，不属于《中华人民共和国民事诉讼法》第五十二条第一款规定的普通共同诉讼，故本案合并审理无需以对方当事人同意为前提，且将诉讼标的为同一种类的各个彼此联系的诉合并在一个诉讼程序中审理，也符合纠纷一次性解决原则，有利于减少当事人讼累。"

《最高人民法院第二巡回法庭2020年第3次法官会议纪要》则更明确地指出："起诉是一方当事人在争议发生时向人民法院提出的解决争议的请求。为规范案件受理，维护诉讼秩序，在受理起诉过程中，**一般应当按照'一案一诉'的常态予以登记立案。但是，'一案一诉'并不是绝对的，存在着例外的情形**。具体而言，又可以区分为两种类型：一是民事诉讼法规定的例外情形；二是法律规定之外实务中存在的例外。**在坚持'一案一诉'的常态立案基础上，允许例外情形的存在，背后的法理在于把几个诉合并审理，可以简化诉讼程序，节省时间、人力、物力，提高办案效率，防止对数个有联系**

的诉作出相互矛盾的判决。本案中，按照‘当事人诉的声明结合原因事实’识别一个诉的标准，甲公司基于与乙公司之间三个合同的签订及履行情况，主张乙公司承担还款责任，系基于三个合同事实、提出三个诉的声明，应当认定为三个诉。但是，考虑到本案双方当事人均为甲公司与乙公司，合同种类和履行情况相似，甲公司三个诉请类似，受理法院予以一并受理并无不当。因三个诉合并受理之后，已经达到了受理法院级别管辖的标准，乙公司就此提出的管辖权异议不能被支持。”

从上述司法裁判观点可见，“一案一诉”是法院登记立案的常态，多个合同关系合并为一起案件则是例外情形。例外情形的考量因素主要在于节约法院和当事人双方的诉讼资源、诉讼成本且有利于统一裁判标准。如果符合上述要求，则法院有权自主决定合并审理，无须以双方当事人同意为前提。

回到本案，如果多份融租合同的缔约双方只有凯旋融租和腾飞租车，由于诉讼标的是同类的，且双方在履行中并非根据每一单合同分别支付相应金额，而是采取整体放款、整体偿还的履行方式，根据“方便诉讼”原则，多份合同合并为一起案件是可行的。然而问题在于，每份合同的当事人还包含腾飞租车下属不同的子公司，合同约定的管辖法院也不一致，这种情况下则很难合并在一起，所以凯旋融租只能另想办法。

凯旋融租经过通盘考虑后决定暂缓发起全面诉讼，但鉴于腾飞租车协商态度不积极，于是决定采取**“局部诉讼＋以诉促谈”**的化解方案。具体而言，凯旋融租决定挑选出业务量占比较少的腾飞租车下属某单个子公司所涉的 11 单合同，在该子公司所在地法院提起 11 件案件，同时通过诉讼保全对腾飞租车名下银行账户进行冻结。采取这一动作的目的在于，用较小的诉讼成本对腾飞租车进行“敲打”，迫使其回到谈判桌，再通过签署还款协议的方式将多份合同中的债权债务归集到一份合同中，同时也可解决管辖不一致的问题。

通过以上操作，凯旋融租顺利取得了双方补充签订的《还款协议》。尽管付出了展期半年的代价，但相比于千单合同造成的诉讼障碍，显然这一交换条件对凯旋融租而言还是非常划算的。

【复盘时间】

通过签署总体性协议化解“一案一诉”障碍

交易双方在一段时间内连续签署多份合同的情况并不鲜见，特别是买卖合同关系、借款合同关系、融资租赁合同关系项下较为普遍，一旦出现本案所述情形，将对后续诉讼造成比较大的影响。

我们建议，如果交易标的是同种类的，可以考虑**在交易初期先行签订一份总体性协议**，协议中对交易标的、履行方式、违约责任、管辖等进行整体约定，而双方后续签署的具体协议则列为总协议的附属协议，从合同名称、内容等方面充分体现总协议与附属协议之间的关联关系，并确保合同条款之间不存在歧义。当发生诉讼时，可将总协议作为案涉主协议，其他协议作为附随协议，并总体计算诉讼标的，从而实现合并起诉的目的，避免“一案一诉”造成的诉累。

第五部分

从合同

导言

根据合同相互间的主从关系，可以将合同分为主合同与从合同。所谓从合同，就是以其他合同为存在前提的合同，也被称为附属合同，一般的担保合同、保证合同都是从合同。本部分选取了多个经典案例，着重从约定不明对担保方式产生的影响，应收账款质押的效力，保证担保、债务加入的不同法律后果，各类型让与担保的法律效力及效果等方面探讨我们在签订从合同时应当注意的法律风险点，希望读者通过阅读本部分能对上述合同的审查有较为深入的理解。

争点33：约定不明造成的担保方式之争

【本集提要】

抵押担保与保证担保作为保障债权实现的两种主要担保方式，均无须移转财产占有，但在客体、成立与生效要件、责任承担方式等方面均存在显著差异。且司法实践中对于保证担保的认定具有更为严格的要式要求。但在一些复杂纠纷中，因当事人约定不明，仍会出现两者混淆的案例。在本集举示案例中，因月升公司发生借款逾期，星汉信托要求月升公司股东和此前已提供不动产抵押的沧海集团补充出具了《还款承诺函》，随即起诉要求沧海集团就月升公司的欠款同时承担抵押责任和保证责任。然而由于《还款承诺函》约定不明，法院最终认定沧海集团仅承担抵押责任而不承担保证责任。本案中的抵押责任和保证责任会产生何种不同的法律效果？《还款承诺函》具体有何瑕疵，又该如何约定？

【法律关系图】

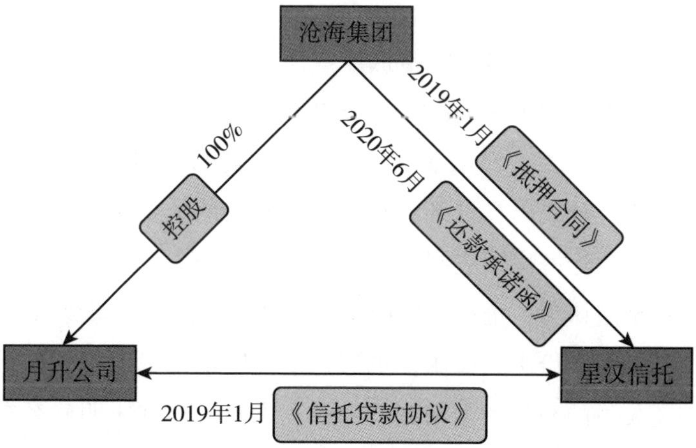

【基本案情】

2019年1月，星汉信托与月升公司签订《信托贷款协议》，约定：星汉信托向月升公司发放贷款2亿元，还款期限为两年，借款利率为12%/年，利息每半年支付一次。同时，沧海集团以其名下的一处7200平方米的土地及地上仓库作抵押，双方签订了《抵押合同》并随后办理了抵押登记。

2020年6月，月升公司未能按期支付阶段性利息，星汉信托在进行风险项目应对时发现，沧海集团提供的抵押土地虽然面积足够，但由于位于铁路旁，根据相关法律规定只能用作库房，不得用作商业、住宅等，所以抵押物的处置前景非常不乐观。于是，星汉信托立即派人到沧海集团进行催收，并以起诉进行威慑，沧海集团随即向星汉信托补充出具了《还款承诺函》，内容为：我司作为月升公司与星汉信托签订的《信托贷款协议》的抵押人，并作为月升公司控股股东，在此担保月升公司不会再发生逾期行为，并担保欠付利息1200万元于2020年8月30日前一次性还清，2021年1月贷款到期时按期、足额归还信托贷款本金及剩余利息，特此承诺。

2021年1月，月升公司依旧未能清偿欠付利息，且贷款本金和后续利息也发生了逾期，于是星汉信托将月升公司、沧海集团列为共同被告诉至法院，要求沧海集团除了承担抵押责任以外，还应根据《还款承诺函》承担保证担保责任。

【审理与裁判】

审理中，沧海集团认可应承担抵押责任，但认为从《还款承诺函》的内容无法推导出额外追加了保证担保，所以不同意就债务承担连带责任的诉讼请求。而星汉信托认为，根据双方已签订的《抵押合同》，沧海集团抵押人的身份早已明确，补充出具《还款承诺函》的目的就是明确沧海集团额外追加保证担保，所以沧海集团应同时承担抵押担保和保证担保的双重责任。

法院经审理后认为：沧海集团向星汉信托出具的《还款承诺函》开篇即指出系基于抵押人身份出具该函，虽然该函注明沧海集团将担保借款人月升公司按期归还欠付的利息和未来到期的借款本息，但并未明确系提供保证担保。《民法典》有关担保制度的规定指出，保证担保需对担保方式、范围、期间等进行明确约定，因此从《还款承诺函》无法推导出沧海集团已作出追加保证担保的意思表示，且沧海集团亦对此表示否认，故星汉信托要求沧海集团承担保证担保责任缺乏依据，不予支持。

【白律师析法】

1. 抵押担保与保证担保的法律规定及区别

本案争议主要围绕两种担保方式——抵押担保与保证担保。

根据《民法典》第 394 条的规定，抵押担保是债务人或者第三人不转移财产的占有，为担保主债务的履行，将财产抵押给债权人的一种担保方式。当债务人不履行到期债务或者发生当事人约定的实现抵押权的情形时，债权人有权就该财产优先受偿。而保证担保并非担保物权的一种，其在《民法典》中规定在保证合同一章。根据《民法典》第 681 条的规定，“保证合同是为保障债权的实现，保证人和债权人约定，当债务人不履行到期债务或者发生当事人约定的情形时，保证人履行债务或者承担责任的合同”。此外，《民法典》第 684 条还对保证合同的内容作出了细化规定——包括被保证的主债权的种类、数额，债务人履行债务的期限，保证的方式、范围和期间等。除了双方当事人达成合意订立保证合同，《民法典》第 685 条还规定一方作出保证的意思表示，对方未提出异议的，视为保证合同成立。

尽管二者均为保障债权实现的担保方式，均无须移转财产占有，但二者在客体、成立与生效要件、责任承担方式等方面均存在显著差异。

第一，**客体不同**。抵押担保作为担保物权的一种，要求抵押财产特定化；保证担保以保证人的信用作为担保，保证人名下的财产均可纳入担保财产。

第二，**成立与生效要件不同**。抵押担保除了需以书面形式订立抵押合同，还以登记作为成立或生效要件——以不动产抵押的，采登记生效主义；以动产抵押的，采登记对抗主义，未经登记，不得对抗善意第三人。而保证担保则以保证合同的订立或生效作为其成立或生效要件，因此对保证合同的内容具有严格的要式要求。

第三，**责任承担方式不同**。抵押担保中债权人可将抵押财产拍卖变卖获得优先受偿，担保人以抵押物的价值为限承担担保责任。而保证担保中的责任承担方式则根据保证方式不同有所区分，若当事人约定的保证方式为一般保证，则保证人享有先诉抗辩权，只有在债务人不能履行债务时，债权人才能向保证人主张承担保证责任；若当事人约定的保证方式为连带保证，则债权人可以在债务人或保证人之间择一主张。同时，《民法典》第 686 条还规定了当事人对保证方式没有约定或者约定不明时的处理——按照一般保证承担保证责任。

2. 成立保证担保在司法实践中的认定原则

（1）保证合同的成立具有严格的要式要求

本案法院认为保证担保的内容不清晰，最终仅认定了沧海集团的抵押责任。究其原因，主要是当事人就保证的方式、范围、期间未明确约定，被担保的主债权也处于不确定的状态。

在（2016）**最高法民终** 240 **号**中国葛洲坝集团房地产开发有限公司与海口恒天晟实业有限公司、海南葛洲坝实业有限公司借款合同纠纷案件中，双方当事人就“《合作开发协议》中有关恒天晟公司‘以其在项目公司的全部股权对项目融资承担连带担保责任’的约定是否构成保证担保”产生争议。最高人民法院判决认定，依照原《担保法》第 6 条的规定，“保证合同是在保证人与债权人之间订立的；合同双方应就债权种类数额、担保范围等合同主要条款达成合意并予以书面确认；在保证合同不完全具备法定条款的情况下，合同双方可以也应当予以补正。其中，**鉴于保证合同的类型和性质，其主要条款在有效确定保证人的保证责任方面，应当符合以下要求**，如**保证意思**，保证人必须明确表达对某一债权债务愿意以自己的财产担保债务履行的意思表示；**被担保主债权，即保证合同的标的，应当是特定化的、数额可以确定的、已经成立并合法有效的债权**。《合作开发协议》有关恒天晟公司‘以其在项目公司的全部股权对项目融资承担连带担保责任’的约定，是**以签约之时尚未成立、融资数额尚未确定、债权人债务人等基本要素均不特定的项目融资作为主债权，并缺少债务人履行债务的期限、保证担保的范围、**

保证的期间等基本要件，明显不符合保证合同的成立要件”。

此外，就该条款的性质，最高人民法院将其认定为**意向性约定**：“系双方合作开发相关项目中对于双方权利义务的安排，在法律属性上可以认定为合作双方就将来发生的融资行为预先作出的由恒天晟公司提供担保的意向性约定。但该意向的落实，尚需具体融资事项发生后由具体融资方与恒天晟公司**另行签订符合担保合同成立要件的合同。即只有在担保合同成立后才可能产生恒天晟公司的担保法律责任**。”

（2）**母子公司作出的还款承诺或因信赖利益的产生更易构成保证担保**

值得注意的是，本案中沧海集团与月升公司系母子公司关系，在保证合同内容明确的前提下，沧海集团如承诺就月升公司未偿还的欠款承担还款责任，或可构成保证担保。

如在（2009）**民提字第7号案件**中，最高人民法院认为：“**公司法人为其全资子公司未能清偿的债务向债权人承诺‘可以考虑’承担还款责任**，在**该承诺足以使债权人产生信赖利益的情况下，应认定构成一般担保**，作出承诺的公司应对债务人不能清偿的款项，承担补充还款的责任。”

由此可知，虽然保证担保的成立有严格的要式要求，但在保证人与债务人为母子公司的情况下，法院可能更偏向于对债权人信赖利益的保护。但本案与最高人民法院案例的区别在于，沧海集团本身已经是抵押人，且不知是否有意为之，沧海集团还在《还款承诺函》中指明了自己的这一身份，且并未注明“保证担保”，所以法院认定从《还款承诺函》无法推导出沧海集团已作出追加保证担保的意思表示。

3. 本案抵押担保涉及的法律问题

鉴于本案中沧海集团以其名下不动产作抵押，涉及附着土地的处置及抵押登记的办理。此外，由于土地用途为铁路用地，还需关注铁路旁土地用途的特殊法律规定。

（1）**房地一致与抵押登记**

《民法典》第356条规定：“建设用地使用权转让、互换、出资或者赠与的，附着于该土地上的建筑物、构筑物及其附属设施**一并处分**。”《城市房地产管理法》第 32 条规定："房地产转让、抵押时，房屋的所有权和该房屋占用范围内的土地使用权**同时转让、抵押**。"此即俗称的"房随地走，地随房走"。具体到本案，沧海集团以其名下不动产作为抵押，则该不动产附着的建设用地使用权需要一并抵押。由于我国物权法上不动产抵押采登记生效主义，在实践中部分地区采用房地统一抵押登记制度，在房产局合并登记；有的地区则采用房地分开抵押登记制度，需要在土地局和房产局分别进行抵押登记。

（2）铁路旁土地用途的特殊法律规定

本案中土地用途为铁路用地，根据《铁路用地管理办法》第 4 条第 1 款的规定，"铁路用地是指**铁路部门依法取得使用权**的土地，包括留用的和征（拨）用的运输生产用地、辅助生产用地、生活设施用地和其他用地"。该办法第 15 条规定："铁路建设用地应按批准的用途使用，**如改变土地用途，需要原批准用地的机关同意**，并办理**变更登记**手续。"《土地管理法》第 56 条规定："建设单位使用国有土地的，应当按照土地使用权出让等有偿使用合同的约定或者土地使用权划拨批准文件的规定使用土地；确需改变该幅土地建设用途的，应当**经有关人民政府自然资源主管部门**同意，报原批准用地的人民政府批准。其中，在城市规划区内改变土地用途的，在报批前，应当先经有关城市规划行政主管部门同意。"

根据上述法律规定，作为本案抵押财产的铁路用地改变土地用途需经过有关主管部门的批准并办理变更登记。由于该土地性质特殊，可能影响后续资产变现，星汉信托显然在选择抵押物时存在失误。

4. 混合担保下的责任承担

本案争议同时涉及抵押担保与保证担保，即存在物保与人保混合的情形。《民法典》第 392 条规定："被担保的债权既有物的担保又有人的担保的，债务人不履行到期债务或者发生当事人约定的实现担保物权的情形，债权人应当按照约定实现债权；没有约定或者约定不明确，债务人自己提供物的担保的，债权人应当先就该物的担保实现债权；第三人提供物的担保的，债权人可以就物的担保实现债权，也可以请求保证人承担保证责任。提供担保的第三人承担担保责任后，有权向债务人追偿。”《民法典担保制度解释》第18条第2款规定：“同一债权既有债务人自己提供的物的担保，又有第三人提供的担保，承担了担保责任或者赔偿责任的第三人，主张行使债权人对债务人享有的担保物权的，人民法院应予支持。”

根据上述规定，在债务人自己提供物保的情形下，出于公平和节约成本的考虑，在当事人约定不明时法律要求债权人首先就债务人的物保实现债权，如根据合同约定第三人首先履行了保证责任，则其可代位行使债权人的担保物权；在第三人提供物保的情形下，债权人可以择一主张。

【复盘时间】

1. 签署保证合同需谨慎

鉴于保证担保以保证人的信用为基石，签署合同时并未以特定财产作为保证财产，因此在签署合同前应对其经营状况、偿债能力进行充分调研，对保证人承担保证责任可能涉及的法律风险进行充分评估。此外，建议由公司法务等具备专业法律知识的人员对保证合同的内容进行严格审核，务必要求合同中明确“保证人对债务的履行承担保证责任”，避免出现“负责解决”等含义模糊的表述。同时应对保证方式作出明确约定，避免因表述不清晰、内容不严谨等造成保证合同不成立的不利后果。

2. 抵押担保需关注抵押标的状态并及时办理登记

对方提供抵押担保时，首先应对抵押标的状态和是否存在影响处置变现的特殊情形进行审查，以尽量避免陷入本案中出现的直至行使权利时才发现抵押物难以拍卖变卖的“尴尬”境地。因此，建议债权人增加如下约定：抵押人承诺抵押财产不存在未披露的可能导致无法拍卖变卖的情况或存在其他财产争议，若因前述情形给债权人造成损失，债权人有权要求抵押人承担赔偿责任。据此，如果债权人已确定抵押权实际无法实现，或可考虑放弃抵押权，径行要求抵押人承担违反承诺的赔偿责任。

争点 34：本案应收账款质押为何不生效

【本集提要】

应收账款质押是现实交易中极为常见的一种担保方式，当出质人发生还款逾期时，质权人可以要求应收账款债务人直接向自己还款从而实现债权。但在司法实践中，应收账款质押被认定无效、不生效的案例比比皆是，非常值得质权人加以重视。本集即是通过一则案例探讨应收账款质押需具备的形式要件，以及质权人通知义务、期间错配等问题对应收账款质押效力带来的影响。

【法律关系图】

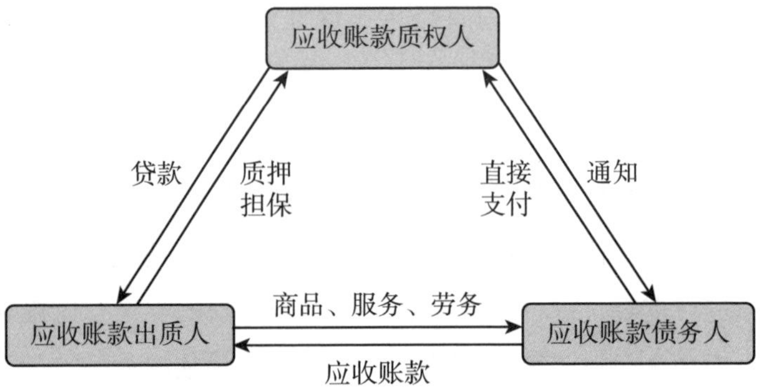

【本集出镜】

大仲马公司：本案借款人和应收账款出质人，将转让小仲马公司股权应得的股权转让款出质给发展银行从而获取了 8000 万元贷款。

小仲马公司：原系大仲马公司名下优质资产，后被大仲马公司将其 100% 股权转让。

烽火公司：星火公司成立前的《股权转让协议》签署方。

星火公司：烽火公司为收购小仲马公司专门设立的 BVI 子公司，《股权转让协议》真正的履行方，小仲马公司 100% 股权实际由星火公司事后持有。

发展银行：8000 万元贷款的出借方和应收账款质权人。

【基本案情】

2020 年 4 月，发展银行与大仲马公司签订《借款合同》《应收账款最高额质押合同》《应收账款质押登记协议》，大仲马公司向发展银行借款 8000 万元，并将其与烽火公司签署的《股权转让协议》项下第 3 期应付股权转让款 1 亿元出质给发展银行。双方随即将该份《股权转让协议》上传至“中登网”并办理了应收账款质押登记，登记的应收账款债务人为烽火公司。

同月，发展银行向烽火公司发出《应收账款债权出质情况通知书》，书面告知烽火公司第 3 期应付股权转让款已办理质押登记的情况。

2021 年 4 月，大仲马公司发生还款逾期，发展银行立即向烽火公司发出《还款通知》，要求烽火公司将对大仲马公司的应付款项在大仲马公司应承担债务范围内直接支付给发展银行，但烽火公司表示拒绝，于是发展银行将大仲马公司、烽火公司列为共同被告提起诉讼。

根据烽火公司的收购交易安排，烽火公司计划专门设立一家特殊目的公司星火公司用于接收小仲马公司股权，但由于星火公司注册在英属维尔京群岛，注册周期较长，星火公司来不及以自己名义签署《股权转让协议》。所以在 2019 年 4 月，烽火公司以自己名义与大仲马公司先行签订了《股权转让协议》，约定 3 亿元股权转让款于 2019 年 6 月 30 日、2020 年 6 月 30 日、2021 年 6 月 30 日分三次支付。发展银行即是根据该协议约定将第 3 期股权转让款设置了质押。

但发展银行没有注意到的是，**该协议还特别约定**：烽火公司有权指定己方关联公司实际履行本协议，届时烽火公司有权将本协议项下权利、义务概括转移给指定关联方。

2019 年 6 月，星火公司注册完成，随即星火公司、烽火公司、大仲马公司共同签署了《股权转让协议之补充协议》，约定原协议项下全部权利、义务均由烽火公司概括转移给星火公司。2019 年 6 月 30 日，星火公司依约向大仲马公司支付了第 1 期股权转让款，同时小仲马公司相应股权亦变更至星火公司名下。2020 年 6 月，星火公司又依约支付了第 2 期股权转让款。第 3 期股权转让款由于当时未至付款期，尚未支付。

2020 年 4 月，烽火公司确实收到了发展银行发出的《应收账款债权出质情况通知书》，但烽火公司认为与己无关，并未向发展银行进行反馈。

2021 年 4 月，烽火公司的确收到了发展银行发出的《还款通知》，但烽火公司内部组织研讨后认为，己方并非应收账款债务人，真正的债务人是下属企业星火公司，但是该笔债权债务并未设定质押，所以发展银行若想取得该笔款项，需要征得债权人大仲马公司的同意，且发展银行、大仲马公司、星火公司三方之间还需签署三方协议确认债权债务抵销。而星火公司向大仲马公司书面问询，却未得到回复。在此情况下，星火公司拒绝向发展银行付款，并表示究竟应该向发展银行付款还是向大仲马公司付款，需要等待法院的生效判决。

【白律师析法】

1. 发展银行对应收账款基础法律关系的审查存在明显瑕疵

应收账款质押是指应收账款的债权人将其对债务人的应收账款之债权向银行等信贷机构提供质押担保并获得贷款的行为。①

鉴于案涉纠纷事实最初发生于《民法典》实施之前，且该法律事实一直持续至《民法典》施行后。根据《最高人民法院关于适用〈中华人民共和国民法典〉时间效力的若干规定》第 1 条第 3 款，本案应适用《民法典》相关规定。

《民法典》第 450 条规定："以应收账款出质，质权自办理出质登记时设立。"上述规定为应收账款出质需要具备的形式要件。但根据司法实践②中的裁判标准，除具备形式要件以外，人民法院还会对应收账款质押基础法律关

① 最高人民法院民法典贯彻实施工作领导小组主编：《中华人民共和国民法典物权编理解与适用》，人民法院出版社 2020 年版，第 1272 页。

② 参见最高人民法院民事判决书，(2017) 最高法民终 158 号；上海市高级人民法院民事判决书，(2017) 沪民终 286 号。

系的真实性进行审查，通过相关事实、证据具体判断应收账款是否真实有效、明确具体、可得辨别或具备合理期待。如果人民法院在审核后发现案涉应收账款不能满足上述实质要件，依然会认定应收账款质押不能成立。

本案中，尽管发展银行据以作为应收账款基础事实的大仲马公司与烽火公司签署的《股权转让协议》是真实的，但是随后各方又签订了补充协议，烽火公司已不再是《股权转让协议》的权利义务主体，所以大仲马公司自补充协议生效之日已不再对烽火公司享有股权转让款形成的债权。

另需强调的一点是，补充协议形成于发展银行设置应收账款质押之前，这一点从星火公司支付股权转让款的时间、小仲马公司股权变更的时间可以得到证明。而发展银行在审核《股权转让协议》时，理应注意到该协议关于烽火公司有权变更协议履行主体的特别约定，亦应当知晓设置应收账款质押前已经发生了第 1 期股权转让款的支付行为和股权变更行为。发展银行完全可以通过向大仲马公司核实相关材料、查阅银行转账凭证或公开的工商登记信息获取上述信息。由此说明，发展银行在进行应收账款基础法律关系核实时并没有尽到充分的注意义务，存在明显瑕疵。

2. 烽火公司不应因未回复通知函而承担责任

应收账款质权人对应收账款债务人的通知义务是相对明确的，其法律适用规则可参照债权转让的规则。若质权人未就应收账款已质押的事实通知应收账款债务人，则对应收账款债务人不产生法律效力，应收账款债务人仍然可以向出质人清偿，无须对质权人承担任何责任。[①] 但本案争议焦点在于，应收账款债务人收到质权人发出的应收账款质押通知后，如果因对基础债权债务关系有异议而未回复，是应当由债务人承担未回复的责任，还是质权人因其未能进一步核实而自担其责？

《民法典担保制度解释》第 61 条第 2 款规定："以现有的应收账款出质，**应收账款债务人未确认应收账款的真实性**，质权人以应收账款债务人为被告，请求就应收账款优先受偿，能够举证证明办理出质登记时应收账款真实存在

---

① 最高人民法院民法典贯彻实施工作领导小组主编：《中华人民共和国民法典物权编理解与适用》，人民法院出版社 2020 年版，第 1275 页。

的，人民法院应予支持；质权人不能举证证明办理出质登记时应收账款真实存在，仅以已经办理出质登记为由，请求就应收账款优先受偿的，人民法院不予支持。”由此可见，如果应收账款虚假，债务人即便未回复也不应承担责任。这就好比《民事诉讼法》第75条规定知情人有义务出庭作证，但不能因为知情人不出庭就判令其承担当事人应承担的责任。再从**约定角度**看，如果应收账款债务人并未共同签署应收账款质押协议，即便债务人未对转让通知进行回复，由于其与质权人之间根本没有合同关系，所以要求其承担未回复的责任也没有合同依据。

当然，如果有证据证明应收账款债务人虽未回复但存在其他行为，足以使质权人相信应收账款真实存在，债务人一方仍有可能为此承担责任。

此外，《民法典担保制度解释》第61条第1款规定：“以现有的应收账款出质，应收账款债务人向质权人确认应收账款的真实性后，又以应收账款不存在或者已经消灭为由主张不承担责任的，人民法院不予支持。”由此可见，如应收账款债务人回复确认了应收账款的真实性，不论应收账款是否真实存在或者已经消灭，其都应就已确认的应收账款承担责任。

3. 办理应收账款质押前、后应收账款消灭存在不同法律后果

《民法典》第445条第2款规定：“应收账款出质后，不得转让，但是出质人与质权人协商同意的除外。出质人转让应收账款所得的价款，应当向质权人提前清偿债务或者提存。”由此可知，在应收账款已办理质押且已通知债务人的情况下，除出质人与质权人协商同意外，出质人、债务人均不得对应收账款进行转让，否则不能对抗质权人。假设烽火公司在接到发展银行书面通知后将合同权利义务整体转让给星火公司，则发展银行向烽火公司提出主张是正确的。与此相反，由于发展银行办理应收账款质押前烽火公司转让合同权利义务的事实已经发生，该笔应收账款的债务人根本不是烽火公司，所以质押权本身就是不存在的，自然无法对烽火公司产生效力。

4. 如何处理出质的应收账款清偿期与被担保主债权清偿期“错配”的情形

债权是期限性权利，如果出质的应收账款清偿期与被担保主债权清偿期

不一致，则质权人如何行使优先受偿权问题就显得较为复杂。根据最高人民法院民法典贯彻实施工作领导小组主编的《民法典物权编理解与适用》中的观点，可分两种情况进行处理：

第一种情况是，出质的应收账款清偿期已届至而被担保主债权清偿期未届至。此时出质人和质权人可以协商，以收取的款项提前清偿被担保的主债权。如果出质人不同意提前清偿，质权人有权请求将给付标的提存。

第二种情况是，出质的应收账款清偿期未届至而被担保主债权清偿期已届至。此种情形，如应收账款债务人主动履行债务，则应收账款质权消灭；如未履行，质权继续存在，但出质的应收账款未到期，质权人不能强迫应收账款债务人放弃期限利益，质权人只能等待应收账款履行期限届满后主张权利。

【复盘时间】

1. 应收账款质权人不仅要发出通知更要审查回复

《应收账款质押通知书》通常都带有回复栏，但由于质权人与债务人没有直接合同关系，实操中有时难以得到对方的主动回复，本方对此重视不够也就采取了放任态度。本案亦是由于发展银行疏于审查债务人的回复确认，从而导致基础债权债务已经发生转移的事实被忽略。因此，若要保证应收账款质押的有效性，最简单也最可行的方案就是不仅要发出通知，还要取得债务人的回复确认。这样既可以从债务人角度对基础债权债务的真实性再次确认，也使债务人事后提出的各种理由无法产生对抗效力。

2. 注重对关联合同或辅证材料的审查

实践中，法务人员常犯的一个错误是对主合同或与本方直接关联的合同审查仔细，却忽视对关联合同或辅证合同内容的审查，认为该内容与己方不直接相关，大可以一带而过，甚至只要形式上完整，根本不审查其内容如何。但通过本案可见，假设发展银行法务人员能够充分注意到出质人与债务人约定的“可由债务人指定主体履行本协议”的条款，就完全可以对业务经办人员充分提示，并顺着这一线索轻易可知合同履行主体已发生变化的情况，这样损失就可以完全得到避免。

争点 35：保证担保、债务加入的不同法律后果

【本集提要】

保证担保与债务加入都是债务人之外第三方提供增信的方式，虽然二者在法律概念上具备一定相似性，但法律效果上确存在重要的区别。如果保证人对条款表述不严谨，或通过其他行为确认债务，极有可能被法院认定构成债务加入，从而对增信方承担责任造成本质影响。本集重点探讨保证担保与债务加入应如何区分，以及由此产生的不同法律后果。

【法律关系图】

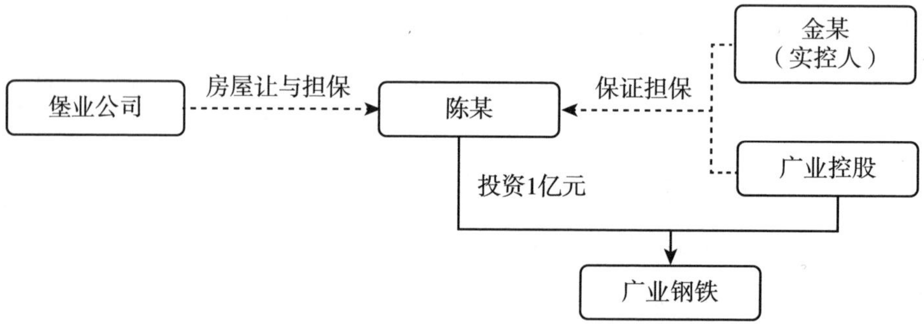

【基本案情】*

2010 年 5 月，陈某与堡业公司签订《房屋转让合同》，约定陈某向堡业

* 本案系根据真实案例提炼。

公司购买堡业公司名下位于东方大厦相应楼层的不动产，价款合计为1亿元。

同月，陈某与广业钢铁、广业控股、金某（广业钢铁、广业控股两家公司的实际控制人）签订《投资协议书》，约定：（1）广业钢铁应确保陈某在两年内按30%/年的投资回报收取收益，投资回报按实际发生的期限、实际到位金额据实计算；（2）陈某订购房屋由广业钢铁无条件收购，在广业钢铁返还陈某已付全部购房款后，陈某与堡业公司签署的《房屋转让合同》自动解除；（3）**如广业钢铁不能按本协议约定向陈某支付相关款项，由广业控股、金某负责支付，同时广业控股、金某自愿为广业钢铁提供连带担保责任，保证期限与广业控股履行本协议期限一致**。

上述协议签订后，陈某分期向堡业公司和广业钢铁转账共9083万元，转账事由包括房屋定金、借款、往来款等。

2012年1月，广业控股、金某与陈某签署《广控公司及其关联公司与陈某债务确认明细》，对陈某转账金额及截至当日的利息总金额进行了确认，同时写明“若有差错按实际核准为准，全部利息至2012年5月12日止，具体报财管中心办核”。

后由于广业钢铁、广业控股、金某均未能还款，陈某向湖北省高级人民法院起诉，诉讼请求为：（1）广业钢铁、广业控股、金某清偿借款本息；（2）金某对上述第1项请求承担连带清偿责任。

陈某诉称：广业控股与金某在《广控公司及其关联公司与陈某债务确认明细》中均对债务进行了确认，应以债务加入的形式由担保人变更为债务人，而广业钢铁应当对《投资协议书》中约定的借款及利息承担清偿责任，故三者作为共同债务人应共同承担连带清偿责任。另外，无论是债务加入还是保证担保，金某均应承担责任，所以陈某在主张清偿责任的同时对金某继续主张连带清偿责任。

关于保证责任抑或债务加入的问题，**广业控股辩称**：投资协议明确广业控股对协议项下债务承担保证责任，陈某要求广业控股作为主债务人承担主给付义务，无事实与法律依据。**金某辩称**：陈某既诉请金某承担主给付义务，又诉请金某对上述债务承担连带责任，金某在同一诉讼中，既是主债务人，又是保证人，其诉讼主体资格不符合法律规定，应直接予以驳回起诉；另外，保证期间为主债务履行期届满之日起6个月，陈某起诉金某承担保证责任已超出保证期间，金某依法不再承担保证责任。

【审理与裁判】

湖北省高级人民法院审理后作出一审判决认定：

（1）本案中各方并没有关于房屋买卖的实际意思，《投资协议书》名为投资，实为民间借贷法律关系。根据《民间借贷司法解释》，除各方关于投资回报的约定中超过24%/年的部分不予保护外，协议中其他内容系当事人的真实意思表示，广业钢铁应当依据该协议向陈某支付借款本息及逾期利息。

（2）**从广业控股出具的债务确认明细来看，广业控股与陈某就债务确认已经达成合意，该债务确认明细已经具备了债务加入的基本构成要件**。具体原因包括：首先，从确认债务的主体来看，该债务确认明细虽然名为《广控公司及其关联公司与陈某债务确认明细》，但参与确认的仅有广业控股，证实广业控股所确认的是自己的债务，而非他人债务。其次，广业控股的确认不仅包含债务人身份的确认，还包括债务组成的确认，而债务确认是债务清偿的前提，其根本目的是债务清偿。因此，广业控股已经加入广业钢铁的债务，**广业控股在向陈某清偿之后有权向广业钢铁追偿**。

（3）**金某在债务确认明细上签字时系作为广业控股的法定代表人参与并签字，该对账行为为职务行为，应由广业控股承担相应责任**。关于金某在《投资协议书》项下的保证责任，由于该协议对保证期限约定不明，根据原《担保法司法解释》第32条①的规定，金某的保证期限为主债务履行期限届满之日起6个月。按照《投资协议书》确定的2012年5月12日为到期日计算，**金某的保证期限于2012年11月12日经过**。**陈某并未在保证期限内向金某主张权利，而其实际起诉时保证期间已经过，金某不承担连带清偿责任**。

一审判决作出后，陈某因不服金某不承担清偿责任的判项，上诉至最高

---

① 原《担保法司法解释》第32条第1款规定："保证合同约定的保证期间早于或者等于主债务履行期限的，视为没有约定，保证期间为主债务履行期届满之日起六个月。"

人民法院。

最高人民法院终审判决认定：

《投资协议书》条款中“如广业钢铁不能按本协议约定向陈某支付相关款项，由广业控股、金某负责支付”的约定应视为金某对广业钢铁的债的加入，金某应对广业钢铁的债务承担共同还款责任。虽然上述条款中“同时广业控股、金某自愿为广业钢铁提供连带担保责任，保证期限与广业钢铁履行本协议期限一致”系关于金某承担连带责任的约定，但是**当事人同时约定的该两种责任并不冲突，陈某选择最有利于债权实现的责任方式亦不违反法律规定，因此陈某虽因保证期限已过不需承担保证责任，但仍应承担作为债务加入人的还款责任**。据此，最高人民法院支持了陈某的上诉理由，改判金某与广业控股对广业钢铁欠付本息承担共同还款责任。

【白律师析法】

本案双方当事人争议点较多，为契合主题，我们选取了**广业控股和金某作出的意思表示究竟是保证担保还是债务加入的问题**进行重点探讨，其他争点例如“名为买卖实为借贷”的法律关系认定问题暂不作探讨。

实践中，债务加入与保证担保在增信目的及责任承担方式等方面比较相似，加之我国现行法律、法规和司法解释经常规定债务加入的法律效果参照适用保证担保相关规则，因此容易造成二者混淆。

对本案一审、二审判决观点进行比较，可以看出两级法院对广业控股系债务加入的观点一致。但区别在于，一审法院是从广业控股、金某签署债务确认明细的行为认定广业控股构成债务加入，金某系履行职务行为，未认定债务加入而是保证担保，说明一审法院认为《投资协议书》的相关约定不属于债务加入而是保证担保。二审法院则认为，《投资协议书》关于“如广业钢铁不能按本协议约定向陈某支付相关款项，由广业控股、金某负责支付，同时广业控股、金某自愿为广业钢铁提供连带担保责任”的表述实际同时约定了债务加入和保证担保，即“由广业控股、金某负责支付”的约定属于债务加入，“广业控股、金某自愿为广业钢铁提供连带担保责任”的约定属于保证担保，两种责任并不冲突，且债权人有权选择最有利于实现债权的方式进行主张。基于此，二审法院并没有适用保证期间的相关规定认定陈某的主张已超过保证期间，而是在认定债务加入的前提下判决金某应承担共同还款责任。

以下我们将着重探讨债务加入、保证担保有何区别、应如何区分以及债务加入人有无追偿权等问题。

1. 债务加入、保证担保有何区别

债务加入，又称并存的债务承担，是指债务人并不脱离原合同关系，第三人加入债的关系后，与债务人共同向债权人履行债务的情形。[①]

《民法典》第552条规定："第三人与债务人约定加入债务并通知债权人，或者第三人向债权人表示愿意加入债务，债权人未在合理期限内明确拒绝的，债权人可以请求第三人在其愿意承担的债务范围内和债务人承担连带债务。"

根据上述规定，债务加入的生效只需要第三人向债权人明确其加入债务的意思，除非债权人在合理期限内明确拒绝，否则即推定生效。从这一点来看，债务加入和保证担保的生效方式一致，且二者都是确保债权实现的增信措施，所以二者具有一定相似性。不过，保证担保和债务加入可从以下方面进行区分。

（1）**成立方式不同**。《民法典》第685条明确规定保证合同为要式合同，应当以书面形式成立。[②] 而《民法典》关于债务加入的规定中对于第三人向债权人发出意思表示的方式并没有明确要求，即债务加入可以书面或口头的方式成立。[③]

（2）**是否具有从属性不同**。保证作为保障主债权实现的一种担保措施，

---

① 参见最高人民法院民法典贯彻实施工作领导小组主编：《中华人民共和国民法典合同编理解与适用（一）》，人民法院出版社2020年版，第581页。

② 《民法典》第685条规定："保证合同可以是单独订立的书面合同，也可以是主债权债务合同中的保证条款。第三人单方以书面形式向债权人作出保证，债权人接收且未提出异议的，保证合同成立。"

③ 参见最高人民法院民法典贯彻实施工作领导小组主编：《中华人民共和国民法典合同编理解与适用（一）》，人民法院出版社2020年版，第582页。

具有很强的从属性[①]，从产生、移转到消灭均与主债权同命运；而债务加入仅在成立时具有从属性，在成立之后即作为独立的债务而存在，原债务人债务之变动，如非基于加入时已存在的原因，对债务加入人的债务原则上并无影响。

（3）**行使期间的限制不同**。债权人对保证人行使请求权要受到保证期间的限制；而债务加入中债权人对债务加入人行使债权请求权没有行使期间的限制，只有诉讼时效的约束。本案即是此种区别的具体体现。本案中金某原本因保证期间经过已无须承担连带清偿责任，但由于被认定为债务加入人，在诉讼时效未超过的情况下，金某最终被认定应承担共同清偿义务。

（4）**追偿权的行使不同**。保证人在承担保证责任之后，有权向债务人追偿；[②] 而债务加入中共同债务人之间的追偿权行使目前还存在一定争议，具体将在下文详细阐述。

2. 债务加入与保证的区分规则

《民法典担保制度解释》第 36 条第 1～3 款规定："第三人向债权人提供差额补足、流动性支持等类似承诺文件作为增信措施，具有提供担保的意思表示，债权人请求第三人承担保证责任的，人民法院应当依照保证的有关规定处理。第三人向债权人提供的承诺文件，**具有加入债务或者与债务人共同承担债务等意思表示**的，人民法院应当认定为民法典第五百五十二条规定的债务加入。**前两款中第三人提供的承诺文件难以确定是保证还是债务加入的，人民法院应当将其认定为保证**。"

上述规定确定了对于第三人提供的增信文件，应采取两个步骤来判断其性质：（1）通过探求第三人的意思表示区分其提供文件的性质；（2）在难以进行认定时，推定为保证。

---

① 《民法典》第 682 条第 1 款规定："保证合同是主债权债务合同的从合同。主债权债务合同无效的，保证合同无效，但是法律另有规定的除外。"

② 《民法典》第 700 条规定："保证人承担保证责任后，除当事人另有约定外，有权在其承担保证责任的范围内向债务人追偿，享有债权人对债务人的权利，但是不得损害债权人的利益。"

具体来说，在探求第三人的意思表示时又需要从以下方面考虑。①

（1）坚持文义优先原则。如第三人的意思表示中明确含有“保证”或“债务加入”，除非存在足以支持偏离文义进行解释的特别情势，原则上应以该表述定性。

例如，（2019）最高法民再316号案中，法院认为虽然第三人出具的承诺文件上有“保证”字样，但内容为以自己名义承担债务，应当认定为债务加入。

再如，（2020）最高法民申763号案中，法院对于第三人出具的《责任人确认书》，认为“本人对此笔借款承担第一责任。如借款发生不良，由本人负责赔偿”这一表述中第一责任指的是连带保证顺位的确认，不构成债务加入。

（2）判断第三人愿意承担的债务是具有从属性的债务还是与原债务具有同一性的债务。

例如，（2020）最高法民终295号案中，法院认为从《差额补足协议》的约定看，差额补足人的差额补足义务不具有债务从属性，因此差额补足义务人是债务加入，而不是保证担保。

又如，（2019）最高法民申1906号案中，法院认为第三人作为持有债务人95%股份的股东，仅约定承担无限连带责任，未约定连带债务与主债务之间的主从关系，应当认定为债务加入而非保证担保。

再如，（2016）最高法民再322号案中，法院认为第三人出具的《特别声明》就其对案涉借款债务所承担的连带清偿责任作出了明确承诺，但并未区分第三人所负担债务与案涉借款债务之间的主从关系，应当认定为债务加入。

（3）判断当事人关于义务履行顺位的真实意思。一般保证人履行债务以“债务人不能履行债务”为前提，具有明显的履行顺位，而债务加入并没有此项规定。

---

① 参见最高人民法院民事审判第二庭编著：《〈全国法院民商事审判工作会议纪要〉理解与适用》，人民法院出版社2019年版，第479~481页。参见高圣平、谢鸿飞、程啸：《最高人民法院民法典担保制度司法解释理解与适用》，中国法制出版社2021年版，第178页。

例如，（2020）最高法民申1021号案中，法院认为第三人在协议中既没有一般保证的意思，履行过程中也未区分履行顺位而是与债务人共同履行，不符合一般保证的从属性、补充性特征，应构成债务加入。

（4）结合承诺文件的文义、合同目的、合同条款内容、双方当事人的后续履行事实，以及双方当事人与系列交易安排的利益关联程度等综合分析。

例如，（2020）最高法民终10号案中，法院结合《共同还款承诺书》的文义表述、各方之间签署的其他协议、各方之间的股权关系、案涉交易的商业目的及交易背景，认定该承诺不具有第三人主张的承担保证责任的意思，应认定为债务加入。

但须指出，本集引用的最高人民法院判例作出时间均早于《民法典担保制度解释》的实施时间，在《民法典担保制度解释》确立的“约定不明优先认定为保证”规则下，法院的认定规则可能也会随之变化。但由于目前适用《民法典担保制度解释》上述规定进行裁判的案例尚不多见，司法实践中的裁判观点具体会如何变化还有待收集更多案例后加以分析。

具体到本案，广业控股由于主动出具了债务确认文件，无论从文义角度还是从属性角度来分析，法院将其认定为债务加入的依据是充分的。但针对金某构成债务加入还是保证，一审和二审法院作出了不同判断，说明不同法官的理解并不一致。

我们认为，尽管案涉协议约定了“由广业控股、金某负责支付”，但也同时明确约定了“提供连带保证责任”，如果按照前述文义优先原则和约定不明优先认定为保证原则，应该认定为保证，而不是认定同时约定了保证和债务加入，因此二审判决确实有待商榷。不过如果二审法院结合金某在债务确认明细中签字的事实以及整体交易背景中金某的参与深度等因素，综合判断金某实际上具有债务加入的意思，则另当别论。由于二审判决未对此进行分析认定，我们也就不再置评。

不过从本案一审、二审法官产生的观点分歧来看，上述四项判断规则只能作为区分债务加入与保证的参考因素，司法实践中往往会因为不同法官的观点不同造成认定结果难以预判。

3. 债务加入人有无对债务人的追偿权存在争议

本案中，一审法院认为广业控股在向陈某清偿之后有权向广业钢铁追偿，不过并未明确追偿比例。至于广业控股与广业钢铁是否就追偿权问题进行了约定，不得而知。

经过我们调研，如果债务加入人与债务人在债务加入协议中约定了追偿权和追偿比例，则债务加入人在清偿债务后可以依约向债务人追偿，对此学术界不存在争议。如果双方没有约定，由于《民法典》仅对保证人的追偿权有明确规定，对债务加入人的追偿权并未规定，就导致学术界对此问题争议较大。[①]

（1）观点一：债务加入人不享有追偿权

该观点认为，第三人在加入债务时通常具有一定的利益，在第三人与债务人是同一层面债务人的情况下，不能认定原债务人即为最终责任人，在《民法典》未引入不真正连带债务的概念及相关规定的情况下，不宜对“连带债务”引申进行解释。

（2）观点二：债务加入人可以依据连带债务相关规定追偿

该观点认为，债务加入后第三人与债务人之间直接构成《民法典》规定的连带债务人，双方地位平等。《民法典》第519条规定：“**连带债务人之间的份额难以确定的，视为份额相同。实际承担债务超过自己份额的连带债务人，有权就超出部分在其他连带债务人未履行的份额范围内向其追偿**，并相应地享有债权人的权利，但是不得损害债权人的利益……”第三人在承担清偿责任后可以直接依据上述规定向债务人进行追偿。

（3）观点三：债务加入人可以依据其他基础法律关系进行追偿

该观点认为，第三人加入债务总有一定的原因，在《民法典》中均可找到行使追偿权的请求权基础。除赠与外，一般均可依据基础法律关系向债务人追偿。如《民法典》第921条委托关系、第979条无因管理、第985条不当得利等，都有可能成为第三人行使追偿权的请求权基础。

---

① 以下三种观点系根据陶志超律师《第三人债务加入后，能否向债务人追偿？——“非典型”债务加入情形下的法律分析》一文整理归纳形成，该文发表于微信公众号“盈科淄博律师事务所”。

在上述观点中，**最高人民法院民二庭倾向于认同观点二，第三人可以依据《民法典》第519条进行追偿**。[①]

我们认同最高人民法院的上述观点。《民法典》第518条第1款规定："债权人为二人以上，部分或者全部债权人均可以请求债务人履行债务的，为连带债权；**债务人为二人以上，债权人可以请求部分或者全部债务人履行全部债务的，为连带债务**。"由债务加入形成的连带债务完全符合上述法律规定，也符合《民法典》第518条、第519条的立法本意，在双方之间就追偿未明确约定时，第三人可以依据上述连带债务的规定进行追偿。对此我们也检索到如（2022）鲁05民终298号案件引用了此观点。但由于检索到的案例较少，难以对司法裁判统一性作进一步分析。

需要注意的是，如果依照此种观点，债务加入人行使追偿权至多只能主张总债务的50%，相比保证关系中保证人承担责任后可以就全部清偿部分进行追偿，债务加入人承担债务后将自行承受很大一部分损失。

【复盘时间】

1. 保证人应避免在保证文件中因表述不当被认定为债务加入

虽然《民法典担保制度解释》明确了"约定不明时优先认定为保证"的原则，但从上述分析可见，法院在如何理解"约定不明"这一问题上存在很大自由裁量权。而当事人如果因表述不当被认定为债务加入，就会出现无法行使保证期间抗辩权、无法行使追偿权和追偿比例低等不利后果。因此，提供保证担保一方的法务人员应当特别注意增信文件中的措辞，一是要明确标注"保证担保""保证责任"，二是要避免使用"自行支付""共同承担"等表述。此外，还要注意因本方签署债权债务确认文件而被认定保证担保变更为债务加入的情形。

2. 债务加入人应当与债务人事先约定追偿权及追偿比例

如前述分析，在无约定的情形下，尽管最高人民法院在债务加入人是否

---

① 参见高圣平、谢鸿飞、程啸：《最高人民法院民法典担保制度司法解释理解与适用》，中国法制出版社2021年版，第177页。

享有追偿权的问题上持肯定态度，但仅为倾向性意见，并无明确法律规定，且债务加入人可主张的追偿比例最高不超过50%。因此，债务加入人如果确定要加入债务，应事先同债务人对追偿权及追偿比例问题进行书面约定，以避免这种不确定性。

争点36：各类型让与担保的法律效力及效果

【本集提要】

随着《民法典》及其司法解释的出台，让与担保相关法律规定越来越明确。尽管其仍被定义为“非典型担保”，但实践中已经成为较为常见和好用的资金融通工具，所以法务人员有必要尽快掌握其特点，充分发挥让与担保制度的功效。本集从一则最高人民法院案例出发，重点讨论让与担保的概念及学理划分、不同类型让与担保的法律效力、让与担保债权人在何种情况下享有优先受偿权、不动产让与担保中权利变动的判断标准等问题。

【本集出镜】

陈某：资金提供方，同一时间与堡业公司和广业钢铁签订了《房屋转让合同》及《投资协议书》。

堡业公司：东方大厦相应楼层的产权人，与陈某签订《房屋转让合同》后却不认可双方之间存在房屋买卖关系。

广业钢铁：资金收取方，在与陈某签订的《投资协议书》中约定向陈某按固定期限、利率偿还本息。

【基本案情】*

2010年5月，陈某与堡业公司签订《房屋转让合同》，约定陈某向堡业

---

* 本案案情根据最高人民法院真实案例提炼。

公司购买堡业公司名下位于东方大厦相应楼层的不动产，价款合计为1亿元。

2010年5月，陈某与广业钢铁签订《投资协议书》，约定：（1）广业钢铁应确保陈某在两年内按30%/年的投资回报收取收益，投资回报按实际发生的期限、实际到位金额据实计算。（2）陈某订购房屋由广业钢铁在2012年6月30日前无条件收购，在广业钢铁返还陈某已付全部购房款后，广业钢铁可以与堡业公司签订《房屋转让合同》，陈某与堡业公司签署的《房屋转让合同》自动解除。(3) 陈某与堡业公司订立的《房屋转让合同》仅作为按揭资料，如有抵触以本协议为准。（4）**如果广业钢铁未按本协议约定支付陈某投资收益和返还全部购房款，则陈某有权对堡业公司转让的不动产对外转让、处置**。该房屋转让、处置所得价款**优先归还**陈某的投资收益和返还全部房款。

上述协议签订后，陈某分期向堡业公司和广业钢铁转账共9083万元，转账凭证上标注的转账事由包括房屋定金、借款、往来款等。此外，陈某并未与堡业公司就标的物东方大厦房屋进行交付及办理过户登记。

因广业钢铁未履行还款义务，陈某对堡业公司提起诉讼，**诉讼请求**为：要求堡业公司根据《房屋转让合同》交付东方大厦不动产并承担逾期交房违约金。**堡业公司辩称**：签署《房屋转让合同》是作为借贷关系的担保，双方之间不具有买卖的真实意思，因此不同意陈某的诉讼请求。

杭州市江干区人民法院经审理认为：陈某与广业钢铁属于民间借贷关系，《投资协议书》约定陈某有权在广业钢铁未归还本息时对堡业公司转让给其的东方大厦房屋对外转让，转让、处置所得价款优先归还陈某，**实质是以《房屋转让合同》作为陈某与广业钢铁之间借款及利息的担保**，双方之间不具有订立《房屋转让合同》的真实意思表示。据此，驳回陈某的全部诉讼请求。陈某不服提起上诉，二审法院判决驳回上诉，维持原判。

随后，陈某另行依据《投资协议书》对广业钢铁、堡业公司起诉，**诉讼请求**为：（1）广业钢铁清偿9083万元借款并按照合同约定标准支付利息；（2）堡业公司承担连带清偿责任。

陈某诉称：签署《投资协议书》后，广业钢铁作为协议中的债务人应当向其支付借款本金及利息，堡业公司为《投资协议书》项下债务提供担保的事实已经由杭州市中级人民法院判决书予以确认，同时，堡业公司事实上也认可担保关系的存在，因此应当承担连带清偿责任。

广业钢铁辩称：杭州市中级人民法院已经认定本案中双方名为房屋买卖，实为借贷，**《投资协议书》应当无效**，其中约定的投资回报不能当然理解为借款利息，且该约定明显超过法律规定，应当予以调减。

堡业公司辩称：从《投资协议书》的约定可以看出，签订《房屋转让合同》仅是为了便于办理按揭资料，堡业公司没有任何为广业钢铁进行担保的意思。案涉房屋并**未办理抵押登记**，因此陈某主张的**担保行为无效**。

【审理与裁判】

湖北省高级人民法院一审认定：

（1）从《投资协议书》的约定可以看出，本案中各方并没有关于房屋买卖的实际意思，《投资协议书》名为投资，实为民间借贷法律关系。根据《民间借贷司法解释》，除各方关于投资回报的约定中超过 24% 的部分不予保护外，协议中其他内容系当事人的真实意思表示，广业钢铁应当依据该协议向陈某支付借款本息及逾期利息。

（2）《房屋转让合同》的签订亦证实广业钢铁、陈某所签订的《投资协议书》系以购买房产进行投资为名，行民间借贷之实。因《房屋转让合同》的相关内容并非当事人的真实合同目的，该合同实际也没有履行，且陈某基于《房屋转让合同》向人民法院提起的交付房产之诉中，人民法院已经判决确认当事人之间真实法律关系为民间借贷关系，并据此驳回陈某的诉讼请求。故《房屋转让合同》不能作为确定当事人之间民事法律关系以及权利义务的依据。

（3）《投资协议书》中虽然有“如果广业钢铁不按本协议约定支付陈某投资收益和返还全部购房款，陈某有权对堡业公司转让给陈某的东方大厦房屋对外转让、处置”的约定，但当事人对于案涉房产属于堡业公司所有并无异议，故上述约定应属于对合同以外第三人财产的处理约定。因堡业公司并未参与《投资协议书》的签订，亦未作出认可协议内容的口头或书面承诺，**故该约定依法对堡业公司不具有拘束力**。另从《房屋转让合同》约定的内容来看，当事人并无以房屋作为陈某在投资协议中债权的担保的意思表示。因此，**陈某请求堡业公司承担担保责任，没有事实和法律依据**。

最高人民法院终审认定：

（1）**陈某与堡业公司签订的《房屋转让合同》的性质为让与担保**。《房屋转让合同》的性质已经由杭州市中级人民法院生效判决认定且与《投资协议书》的内容及各方真实意思表示相符。堡业公司在本案中称对《房屋转让合同》不知情，并否认《房屋转让合同》实为借款担保的性质，与其另案中的陈述相悖，对堡业公司的主张不予采信。

（2）虽然法律明确规定的担保物权有抵押权、质权和留置权，但在法律理论和实践中还有所有权保留和让与担保等非典型担保。本案双方当事人以签订商品房买卖合同的方式提供担保，《房屋转让合同》实际为案涉借款提供担保，故案涉担保应为让与担保。原《民间借贷司法解释》第 24 条对名为买卖实为担保的让与担保方式亦予以认可。根据原《物权法》第 15 条所确立的合同效力和物权效力相区分的原则及契约自由原则，本案当事人通过合同创设新型担保物权，其约定的内容不存在合同无效的法定情形，**该种担保合同应为合法有效**。堡业公司主张《房屋转让合同》无效进而否定担保效力的理由不能成立。

（3）关于堡业公司责任承担的问题。本案中，在以《房屋转让合同》提供担保的情况下，买卖合同中的房屋作为担保标的物，但当事人并未实际让渡房屋所有权，而是**让渡物权期待权**。依据原《民间借贷司法解释》第 24 条的规定，在债务人不能履行还款义务时，债权人也不能直接取得所有权，而是要进行清算，即对担保房屋进行拍卖折价后从价款中受偿。因此，如果广业钢铁不履行本判决确定的金钱债务，堡业公司对广业钢铁不能清偿的部分，应在《房屋转让合同》所涉房产进行清算作价的价值范围内承担清偿责任。一审判决认为堡业公司并无以房屋为陈某借款担保的意思表示、不应承担责任属认定事实错误，予以纠正。

据此，最高人民法院改判：**堡业公司对广业钢铁不能清偿的债务在《房屋转让合同》所涉房产清算作价的价值范围内承担清偿责任**。

【白律师析法】

此案例在我们的其他分析文章中曾被引用过，可以说本案中的多个争议焦点都具有代表性。在本集中，我们将集中讨论让与担保的效力及法律后果问题。

让与担保的概念和制度在国外早已有之，在我国则属于比较新的内容。尽管我国过去也有部分判例曾提及让与担保，但司法解释层级第一次直接对让与担保进行明确规范，是在最高人民法院发布的《九民纪要》之中。

前述案例中，湖北省高级人民法院一审判决于2017年作出，当时《九民纪要》尚未出台，一审法官有可能并不了解让与担保，所以一审判决始终未提及让与担保，而是将《房产转让合同》与《投资协议书》割裂开来，以堡业公司未参与签署《投资协议书》为由认定其不承担担保责任。但最高人民法院纠正了这一观点，明确提及《房产转让合同》属于让与担保且与《投资协议书》相互关联。由此可见，若要深入理解本案法律关系以及最高人民法院的判决思路，需要从让与担保的概念及其学理划分说起。

1. 让与担保的概念及其学理划分

最高人民法院将让与担保定义为：债务人或者第三人为担保债务的履行，将标的物的所有权等权利转移至债权人，债务清偿后，债权人应将标的物返还于债务人或者第三人，债务不履行时，债权人得就标的物优先受偿的一种非典型担保。①

但我们通过对相关学术观点进行整理后认为，更准确而言，上述定义属于狭义的、清算型的让与担保，而让与担保可从不同角度进行以下几种划分。

（1）狭义让与担保与广义让与担保

狭义让与担保即为前文所述最高人民法院给出的解释。《九民纪要》第71条第1款亦规定："债务人或者第三人与债权人订立合同，**约定将财产形式上转让至债权人名下**，债务人到期清偿债务，债权人将该财产返还给债务

① 参见最高人民法院民事审判第一庭编著：《最高人民法院新民间借贷司法解释理解与适用》，人民法院出版社2021年版，第344页。

人或第三人，债务人到期没有清偿债务，债权人可以对财产拍卖、变卖、折价偿还债权的，人民法院应当认定合同有效。合同如果约定债务人到期没有清偿债务，财产归债权人所有的，人民法院应当认定该部分约定无效，但不影响合同其他部分的效力。”

让与担保的标的物可以是动产、不动产，也可以是某种权利，比如股权。

狭义让与担保显然是在担保设定之初就已发生担保标的物的所有权转移，所以狭义让与担保又称为事先让与担保。

广义让与担保则不一定事先转移所有权，而是指非典型担保中以财产转让作为担保的一种类型，财产转让的形式既可以是所有权转让，也可以是期待权转让。

（2）**事先让与担保与事后让与担保**

事先让与担保即为狭义让与担保。

事后让与担保则是指债权人与债务人或者其他第三方物权人签订合同并设定担保标的物后，所有权并不实际发生转移，待债务到期，债务人未履行债务时，才转移担保物所有权。

《民间借贷司法解释》第 23 条规定：“当事人以订立买卖合同作为民间借贷合同的担保，借款到期后借款人不能还款，出借人请求履行买卖合同的，人民法院应当按照民间借贷法律关系审理。当事人根据法庭审理情况变更诉讼请求的，人民法院应当准许。按照民间借贷法律关系审理作出的判决生效后，借款人不履行生效判决确定的金钱债务，出借人可以申请拍卖买卖合同标的物，以偿还债务。就拍卖所得的价款与应偿还借款本息之间的差额，借款人或者出借人有权主张返还或者补偿。”

上述规定可称为**名为买卖实为借贷（担保），实质上就是事后让与担保**，学界又称之为后让与担保或买卖型担保。

本案中，双方以《房屋转让合同》担保《投资协议书》的履行，但并没有办理房产过户手续和交付房产，符合事后让与担保的典型特征。

事先让与担保与事后让与担保的区别主要体现在以下方面：其一，从标的物权利转移时间来看，前者是在担保设定之初就发生标的物所有权等权利的转移，而后者是在债务人未依约履行债务后才发生转移；其二，从标的物权利状态来看，前者债权人实际取得了标的物所有权，而后者债权人取得的是标的物期待权而非现实物权；其三，从优先受偿权来看，前者债权人在实现担保物权时通常享有优先受偿权，而后者债权人并没有优先受偿权。

（3）流质型让与担保与清算型让与担保

流质型让与担保是指债务人不能履行债务时，担保物所有权直接归属债权人用于偿还债务。

清算型让与担保是指债务人不能履行债务时，债权人按照合同清算条款的约定对担保物进行清算处置，在清偿债务后，担保物仍有剩余部分或者剩余价金的，则债权人需要如数返还给担保人。

关于此种分类之下两种让与担保形式的效力，我们将在下文中继续分析。

2. 让与担保法律关系的效力

让与担保作为一种非典型担保类型，同样具备主债权债务合同和担保合同两层关系，所以需要分别对主、从合同的效力加以分析。

（1）主债权债务合同的效力

让与担保关系中的主债权债务部分可能会以复杂的合同类型呈现，且可能并非约定为真实的债权债务关系。比如，在事前让与担保中，双方可能会约定“股权转让 + 回购”的交易模式，在事后让与担保中，则通常采用买卖合同形式。

针对上述复杂的合同类型，应当适用通谋虚伪法律行为的效力认定规则。《民法典》第 146 条规定：“行为人与相对人以虚假的意思表示实施的民事法律行为无效。以虚假的意思表示隐藏的民事法律行为的效力，依照有关法律规定处理。”

据此，尽管各方之间在表面上形成的合同关系因虚假意思表示而无效，但双方真实形成的债权债务关系如果不存在无效事由，则应当认定为有效。而前文所引述的《民间借贷司法解释》第 23 条即是《民法典》上述规定确立的裁判规则的具体体现。本案中，最高人民法院最终确认双方虽不存在房屋买卖的真实意思表示，但实质属于民间借贷关系，除利率超出法定的部分外，其余的借款本息均受法律保护。

（2）担保部分的合同效力

让与担保作为非典型担保类型，其合同效力曾经在一段时期内存在争议。最高人民法院发布的《九民纪要》第一次明确肯定了包括让与担保在内的非典型担保的合同效力，同时明确了对非典型担保同样应当以物债二分的原则进行区分判断。除前文引述的第71条外，《九民纪要》第66条规定："当事人订立的具有担保功能的合同，不存在法定无效情形的，应当认定有效。虽然合同约定的权利义务关系不属于物权法规定的典型担保类型，但是其担保功能应予肯定。"第67条规定："债权人与担保人订立担保合同，约定以法律、行政法规未禁止抵押或者质押的财产设定以登记作为公示方法的担保，因无法定的登记机构而未能进行登记的，不具有物权效力。当事人请求按照担保合同的约定就该财产折价、变卖或者拍卖所得价款等方式清偿债务的，人民法院依法予以支持，但对其他权利人不具有对抗效力和优先性。"

《民法典担保制度解释》沿袭了《九民纪要》的上述规定，其第63条规定："债权人与担保人订立担保合同，约定以法律、行政法规尚未规定可以担保的财产权利设立担保，当事人主张合同无效的，人民法院不予支持。当事人未在法定的登记机构依法进行登记，主张该担保具有物权效力的，人民法院不予支持。"

此外，《民法典担保制度解释》第68条对让与担保制度作了更加详尽的规定，具体规定为："债务人或者第三人与债权人约定将财产形式上转移至债权人名下，债务人不履行到期债务，债权人有权对财产**折价或者以拍卖、变卖该财产所得价款偿还债务**的，人民法院应当认定**该约定有效**。当事人**已经完成财产权利变动的公示**，债务人不履行到期债务，债权人请求参照民法典关于担保物权的有关规定就该财产**优先受偿**的，人民法院**应予支持**。债务人或者第三人与债权人约定将财产形式上转移至债权人名下，债务人不履行到期债务，**财产归债权人所有**的，人民法院应当认定**该约定无效**，但是不影响当事人有关提供担保的意思表示的效力。当事人已经完成财产权利变动的公示，债务人不履行到期债务，债权人请求对该财产享有所有权的，人民法院不予支持；债权人请求参照民法典关于担保物权的规定对财产折价或者以拍卖、变卖该财产所得的价款**优先受偿**的，人民法院**应予支持**；债务人履行债务后请求返还财产，或者请求对财产折价或者以拍卖、变卖所得的价款清偿债务的，人民法院应予支持。债务人与债权人约定将财产转移至债权人名下，在一定期间后再由债务人或者其指定的第三人以交易本金加上溢价款回购，债务人到期不履行回购义务，财产归债权人所有的，人民法院应当参照第二款规定处理。回购对象自始不存在的，人民法院应当依照民法典第一百四十六条第二款的规定，按照其实际构成的法律关系处理。"

根据上述司法解释，我们可以得出以下结论：①**无论是事先让与担保，还是事后让与担保，二者均已被现行司法解释所接受，在不存在法定无效情形时，应认定有效**；②**清算型让与担保的约定有效**；③**至于流质型让与担保，由于明显侵犯了债务人或者让与担保人的合法权益，违反了法律关于禁止流质的规定，故应认定无效，但是，并不能以流质型条款无效为由全盘否定让与担保合同的整体效力，如果债权人主张的是优先受偿权而非物之所有权，其可以获得法院的支持**。

3. 何种情况下债权人享有优先受偿权

根据《民法典担保制度解释》第68条，无论是清算型让与担保还是流质型让与担保，只要当事人完成了财产权利变动的公示，债权人均可以在债务人不履行到期债务时依据担保物权的规定要求对财产变现的价款优先受偿，否则其就不得对抗第三人，不享有优先受偿权。至于事后让与担保，由于在债务人履行债务前并不实际发生财产权利变动，也就不存在权利变动公示的问题，所以事后让与担保类型中债权人通常不享有优先受偿权。

所以在本案中，最高人民法院只是改判陈某有权在让与担保物价款范围内要求堡业公司清偿，**堡业公司并非针对全部债务承担连带责任，而陈某也并不享有对让与担保物的优先受偿权**。

4. 不动产让与担保中权利变动的判断标准

现实中，不动产权利变动的公示方式较为复杂，既包括通过过户登记直接取得不动产所有权，也包括通过预告登记取得具有对世效力的准物权，仅办理网签备案等也可以实现一定意义上的公示效力。鉴于优先受偿权对让与担保债权人的重要意义，一个非常关键的问题是，完成不动产权利变动公示在司法实践中具体如何判断？

（1）**已办理不动产过户登记，债权人享有优先受偿权**

《民法典》第209条第1款规定："不动产物权的设立、变更、转让和消灭，经依法登记，发生效力；未经登记，不发生效力，但是法律另有规定的除外。"据此，如果当事人已经在不动产登记部门办理了让与担保标的物的过户登记，则债权人未来实现优先受偿权时不会存在争议。

（2）**仅办理网签备案登记，债权人不享有优先受偿权**

商品房买卖合同的网签备案是一种行政管理措施，在商品房买卖过程中用来避免开发商或房屋中介出现一房多卖的情形。根据《最高人民法院关于人民法院办理执行异议和复议案件若干问题的规定》第29条的规定，买受人在办理了网签备案且同时符合相应情形时，可以对抗法院的强制执行。该条规定："金钱债权执行中，买受人对登记在被执行的房地产开发企业名下的商品房提出异议，符合下列情形且其权利能够排除执行的，人民法院应予支持：（一）在人民法院查封之前已签订合法有效的书面买卖合同；（二）所购商品房系用于居住且买受人名下无其他用于居住的房屋；（三）已支付的价款超过合同约定总价款的百分之五十。"

但需要加以区分的是，上述规定只适用于真实的房屋买卖。由于让与担保法律关系中不存在买卖房屋的真实意思，不符合"所购房屋用于唯一居住住房"的条件，因此让与担保债权人即使办理了网签备案，依然不能享有优先受偿权，相应地也不能对抗其他债权人和法院的强制执行。参考案例包括（2020）最高法民再90号、（2021）最高法民申5772号、（2016）最高法民申3742号、（2019）最高法民申1832号。

（3）**已办理预告登记，可否享有优先受偿权存在争议**

不动产预告登记制度是从《物权法》时代就已经确立的赋予债权一定物权效力的制度，主要出于保护不动产交易安全的立法目的而设置，《民法典》第221条对此作了规定。但关于办理预告登记后债权人是否享有优先受偿权的问题，实践中仍存在一定争议。

一种观点认为：虽然预告登记在性质上是将债权物权化，并不具有担保物权的效力，但是与不转移财产占有的抵押登记相比，预告登记的公示效力更高。根据“举重以明轻”的解释规则，将公示的物权化的债权解释为担保物权并不损害相对人的利益，因此，债权人享有优先受偿权。①

另一种观点则认为：预告登记并不等同于登记，并未使得房屋所有权变更登记至债权人名下，不符合权利完成变更的要件。同时不动产抵押权预告登记尚且不能产生抵押权设立的法律效果，不能产生债权人对抵押物享有优先受偿权的法律效力，举重以明轻，参考不动产抵押合同，即使让与担保做了预告登记，也不应该产生物权效力。②

但我们通过调研发现，最新作出的几个最高人民法院判例中，法院明确了网签和预告登记在产生公示效力上存在区别，**相当于认可了预告登记后让与担保债权人享有优先受偿权**。

例如，在（2021）最高法民申 5772 号案件中，最高人民法院认为：“林某杰与强凌公司签订了 12 份《商品房买卖合同》，**虽办理了商品房预售合同登记备案手续，但未办理预告登记，房屋所有权亦未过户登记到林世杰名下**。《城市房地产管理法》第四十五条、《城市商品房预售管理办法》第十条规定的商品房预售合同登记备案，与《物权法》第二十条规定的预告登记不同。**在未完成财产权利变动公示的情况下**，再审申请人有关让与担保合同已经成立，其有权就案涉 12 份《商品房买卖合同》项下商品房的拍卖、变卖、折价款优先受偿的主张，**没有相应的法律依据，本院不予支持**。”

【复盘时间】

1. 在交易合同中对让与担保条款进行清晰、准确的表述

过去，有些法务人员设计合同条款时会故意回避“让与担保”的提法，其原因一是对这个较为新颖的法律概念不太清楚，二是司法实践中部分法院对让与担保的效力持否定态度。现在，随着《民法典》及其司法解释的出

---

① 参见马丹：《办理网签或预告登记，债权人是否享有优先受偿权？丨不动产让与担保优先受偿权问题探析》，载微信公众号“炜衡南京律师事务所”。

② 参见邹花园：《已办理预告登记的商品房买卖合同形式的让与担保能产生优先权么?》，载微信公众号“炜衡房建委”。

台，让与担保相关法律规定越来越明确，除流质型让与担保外，让与担保的效力和效果已经普遍得到认可。因此，法务人员要及时适应这种变化，不再将让与担保的真实意思藏在其他法律关系中，而是让其“大大方方”地出现在合同中，只要相关约定明确且符合现行司法解释，未来发生争议时获得裁判机构支持的概率就会非常大。

2. 建议将登记过户作为股权、不动产让与担保的前提条件

优先受偿权对于债权人而言至关重要，这也是设定让与担保的重要作用。从上述分析可见，如果股权、不动产进行了登记过户，债权人在债务履行期届满后行使优先受偿权基本不会产生争议，但如果未办理登记过户，则债权人行使优先受偿权很可能面临很大挑战。因此，在股权、不动产作为让与担保物时，债权人应尽可能办理让与担保物的登记过户，如果确因税费负担等问题无法办理过户，对于在售不动产，最好能办理预告登记，而仅办理网签备案登记显然起不到优先受偿的效果。